Der Kompass zum digitalen Mentoring & Coaching

Stephan Pflaum · Markus J. Schwalb
(Hrsg.)

# Der Kompass zum digitalen Mentoring & Coaching

## Digitale Beratung entwerfen, gestalten und durchführen

Springer

*Hrsg.*
Stephan Pflaum
Career Service der LMU
Ludwig Maximilian University
München, Bayern, Deutschland

Markus J. Schwalb
Matorix GmbH
Edling, Deutschland

ISBN 978-3-658-33441-3 ISBN 978-3-658-33442-0 (eBook)
https://doi.org/10.1007/978-3-658-33442-0

Die Deutsche Nationalbibliothek verzeichnet diese Publikation in der Deutschen Nationalbibliografie; detaillierte bibliografische Daten sind im Internet über http://dnb.d-nb.de abrufbar.



Planung/Lektorat: Eva Brechtel-Wahl
Springer ist ein Imprint der eingetragenen Gesellschaft Springer Fachmedien Wiesbaden GmbH und ist ein Teil von Springer Nature.
Die Anschrift der Gesellschaft ist: Abraham-Lincoln-Str. 46, 65189 Wiesbaden, Germany

# Vorwort

2020 war auf der ganzen Welt ein herausforderndes Jahr und wie es aussieht, werden uns diese Herausforderungen auch in 2021 begleiten. Große Teile der arbeitenden Welt fanden sich von einem Tag auf den anderen im Homeoffice wieder. Von der Grundschule bis in die Vorstandsebene, überall traten Zoom, Teams, Jitsi, WebEx, BigBlueButton ihren Siegeszug an und dominierten unsere Kommunikation. Einerseits gab diese Entwicklung der Digitalisierung einen enormen Entwicklungsschub. Andererseits aber fehlte uns allen die Zeit, sich auf diese Entwicklungen einzustellen. Vor allem die Bereiche, in denen die direkte zwischenmenschliche Kommunikation besonders wichtig ist, Beratung, Coaching und Mentoring waren betroffen. Aus dieser Situation heraus entstand die Idee für dieses Buch. Die Herausgeber (Stephan Pflaum, München und Markus Schwalb, Edling) sowie die Autor:innen (Bettina Hafner, München, Sebastian Pflügler, München, Sagithjan Surendra, Nürnberg und Lothar Wüst, München) arbeiten seit vielen Jahren national und international in den genannten Bereichen und sammelten und dokumentierten ihre Erfahrungen in 2020. Ziel ist es, den Lesern einen praxisnahen Einblick in das Thema Digitalisierung von Beratungsprozessen im Coaching und Mentoring zu geben.

# Inhaltsverzeichnis

**1 Grundlagen des Mentoring und Coaching** . . . . . . . . . . 1
Stephan Pflaum
1.1 Themenfokussiertes Coaching vs. Themenvielfalt im Mentoring . . . . . . . 1
1.2 Methoden des Coachings im Mentoring . . . . . . . 2
1.3 Professionelles Coaching und (ehrenamtliches) Mentoring . . . . . . . 3
1.4 Kritische Momente im Coaching und Mentoring . . . . . . . 4
1.5 Formen der Beratung . . . . . . . 4
1.5.1 Formelle und informelle Beratung . . . . . . . 4
1.5.2 Interne und externe Beratung . . . . . . . 5
1.5.3 Klassisches Beratungssetting . . . . . . . 6
1.5.4 Cross-Setting . . . . . . . 7
1.5.5 Peer-Setting . . . . . . . 7
1.5.6 Gruppen-/Team-Setting . . . . . . . 8
1.5.7 Reverse Setting . . . . . . . 8
1.5.8 Digitales & Blended Setting . . . . . . . 9
1.6 Berater-Typen . . . . . . . 9
1.6.1 Der weise Berater . . . . . . . 10
1.6.2 Die neutrale Instanz . . . . . . . 11
1.6.3 Der Krisenmanager . . . . . . . 11
1.6.4 Der Aktivierer . . . . . . . 11
1.6.5 Der Zuhörer . . . . . . . 12
1.7 Methoden der Beratung: Grundlagen und digitale Besonderheiten . . . . . . . 12
1.7.1 Beratungstreffen vorbereiten . . . . . . . 12
1.7.2 Grundlagen des Coachings im Rahmen von Mentoringansätzen . . . . . . . 16
1.8 Hilfreiche Checklisten . . . . . . . 41
Literatur . . . . . . . 54

**2 Potenziale der Digitalisierung in Mentoring-Prozessen** . . . . . . . . . . . . . . . . . 57
Markus J. Schwalb
2.1 Der Mentoringprozess Step by Step . . . . . . . . . . . . . . . . . . . . . . . . . . . . . 57
2.1.1 Einleitung . . . . . . . . . . . . . . . . . . . . . . . . . . . . . . . . . . . . . . . . . . . 57
2.1.2 Das Mentoringkonzept . . . . . . . . . . . . . . . . . . . . . . . . . . . . . . . . . . 58
2.1.3 Ausschreibung . . . . . . . . . . . . . . . . . . . . . . . . . . . . . . . . . . . . . . . 59
2.1.4 Bewerbung . . . . . . . . . . . . . . . . . . . . . . . . . . . . . . . . . . . . . . . . . . 60
2.1.5 Prüfung . . . . . . . . . . . . . . . . . . . . . . . . . . . . . . . . . . . . . . . . . . . . 65
2.1.6 Matching . . . . . . . . . . . . . . . . . . . . . . . . . . . . . . . . . . . . . . . . . . . 66
2.1.7 Ergebnis . . . . . . . . . . . . . . . . . . . . . . . . . . . . . . . . . . . . . . . . . . . . 72
2.1.8 Zustimmung . . . . . . . . . . . . . . . . . . . . . . . . . . . . . . . . . . . . . . . . . 73
2.1.9 Vereinbarung . . . . . . . . . . . . . . . . . . . . . . . . . . . . . . . . . . . . . . . . 74
2.1.10 Arbeitsphase . . . . . . . . . . . . . . . . . . . . . . . . . . . . . . . . . . . . . . . . 75
2.1.11 Feedback . . . . . . . . . . . . . . . . . . . . . . . . . . . . . . . . . . . . . . . . . . . 77
2.1.12 Auswertung/Berichte . . . . . . . . . . . . . . . . . . . . . . . . . . . . . . . . . . 77
2.1.13 Lernen . . . . . . . . . . . . . . . . . . . . . . . . . . . . . . . . . . . . . . . . . . . . . 78
2.2 Übergreifende fachliche Funktionalitäten . . . . . . . . . . . . . . . . . . . . . . . . 78
2.2.1 Multiprogrammmanagement . . . . . . . . . . . . . . . . . . . . . . . . . . . . . 79
2.2.2 Alumnidevelopment & Management . . . . . . . . . . . . . . . . . . . . . . . 79
2.2.3 Kalender für Veranstaltungen . . . . . . . . . . . . . . . . . . . . . . . . . . . . 80
2.2.4 News . . . . . . . . . . . . . . . . . . . . . . . . . . . . . . . . . . . . . . . . . . . . . . 81
2.2.5 FAQ-System . . . . . . . . . . . . . . . . . . . . . . . . . . . . . . . . . . . . . . . . . 81
2.2.6 Ticketsystem . . . . . . . . . . . . . . . . . . . . . . . . . . . . . . . . . . . . . . . . 82
2.2.7 Dokumentenablage . . . . . . . . . . . . . . . . . . . . . . . . . . . . . . . . . . . . 82
2.2.8 Wizzard . . . . . . . . . . . . . . . . . . . . . . . . . . . . . . . . . . . . . . . . . . . . 82
2.3 Anforderungen an ein Mentoring(management)system . . . . . . . . . . . . . 83
2.3.1 Zugangskontrolle und Berechtigungen . . . . . . . . . . . . . . . . . . . . . 83
2.3.2 Flexible Darstellungen . . . . . . . . . . . . . . . . . . . . . . . . . . . . . . . . . . 83
2.3.3 App . . . . . . . . . . . . . . . . . . . . . . . . . . . . . . . . . . . . . . . . . . . . . . . 84
2.3.4 Sicherheit . . . . . . . . . . . . . . . . . . . . . . . . . . . . . . . . . . . . . . . . . . . 84
2.3.5 Kommunikation . . . . . . . . . . . . . . . . . . . . . . . . . . . . . . . . . . . . . . 84
2.3.6 Import- und Exportmöglichkeiten . . . . . . . . . . . . . . . . . . . . . . . . 85
2.3.7 Schnittstellen . . . . . . . . . . . . . . . . . . . . . . . . . . . . . . . . . . . . . . . . 85
2.3.8 Skalierbarkeit . . . . . . . . . . . . . . . . . . . . . . . . . . . . . . . . . . . . . . . . 86
2.3.9 Mehrsprachigkeit . . . . . . . . . . . . . . . . . . . . . . . . . . . . . . . . . . . . . 86
2.3.10 Prozessabbildung . . . . . . . . . . . . . . . . . . . . . . . . . . . . . . . . . . . . . 86

**3 Digitalisierung und Datenschutz** . . . . . . . . . . . . . . . . . . . . . . . . . . . . . . . . . . 87
Markus J. Schwalb
3.1 Es wird besser, nicht schlechter . . . . . . . . . . . . . . . . . . . . . . . . . . . . . . . . 87
3.2 Einbindung der richtigen Bereiche . . . . . . . . . . . . . . . . . . . . . . . . . . . . . 88

3.3 Hilfestellungen . . . . . . 88
3.3.1 Datenreduktion . . . . . . 88
3.3.2 Transparenz . . . . . . 88
3.3.3 Löschen der Daten von Teilnehmenden . . . . . . 89
3.4 Fazit/Checkliste . . . . . . 89

**4 Vorgehen bei der Einführung einer Digitalisierungsplattform** . . . . . . 91
Markus J. Schwalb
4.1 Das IT-Projekt . . . . . . 92
4.2 Der Changeprozess . . . . . . 94
4.3 Ausgangssituation . . . . . . 94
4.4 Think big – start small . . . . . . 95
4.5 Agiles Vorgehen . . . . . . 97
4.6 Der richtige Digitalisierungspartner . . . . . . 98
4.7 Einführungshürden . . . . . . 99
4.8 Fazit/Checkliste . . . . . . 100

**5 Coaching ist Kommunikation: Welche zwischenmenschlichen Themen in der digitalen Ära für das Coaching immer wichtiger werden und worauf es bei virtueller Beratungskommunikation ankommt** . . . . . . 101
Sebastian Pflügler
5.1 Die zukünftigen Themenfelder des Coachings . . . . . . 102
5.2 Das Empfinden von Verbundenheit . . . . . . 102
5.3 Das Verhandeln von und Versehen mit Bedeutung . . . . . . 103
5.4 Das Herstellen von Harmonie . . . . . . 103
5.5 Die Förderung der inneren Ruhe . . . . . . 105
5.6 Die Kompetenzen gelingender virtueller Kommunikation im Coaching . . . . . . 106
5.6.1 Multidimensionale Klarheit . . . . . . 106
5.6.2 Das Herstellen von emotionaler Nähe trotz virtueller Distanz . . . . . . 107
5.6.3 Nähe entsteht durch Blickkontakt . . . . . . 108
5.6.4 Nähe entsteht durch die gleiche rhetorische Zeitdimension . . . . . . 108
5.6.5 Das Verständnis von digitalem Coaching als (gemeinschaftlichen) Prozess . . . . . . 109
5.7 Ein abschließendes Resümee . . . . . . 110
5.8 Checkliste dieses Beitrages . . . . . . 111
Literatur . . . . . . 112

**6 Tools & Gestaltungsmethoden für wertvolles Mentoring und Coaching im virtuellen Umfeld** . . . 113
Lothar Wüst
6.1 Überblick über eingesetzte digitale Coaching-/Mentoring-Plattformen . . . 114
6.1.1 Avatar-basierte Lernformate (geringerer Verbreitungsgrad) . . . 114
6.1.2 Video-basierte Kommunikationsplattformen (hoher Verbreitungsgrad) . . . 116
6.2 Wie tickt die Seele? – Zum Verständnis seelischer Veränderung . . . 119
6.2.1 Gestaltung des Selbst . . . 121
6.2.2 Die 8 Leitprozesse der Psychodynamik . . . 123
6.3 Fazit . . . 127
Literatur . . . 127

**7 Digitale Services an der LMU München in der Career Community** . . . 129
Stephan Pflaum
7.1 Der inhaltliche Rahmen: Die Career Community der LMU wird digital . . . 130
7.2 Digitale persönliche Beratungsangebote . . . 132
7.2.1 Blended Mentoring als Chance . . . 132
7.2.2 Karriere Coaching: erste Hilfe in der digitalen Sprechstunde . . . 134
7.2.3 Karriere Coaching für Alumni . . . 135
7.2.4 Beratung zum Auslandspraktikum und zu Stipendien . . . 136
7.2.5 Offene Karrieresprechstunde . . . 136
7.2.6 CV Check . . . 136
7.2.7 Checkliste Digitale Beratungsangebote . . . 137
7.3 Digitale Events und Seminare . . . 139
7.3.1 Events – Funktion einer flankierenden Beratung I . . . 139
7.3.2 Seminare – Funktion einer flankierenden Beratung II . . . 141
7.3.3 Checkliste Digitale Events & Seminare . . . 143
7.4 Digitales Networking . . . 146
7.4.1 Virtueller Messestand für Unternehmen . . . 146
7.4.2 Micro Mentoring & Networking . . . 146
7.4.3 Checkliste Digitaler Messestand, Micro Mentoring und Networking . . . 147
7.5 Social Media & Career Network Management . . . 148
7.5.1 Instagram, Facebook, Twitter & Co. . . . 148
7.5.2 LinkedIn und XING . . . 149

7.5.3 Die Community App ... 149
7.5.4 Datenschutz ... 149
7.5.5 Checkliste Social Media und Datenschutz ... 150
7.6 Best of Both Worlds: Zusammenspiel Digitaler Services im Career Service der LMU ... 151

**8 Persönlichkeitsentwicklung digital – echt jetzt? Erfahrungen aus dem Seminarprogramm des Lern- und Prüfungscoachings an der TU München** ... 153
Bettina Hafner
8.1 Ein Tag, der in Erinnerung bleiben wird ... 153
8.2 Zur Zielsetzung des Programms „Selbstkompetenzen stärken“ ... 154
8.3 Goldene Regel Nr. 1: Lass die Teilnehmenden ankommen ... 155
8.4 Goldene Regel Nr. 2: Halte die synchronen Phasen kurz ... 156
8.5 Goldene Regel Nr. 3: Gestalte synchrone und asynchrone Phasen überlegt und strategisch ... 157
8.6 Goldene Regel Nr. 4: Ermögliche viel Austausch und Kontakt ... 157
8.7 Goldene Regel Nr. 5: Halte die Anzahl der genutzten Tools überschaubar ... 158
8.8 Goldene Regel Nr. 6: Sei kreativ und mutig beim Übertragen gewohnter Methoden ins Online-Format ... 159
8.9 Goldene Regel Nr. 7: Mach dir die Kamera zur Freundin ... 160
8.10 Unser Fazit: Wie haben die Studierenden auf unsere Angebote reagiert? ... 162
8.11 Ausblick: Wohin geht es in Zukunft? ... 163

**9 „Dialog Chancen“ – Mentoring-Programm für Schüler*innen des Aelius Förderwerks** ... 165
Sagithjan Surendra
9.1 Die drei Säulen des Förderwerks ... 165
9.2 Interne Strukturen ... 166
9.3 Dialog Chancen ... 168
9.4 Herausforderungen während Corona ... 169
9.5 Maßnahmen während der Pandemie ... 170

# Herausgeber- und Autorenverzeichnis

## Über die Herausgeber

**Dr. Stephan Pflaum** ist Sozialwissenschaftler und Koordinator der Career Community an der Ludwig-Maximilians-Universität München. Dort promovierte er im Fachbereich Pädagogik über das Thema Career Mentoring. In seiner Funktion berät er die Studierenden und Promovierenden aller Fachbereiche der Hochschule rund um einen erfolgreichen Berufseinstieg, die ersten Schritte in der Karriere und vernetzt sie mit Unternehmen sowie Mentor*innen aus allen Branchen und Berufen. Er ist Dozent und Autor verschiedener Beiträge zu den Themen Human Resources Management, Mentoring und Beratung. In seinen Beiträgen gibt er einen grundlegenden Einblick in die Themen Mentoring und Coaching. Sein Augenmerk richtet er dabei auf die Besonderheiten der digitalen Form der Beratung (s. Kap. 1). Im Best Practice Teil des Buches zeigt er auf, wie die digitalen Herausforderungen in der Career Community der Ludwig-Maximilians-Universität München umgesetzt wurden (s. Kap. 7).

**Markus J. Schwalb** ist Physiker, CEO und Berater der Matorix GmbH. Seit 2012 beschäftigt er sich mit der Digitalisierung von Mentoringprozessen. Dabei hat er die Einführung von Mentoring-Portalen bei zahlreichen Hochschulen und Universitäten begleitet. Seine große Leidenschaft ist die nutzenorientierte Digitalisierung. In den Kap. 2 bis 4 stellt er Wege der digitalen Umsetzung von Mentoringprozessen aus technischer Perspektive dar.

## Autorenverzeichnis

**Sebastian Pflügler** ist als Berater, Coach und Speaker international im Einsatz. Der Kommunikationswissenschaftler und Wirtschaftspsychologe unterstützt Profit- und Non-Profit Organisationen dabei, den Anforderungen der neuen Arbeitswelt gewachsen zu sein – sei es durch eine neue Art der Kommunikation (New Era Communication), neue Ansätze in der Führung (Future Fit Leadership) oder wirksame Werkzeuge in der analogen, virtuellen oder hybriden Teamkollaboration. Er ist Autor von „Kommunikation für die digitale Ära" und Dozent an der LMU München sowie an der Hochschule Fresenius, der Universität Passau und der Munich Business School. Sein Beitrag (s. Kap. 5) konzentriert sich auf die kommunikativen Herausforderungen im Coaching und wie man diesen begegnet.

**Lothar Wüst** ist Soziologe, Gründer und Geschäftsführer der Cormens GmbH und seit mehr als 20 Jahren als Berater, Executive-Coach und Leadership-Trainer tätig. Er beschäftigt sich seit mehr als 15 Jahren mit dem Thema Mentoring, hat die Einführung von Mentoring in Unternehmen begleitet, zahlreiche Mentoren-Qualifizierungen durchgeführt und ist selbst als Mentor aktiv. In Kap. 6 beschreibt er an konkreten Beispielen den Einsatz von Video-Tools und Avataren im digitalen Coaching.

**Bettina Hafner,** Arbeits- und Organisationspsychologin, Systemische Coach (DCV) und Familientherapeutin (DGSF), PSI-Persönlichkeitsorientierte Beraterin (Impart-Institut Osnabrück), Lern- und Prüfungscoach an der TU München, arbeitet freiberuflich seit zwanzig Jahren in der Erwachsenenbildung in unterschiedlichen Branchen und Organisationen. In ihrem Praxisbericht (s. Kap. 8) beschreibt sie die erfolgreiche digitale Umsetzung der Persönlichkeitsentwicklung an der Technischen Universität München.

**Sagithjan Surendra** ist Gründer und Vorstandsvorsitzender des Aelius Förderwerks. Er gründete das Förderwerk 2017 im Alter von 18 Jahren und ist seither für die Ausgestaltung des Förderangebots sowie für die strategische Ausrichtung des Förderwerks verantwortlich. Er studiert Molekulare Medizin an der Friedrich-Alexander-Universität Erlangen und hat 2020 neben den Aelius Förderwerk mit „Diginary Consulting" eine Digitalisierungsberatung für NGOs gegründet. Für dieses Engagement wurde er 2020 vom Deutschen Hochschulverband als „Student des Jahres" ausgezeichnet. In Kap. 9 stellt er seine Initiative vor und beschreibt deren digitale Antworten auf die Herausforderungen der Corona-Zeit.
Das Ziel des Autoren-Teams war es, unter Einbezug grundlegender theoretischer Überlegungen einen vor allem kompakten und praxisnahen „hands-on"-Guide zu erstellen.

# Grundlagen des Mentoring und Coaching

# 1

Stephan Pflaum

Neben vielen Gemeinsamkeiten gibt es zwischen Mentoring und Coaching auch einige Unterschiede. Backhausen und Thommen (2006, S. 20 ff.) schlagen eine breite Definition des Coaching-Begriffs vor: Coaching sei als „Personal Change Management" jede Form individueller Beratung nicht therapeutischer Art, vor allem im beruflichen Kontext. Im Coaching geht es darum, die persönliche und berufliche Leistungsfähigkeit einer Person herzustellen und/oder diese um neue Aspekte zu erweitern (Bitsch 2013, S. 20).

## 1.1 Themenfokussiertes Coaching vs. Themenvielfalt im Mentoring

Anders als Mentoring ist Coaching meist auf ein bestimmtes Problem, eine bestimmte Fragestellung des Individuums in seiner Karriere oder seines Lebens fokussiert (Clutterbuck 2001, S. 19). Bitsch (2013, S. 25) unterscheidet Executive- und Business

Bei Teilen des Textest handelt es sich um überarbeitete und mit Blick auf die Digitalisierung aktualisierte Inhalte aus Pflaum und Wüst (2018) und Pflaum (2016, 2020).

**Elektronisches Zusatzmaterial** Die elektronische Version dieses Kapitels enthält Zusatzmaterial, das berechtigten Benutzern zur Verfügung steht. https://doi.org/10.1007/978-3-658-33442-0_1

S. Pflaum (✉)
Career Service der LMU, Ludwig Maximilian University, München, Deutschland
E-Mail: stephan.pflaum@lmu.de





S. Pflaum und M. Schwalb (Hrsg.), *Der Kompass zum digitalen Mentoring & Coaching*, https://doi.org/10.1007/978-3-658-33442-0_1

Coaching, das sich auf Führungs- und Unternehmerfragen konzentriert (z. B. Coaching in der Weiterentwicklung des eigenen Führungsstils oder in erfolgreicher Unternehmensführung) vom Life-Coaching, das sich auf Fragen der Persönlichkeitsentwicklung konzentriert (z. B. selbstbewussteres Auftreten oder Klarheit über die eigenen Lebens- und Karriereziele).

Während sich das Coaching um ein bestimmtes Thema herum aufbaut, geht vor allem der informelle Mentoring-Ansatz darüber hinaus, ist mehr personen-, denn themenzentriert (Clutterbuck 2001, S. 26). Aus der Konzentration auf eine feste Fragestellung resultiert im Coaching die eher kurzfristige, auf eine zuvor vereinbarte Anzahl von Sitzungen zwischen Klient und Coach limitierte Dauer des Coachings.

## 1.2 Methoden des Coachings im Mentoring

Schmid und Haasen (2011, S. 17) sehen fließende Grenzen zwischen Coaching und Mentoring in Zusammenhang mit der häufigen wörtlichen Frage neuer Mentoren, ob und inwieweit „Coaching" ihrer Mentees von ihnen erwartet wird. Was dabei mitschwinge, sei die Sorge, dass man als Mentor kein professioneller Coach sei und möglicherweise mit einigen Themen überfordert sei. Die Antwort: Das Coaching ist eine der zentralen Aufgaben des Mentors. Dem Mentee sollen Strategien aufgezeigt und mit ihm diskutiert werden, durch die er bestimmte berufliche und private Ziele besser erreichen kann. Darüber hinaus reflektiert der Mentee im Mentoring seine Stärken und arbeitet mit dem Mentor an persönlichen Entwicklungsfeldern wie Selbstbewusstsein, Selbstmanagement oder persönlichem Auftreten. Über das Coaching durch den Mentor erhält der Mentee z. B. Einblicke in und nutzbares Wissen über die für ihn relevanten internen und externen Arbeitsmärkte und erfährt, wie man Kontakte zu anderen wichtigen Führungskräften in und außerhalb eines Unternehmens etabliert (Ramaswami und Dreher 2010, S. 236 ff.).

Coaching durch den Mentor trägt auch zum psychischen Wohlbefinden des Mentees bei (Johnson 2010, S. 198); ihre Grenzen aber finden Coaching und Mentoring gleichermaßen bei tiefergehenden psychischen Problemen des Mentees (Ramani et al. 2006). Ähnlich wie der Coach hat auch der Mentor einen großen Gestaltungsspielraum zur Ausgestaltung seines Mentoring. Clutterbuck (2001, S. 19) sieht hier gleichermaßen ein Spektrum von „highly directive" (der Mentor führt durch die Themen und Sitzungen) bis „more stimulative, learner driven" (der Mentee bestimmt die Themen, der Mentor moderiert). Wobei Mentoring meist mehr in die letztgenannte Richtung geht.

Mentoring hat in den meisten Fällen einen klaren, auf den Beruf oder die Karriere ausgerichteten Fokus. Darum drehen sich in der Regel auch die Themen, die in den Prozess eingebracht werden. Natürlich ist kein Mensch als reiner Rollenträger zu betrachten, der ein privates Ich, ein berufliches Ich und ein Beziehungs-Ich hat. Bekanntermaßen nehmen wir Themen aus dem Beruf auch mit in das Private und Entscheidungen bezüglich des Berufes sind oft stark von privaten Faktoren beeinflusst.

Inwiefern die unterschiedlichen Rollen und Lebenswelten im Mentoring Platz haben dürfen, entscheidet in erster Linie der Mentee. Will er sich öffnen und auch darstellen, welche persönlichen, privaten oder familiären Einflüsse es auf die zu treffende Entscheidung gibt? Natürlich bestimmt auch der Mentor das Maß an Offenheit mit. Welche Atmosphäre erzeugt er, wie viel Vertraulichkeit entsteht und gibt auch er etwas von sich selbst preis oder möchte er sich im Mentoring auf rein berufliche Fragestellungen und Tipps fokussieren? Beides ist legitim, wichtig ist dabei nur, dass die Wünsche und Vorstellungen zwischen Mentee und Mentor synchron und idealerweise geteilt sind. So gibt es Mentoring-Duos, in denen sehr viel Vertrauen entsteht und damit all die verschiedenen Rollen des Menschen Platz haben und es gibt ebenso erfolgreiche Tandems, die sich stark auf den beruflichen Fokus konzentrieren.

Wenn man den Mentoring-Bedarf von Mentees auf ein Thema reduzieren müsste, dann wäre es sicherlich das Thema der Entscheidungen. Trägt die Arbeit des Mentors dazu bei, dass der Mentee eine für ihn wichtige Entscheidung gut treffen kann, dann hat er ihm einen wertvollen Dienst erwiesen.

## 1.3 Professionelles Coaching und (ehrenamtliches) Mentoring

Formelles Mentoring ähnelt dem Coaching-Ansatz, da es in einem organisationalen Setting stattfindet, zeitlich definiert ist und sich auf ein bestimmtes Thema konzentrieren kann (z. B. Einarbeitung in eine neue Position, persönliche und berufliche Entwicklung einer neuen Führungskraft). Besonders innerhalb einer Organisation bewegt es sich auch häufig im Rahmen der Arbeitszeit von Mentor und Mentee, sodass in diesem Fall wie beim Coaching auch von einer Entlohnung der Mentoren-Arbeit gesprochen werden. Anders als der professionelle Coach ist der meist ehrenamtliche Mentor Laie auf dem Gebiet der Beratung und Unterstützung von Personen. Ein weiterer wichtiger Unterschied ist die Fokussierung von Coaching auf ein bestimmtes Thema im Rahmen einer Reihe fest vereinbarter und bezahlter Sitzungen, während die Beratung beim Mentoring die Person von Mentor und Mentee als Ganzes in die Beratung einbezieht und meist über einen längeren Zeitraum läuft. Das Verhältnis zwischen Mentor und Mentee ist trotz der größeren Erfahrung des Mentors mehr auf persönlicher Augenhöhe, während im Coaching eine professionelle Distanz zwischen Coach und Coachee geboten ist. Nicht zuletzt, weil es sich beim Coaching i. d. R. auch um eine vom Coachee bezahlte Dienstleistung handelt (Graf und Edelkraut 2014, S. 7 f.). Anders als ehrenamtliche und laienhafte Mentoren sind Coaches idealiter ausgebildete Experten, die eine entsprechende wissenschaftliche oder praktische Ausbildung absolviert haben (Schreyögg 2012, S. 156).

Unter Berücksichtigung genannter Unterschiede ist Coaching die dem Mentoring wohl am ähnlichste Form der Beratung und Unterstützung, insbesondere wenn man sich die von Rotering-Steinberg (2009) skizzierten Charakteristika eines Coaches ansieht: Der Coach soll den Klienten zu reflektiertem und vorausschauenden Denken motivieren, Wissen mit ihm teilen, ihm Feedback zu persönlichen Stärken und Optimierungsfeldern geben, ihm in Krisen beratend zur Seite stehen, als Vorbild dienen, ihn zum selbstständigen Handeln befähigen (Empowerment), ihn im Rahmen seiner Entwicklung auch mit Aufgaben und kritischen Fragen herausfordern. Diese Definition lässt sich nahezu vollständig auf das Mentoring übertragen.

## 1.4 Kritische Momente im Coaching und Mentoring

Ähnlichkeiten zwischen Coaching und Mentoring gibt es auch bei den kritischen Momenten, die die Beratung und Unterstützung durch Mentor oder Coach beeinflussen. Migge (2007, S. 16) nennt hier unter anderem: unbewusste Handlungsmotive, innere Konflikte und Bilder, Übertragung und Gegenübertragung, Abwehr, (un)klare Ziele, Grundbereitschaft zur Offenheit und Kooperation, Potenzial- oder Defizitorientierung. Mentor und Coach müssen mit diesen gleichermaßen zurechtkommen. Der Coach jedoch hat mit Blick auf seine professionelle Ausbildung mehr Wissen und Erfahrung im erfolgreichen Umgang mit diesen Momenten (Schreyögg 2012) als Mentoren, die i. d. R. Laien sind. Sie erkennen kritische Momente nur zum Teil bewusst und reagieren mehr intuitiv, denn professionell auf kritische Momente. Formelle Mentoringprogramme sollten hier den Mentoren Beratung und Unterstützung anbieten.

Zusammenfassend lässt sich also sagen, dass sich Mentoring in vielerlei Hinsicht der Methoden des Coachings bedient.

Nachfolgend wird mit Blick auf die skizzierten Gemeinsamkeiten von Mentoring und Coaching zusammenfassend auch von Beratung gesprochen.

## 1.5 Formen der Beratung

Beratung findet in den unterschiedlichsten Kontexten statt, die nach verschiedenen Kriterien voneinander abgegrenzt werden. Eine sehr wichtige Unterscheidung besteht zunächst einmal darin, ob es einen formellen Auftrag für die Beratung gibt oder nicht.

### 1.5.1 Formelle und informelle Beratung

Ein nahestehendes Familienmitglied, das einem mit Rat und Tat zur Seite steht, ein Kollege, immer für alle Fragen offen ist und im Berufsalltag unterstützt oder eine Führungskraft, die gezielt fördert, mit dem Mitarbeiter zusammen seine Stärken und Schwächen reflektiert und zur Weiterentwicklung ermutigt, anleitet und begleitet. Dies sind gute Beispiele für informelle Beratung, die oft sogar unbewusst geschieht, jedoch nicht weniger wirksam ist. Informell bleibt sie, da weder eine offizielle Benennung des Prozesses, noch vertragliche Vereinbarungen zwischen den Beteiligten bestehen, sie oft zufällig geschieht und auch zeitlich nicht begrenzt ist.

Im Gegensatz dazu erfolgt die formelle Beratung auf einen klaren Auftrag hin, ist reproduzierbar, für alle gleichermaßen zugänglich und meist in institutionalisierte Programme eines Unternehmens eingebettet. Formelle Beratung findet meist über einen längeren Zeitraum bis hin zu mehreren Jahren statt, wird vertraglich aufgesetzt und meist durch den HR/Personalbereich betreut und standardisiert. Während beim Mentoring auch beim formellen Mentoring ehrenamtliche Laien zum Einsatz kommen, sind es beim Coaching geschulte und oft auch entsprechend zertifizierte Experten.

Beim Coach die professionelle Auswahl nach thematischen und methodischen Gesichtspunkten vor der Verpflichtung wichtig. Bei den Mentoren ist es von Bedeutung, diese im Rahmen des Mentoringprogramms auf ihre Aufgabe vorzubereiten und zu begleiten, z. B. durch

- Ein- oder mehrtätige Qualifizierungen,
- Kick-Offs oder Get Together-Tage,
- Austauschgruppen, Foren oder Communities.

Formelle Formen der Beratung sollten stets von den Teilnehmern und Klienten evaluiert und mit ansprechender interner Kommunikation sowie Erfolgs-Stories flankiert werden. Nachfolgend werden folgende Formen der Beratung unterschieden:

- Unternehmensinterne Beratungsansätze
- Externe Beratungsansätze
- Klassisches Coaching und Mentoring
- Cross Mentoring & Coaching
- Peer-to-Peer-Beratung
- Gruppenfokussierte Beratung
- Reverse Mentoring
- Blended oder e-Mentoring

Im Folgenden wird kurz auf die wesentlichen Merkmale der genannten Beratungsansätze eingegangen. Dies soll in erster Linie dazu dienen, ein ganz grundlegendes Verständnis für die verschiedenen Arten zu erhalten.

### 1.5.2 Interne und externe Beratung

Bei den Formen interner Beratung kommen Ratgeber und Ratsuchender aus dem gleichen Unternehmen bzw. aus der gleichen Organisation. Hilfreich bei Mentoring und Coaching ist es, dass beide in keiner unmittelbaren hierarchischen Beziehung und damit in keinem Abhängigkeitsverhältnis zueinanderstehen. Oft übernehmen hauseigene Trainer für soziale und fachliche Kompetenzen die Rolle von Coaches. Die interne Fort- und Weiterbildung kann auf diese Weise Programme zum Einzel-Coaching organisieren.

Eine wichtige Ausnahme ist das Coaching durch die Führungskraft. In diesem Fall muss das Machtverhältnis zwischen den Beratungsteilnehmern immer wieder reflektiert werden. Einer Führungskraft wird man sich nicht so weit öffnen wie einem neutralen Ratgeber. Eine Möglichkeit, diese Problematik zu umgehen, ist die Wahl einer Führungskraft aus einem anderen Bereich als Mentor.

Beim Mentoring liegen im besten Fall mehrere Hierarchiestufen zwischen den Partnern. Falls der Fokus nicht auf einer fachlichen Weiterentwicklung liegt, empfiehlt es sich zudem, dass sie auch aus unterschiedlichen Bereichen des Unternehmens kommen. Für die klassischen Mentoring-Themen wie Persönlichkeitsentwicklung, Lösungen für Problemstellungen aus dem beruflichen Alltag und Zusammenarbeit behindert dies den Mentoring-Prozess nicht im Geringsten und kann sogar von Nutzen sein. Der Vorteil interner Formen der Beratung ist die beiderseitige Kenntnis von unternehmensspezifischen Abläufen, Strukturen und Regeln sowie der Geschichte und Kultur des Betriebs. So fällt es dem Mentor in der Regel leicht, persönliche Erlebnisse des Mentees nachzuvollziehen und ihn diesbezüglich zu unterstützen.

Im Gegensatz hierzu stammen bei der externen Beratung Mentor und/oder Coach nicht aus demselben Unternehmen. Und auch die Gestaltung und der Rahmen wird oftmals von einer externen Organisation begleitet, wie zum Beispiel von freiberuflichen Coaches, Berufsverbänden, Beratungsunternehmen oder Universitäten.

Der Vorteil des eigenen Netzwerk-Aufbaus ist hier ebenso gegeben, diesmal sogar weit uneingeschränkter, offener und teils sogar branchenübergreifend. Mentee oder Coachee bekommen viele neue Impulse aus einer völlig anderen Unternehmenskultur und erhalten Einblicke in neue Strukturen, Prozesse und Arbeitsabläufe.

Häufig fällt es den Beteiligten bei externen Beratungssettings noch leichter, ein Vertrauensverhältnis aufzubauen, da dies komplett außerhalb jeglicher Abhängigkeiten in der eigenen Unternehmensstruktur geschieht. Zudem lassen sich teilweise noch besser passende Matches finden, da die Auswahlmöglichkeit schlicht größer ist. So können auch kleinere und mittelständische Unternehmen Mentoring und Coaching für ihre Mitarbeiter anbieten, auch wenn die eigenen Strukturen und personellen Verfügbarkeiten dies rein intern nicht ermöglichen würden.

### 1.5.3 Klassisches Beratungssetting

Wenn von klassischem Mentoring die Rede ist, sind in der Regel keine Rahmenparameter, sondern die Art und Weise des Miteinander im Prozess gemeint. In dieser Grundform des Mentoring unterstützt ein meist älterer und erfahrener Mensch den weniger erfahrenen Mentee in seiner persönlichen und beruflichen Weiterentwicklung. „Der Mentor hilft dem Mentee seinen eigenen Weg zu finden, indem er Wissen, Erfahrungen und auch sein Netzwerk in die Mentoring-Beziehung einbringt." (Edelkraut und Graf 2016)

Beim klassischen Coaching sucht ein Klient die beratende Unterstützung eines professionellen Coaches und schließt mit diesem einen Beratungsvertrag. Auch wenn Coach und Coachee auf Augenhöhe miteinander sprechen, unterscheidet sich der Coach vom Klienten durch seine Beratungsausbildung und -erfahrung.

### 1.5.4 Cross-Setting

Das Cross-Mentoring ist eine spezielle Form des externen Mentoring, das sich in den letzten Jahren besonders bei kleineren Unternehmen wachsender Beliebtheit erfreut. Mehrere Unternehmen schließen sich zusammen, um gemeinsam für die Mitarbeiter eine Mentoring-Möglichkeit darzustellen, bei der jeder Betrieb eine gleiche Anzahl von Mentoren und Mentees stellt und die Paare dann aus Vertretern unterschiedlicher Unternehmen zusammengestellt werden. Hier sind häufig verschiedene Branchen vertreten, meist finden die Zusammenschlüsse regional statt.

Es kommen dieselben Vorteile wie beim normalen externen Mentoring zum Tragen, darüber hinaus bietet es jedoch Unternehmen auch die Möglichkeit, Mentoring erst einmal im Test auszuprobieren, bevor dann eigene interne Programme aufgesetzt werden.

Beim Coaching kommt der „Cross-Effekt" dann zum Tragen, wenn der Coach anders z. B. als beim Führungskräfte-Coaching nicht aus demselben Unternehmen stand.

### 1.5.5 Peer-Setting

Das Peer-Mentoring, oder wörtlich Mentoring unter Gleichgestellten beziehungsweise Gleichrangigen, durchbricht die klassische Rollenverteilung der Lernpyramide. Hier unterstützen sich Personen auf gleicher Ebene gegenseitig, meist auch in Eigenverantwortung und Selbstorganisation.

Diese Form ist häufig in Schulen und Universitäten zu finden, wo ältere Semester den Jüngeren mit Tipps oder Rat und Tat zur Seite stehen. Auch in Fort- und Weiterbildungen findet man sich häufig in Peer-Gruppen selbstständig zu regelmäßigen Treffen zusammen, um sich dort zu gelernten Themen auszutauschen und gegenseitig neue Impulse zu geben. Natürlich findet auch in Unternehmen Peer-Mentoring statt, in der Regel bleibt es hier jedoch meist im informellen Rahmen, zum Beispiel unter Kollegen, oder findet seine Ausprägung in Arbeits- und Projektgruppen.

Der Vorteil im Peer-Mentoring liegt vor allem im schnell aufgebauten und intensiven Vertrauensverhältnis der Gruppenmitglieder zueinander und der ungezwungenen und konstruktiven Art des Austausches auf Augenhöhe. Speziell wenn es nicht nur um karrierebezogene und berufliche Themen gehen soll, bietet sich das Mentoring in Peer-Gruppen an.

Auch beim Coaching sind entsprechende Peer-Settings denkbar, z. B. im Rahmen der kollegialen Supervision oder Beratung. Hinz (2008, S. 70 f.) beschreibt die kollegiale

Beratung als regelmäßig stattfindende, systematische Beratungsgespräche unter Kollegen auf gleicher Hierarchieebene. In diesen Gesprächen tauschen sich Mitarbeiter über Fragen und Probleme aus ihrem Arbeitsalltag aus und geben sich gegenseitig Ratschläge und Tipps, wie man mit bestimmten Fragestellungen am besten umgeht (Best-Practice-Ansätze). Ein anderer Ansatz beschreibt kollegiale Beratung als Intervision, in deren Rahmen erfahrene Mitarbeiter Kollegen, insbesondere jüngere, weniger erfahrene oder weniger leistungsstarke, zu bestimmten Themen in ihrem Arbeitsumfeld beraten. Auf diese Weise soll das gemeinsame Lernen unter Kollegen gefördert werden, ohne dass direktive Eingriffe der Führungskraft nötig werden. Zum einen sollen dadurch die Führungskräfte entlastet werden, zum anderen soll es den Team-Gedanken im Unternehmen stärken. Dahinter steht der Gedanke, dass Kollegen Wissen untereinander leichter und unbefangener austauschen, als sie es mit der Führungskraft tun (Edelkraut und Graf 2016).

### 1.5.6 Gruppen-/Team-Setting

Gruppen-Mentoring oder -Coaching findet statt, wenn ein Mentor/Coach mehrere Mentees/Coachees parallel und hauptsächlich gemeinsam betreut. Diese Form wird vor allem dann eingesetzt, wenn zu wenige Mentoren/Coaches verfügbar sind oder die gegenseitige Unterstützung der Mentees/Coachees untereinander, im Sinne einer kollegialen Beratung, mit dem klassischen Mentoring-Ansatz kombiniert werden soll. (Edelkraut und Graf 2016)

Für Unternehmen hat dies den Vorteil, mit weniger Personaleinsatz mehr Klienten betreuen zu können. Für die Mentees/Coachees bietet sich hier die Möglichkeit, nicht nur mit dem Mentor/Coach in einen fruchtbaren Austausch zu gehen, sondern gleichzeitig in den anderen Teilnehmern ihrer Gruppe sowohl Gleichgesinnte mit ähnlichen Themenstellungen vorzufinden als auch durch diese zusätzliche Impulse in ihrem Lernprozess zu erhalten.

### 1.5.7 Reverse Setting

Beim Reverse Mentoring/Coaching wird die Lernpyramide „Alt und Erfahren lehrt Jung und Unerfahren" umgedreht. Der Mentee entstammt meist einer hohen Führungsebene, während der Mentor aus der nachwachsenden Generation kommt und entweder eine ganz junge Führungskraft am Anfang der beruflichen Karriere oder noch eine Hierarchieebene darunter angesiedelt ist.

Der Mentor/Coach verfügt dafür über eine andere Expertise und Erfahrung, meist auf dem Gebiet der Digitalisierung, wie zum Beispiel mit social media-Instrumenten, Apps oder anderen neuen Technologien. In diesem Prozess sollen die sogenannten „Millennials", der Nachwuchs aus der Generation Y, erfahrene Führungskräfte dabei unterstützen, noch besser in der digitalen Welt anzukommen und deren Anforderungen gut meistern zu können.

Der Vorteil des Reverse Setting liegt neben dem reinen Informationsaustausch und der Steigerung des digitalen IQ im Unternehmen auch im generationen- und hierarchieübergreifenden Austausch sowie der Gewinnung neuer Einsichten und Perspektiven für hochrangige Führungskräfte.

### 1.5.8 Digitales & Blended Setting

Im digitalen oder blended Setting finden in einer traditionellen Beratungssituation neue digitale Technologien und Online-Elemente Verwendung. Die Paare können sich nicht nur live, sondern auch virtuell auf Video-Plattformen treffen und beziehen Online-Lernhilfen und Materialien in ihren Prozess mit ein. Auch eine virtuelle Vernetzung mehrerer Paare ist im Blended Mentoring möglich.

In einem Mix aus Online- und Offline-Betreuung wird den Beteiligten das Beste aus beiden Welten geboten und neue digitale Instrumente wie Social Media oder innovative Software werden mit einbezogen.

Der große Vorteil des Blended oder e-Mentoring liegt in der Zeitersparnis und Flexibilität bezüglich der Treffen von Mentor und Mentee. Ohne räumlich am gleichen Ort sein zu müssen, können hier gemeinsame Termine auch einmal spontan und kurzfristig mit Hilfe von Video-Konferenzen stattfinden. Die Einbindung digitaler Medien wiederum unterstützt die beiderseitige Weiterentwicklung im digitalen Zeitalter.

## 1.6 Berater-Typen

Wir alle haben unsere Präferenzen und Gewohnheiten, wie wir uns Themen und übernommenen Aufgaben nähern. Wenn wir diese nicht weiter reflektieren, dann werden wir uns gemäß dieser Vorlieben oder Muster verhalten und es ist sehr wahrscheinlich, dass gewisse Verhaltensweisen überwiegen. Dies trifft auch in der Beratung zu. Auch ohne entsprechende Ausbildung ist es sehr wahrscheinlich, dass Coaches und Mentoren ihre gewohnten Routinen und Stärken in der Kommunikation auch in der Beratung einsetzen. Ohne eine Vorab-Qualifizierung und Rollenklärung bleibt teilweise auch offen, was genau unter Mentoring und Coaching verstanden wird.

Zum besseren Verständnis legt man die zwei Begriffe Beratung und Coaching auf die zwei Enden einer Skala. Beratung wird hier als eine inhaltliche und fachliche Expertise verstanden, bei der ein Ratsuchender eine klare Aussage oder Empfehlung erhält. Coaching hingegen wird als Unterstützung zur Selbstreflexion und zur eigenen Lösungsfindung gesehen. Aus dieser Position entsteht der größte Mehrwert, durch öffnende und neue Einsichten generierende Fragen. Der Mentee erhält so neue Perspektiven, einen anderen Zugang zu eigenen Kompetenzen und Erfahrungen und schmiedet daraus seinen

Plan für das weitere Vorgehen. Mentoring sollte nun irgendwo in der Mitte angesiedelt sein. Zum einen ist ein Stück Beratung im Sinne von teilhaben lassen an den eigenen Erfahrungen und das Wissen ob des eigenen Fachgebiets und Berufsfeldes dezidiert im Mentoring gewünscht. Zum anderen sollte der Mentee den Mentor nicht nur um Rat fragen, sondern eigenverantwortlich und aktiv an der Lösungsfindung mitarbeiten.

Ein guter Mentor hat daher ein feines Gespür, wann welche Form der Gesprächsführung und Rolle im Mentoring hilfreich ist und kann idealerweise zwischen den Rollen des Beraters und des Coaches situativ wechseln. Oftmals sehen Mentoren übrigens in der Erweiterung ihrer eigenen kommunikativen Kompetenz einen ganz erheblichen Mehrwert des Mentorings. Sie merken, dass diese Variation des eigenen Verhaltens auch in den normalen Rollen ihres Berufs (Führungskraft, Kollege, Mitarbeiter) sehr hilfreich sein kann. Im Folgenden finden sich daher ein paar sehr hilfreiche Rollen sowie deren Vorteile und auch Risiken dargestellt.

### 1.6.1 Der weise Berater

In den meisten Fällen gibt es zwischen Mentor und Mentee einen signifikanten Altersunterschied. Mit diesem geht meist auch ein Mehr an Berufs- und Lebenserfahrung und damit eine reifere Persönlichkeit einher. Der Mentee will und soll von diesem Mehr an Erfahrung profitieren.

Beim Coach ist es neben der Beratungserfahrung idealerweise eine professionelle Ausbildung in Coaching-Methoden, die den Wissens- und Erfahrungsunterschied zwischen ihm und den Coachee definiert.

Oft führt dies beim Mentee oder Coachee zur Erwartungshaltung, dass der Mentor oder Coach auf alle Fragen des Mentees die eine und richtige Antwort kennt. Aufgabe eines weisen Beraters in diesem Sinne ist es, mit diesem Zuviel an Erwartung gut umzugehen. Die beste Strategie ist es dabei, dem Mentee keine sofortige Antwort und keinen Rat zu geben, sondern ihn mit geschickt gestellten Fragen zu einer eigenen Antwort zu führen.

Eine weitere Möglichkeit für den weisen Berater ist es, Analogien aus dem eigenen Leben, aus den eigenen Erfahrungen herzustellen, sofern der Berater selbst schon einmal mit einem ähnlichen Problem oder einer ähnlichen Fragestellung konfrontiert war:

- Wie ist er damals an die Lösung herangegangen?
- Was lief dabei gut?
- Was hat vielleicht nicht so gut funktioniert?

Am Ende sollte wieder die offene Frage an den Ratsuchenden stehen, was auf seinen Fall übertragbar ist und was nicht. Der Ball, eine Lösung zu finden, sollte am Ende immer im Feld des Ratsuchenden bleiben.

### 1.6.2 Die neutrale Instanz

Wenn Menschen sich mit Entscheidungsfragen beschäftigen, dann können sie diese in der Regel nur mit Menschen besprechen, die Teil ihres sozialen Systems (Familie, Unternehmen, Freundschaft, Beziehung) sind. Selbstverständlich erhält man dann jeweils aus deren Perspektive sinnvolle Antworten. Allerdings haben all diese Antworten eines gemeinsam: sie sind mit einem Maß an Eigeninteresse verbunden, auch wenn das manchmal als reines altruistisches Motiv erscheint. So hören junge Erwachsene, die sich mit ihren Eltern über einen möglichen Berufseinstieg unterhalten, nicht selten Sätze wie: „Ich will ja nur das Beste für Dich". Ob es sich dabei immer um das Beste für den jeweiligen Menschen handelt oder ob es aus der elterlichen Perspektive das Beste ist, sei dahingestellt.

Ein Coach oder Mentor kann hier eine gänzlich andere Rolle einnehmen. Er ist schließlich nicht verantwortlich und hat auch keine direkten positiven oder negativen Konsequenzen daraus, zu welcher Entscheidung sein Klient kommt.

### 1.6.3 Der Krisenmanager

In psycho-sozialen Krisen zeigen sich häufig die Grenzen von Mentoring und Coaching. Der Coach oder Mentor kann dem Hilfesuchenden gut in beruflichen, fachlich geprägten und auch in einigen persönlichen Krisen unterstützen. Die Grenze verläuft zwischen persönlichen und psychologischen Krisen.

Natürlich gibt es auch Krisenformen, bei denen ein Mentor oder Coach sehr gut und wertvoll selbst unterstützen kann. Dies können berufliche und auch private stark herausfordernde Situationen sein, die sich massiv auf die Performance und/oder das Wohlbefinden des Mentees oder Coachees auswirken. Solange diese eine bedenkliche psychologische Grenze nicht überschreiten, ist vor allem die Haltung des Beraters wichtig, um für den Mentee tatsächlich hilfreich sein zu können.

Die Kunst des Coachings und Mentorings im Krisenmanagement ist es, die richtigen Fragen zu stellen und dem Mentee gut und aktiv zuzuhören. Weiter ist es auch wichtig, sich selbst und dem Mentee einzugestehen, wenn man mit einer Problemlage überfordert ist. Dann geht es darum, eine geeignete professionelle Hilfe-Instanz zu finden.

Ein hervorragendes Buch, das sich mit der Grenze zwischen Coaching und Therapie auseinandersetzt findet man bei (Hafner und Ritz 2020).

### 1.6.4 Der Aktivierer

Ziel der Beratung ist es stets, etwas zu verändern, Impulse zu geben und Neues zu initiieren. Der Mentor/Coach kann in der Regel davon ausgehen, dass sein Klient ein Potenzialträger ist, der sich seiner Potenziale noch nicht voll bewusst ist, diese aber gerne entdecken und aktiviert wissen will.

Oft mangelt es insbesondere jungen Menschen in der Bildungs- und Berufswelt nicht an großen, langfristigen Zielen, sondern an einem Kompass und einer Karte, wie man diese Ziele erreichen kann. Die Angst, mit dem ersten Schritt möglicherweise unumkehrbar einen falschen Weg einzuschlagen, hemmt viele Mentees in ihren Entscheidungen. Der Aktivierer motiviert den Mentee, diesen ersten Schritt zu tun und gibt ihm dabei ein Mindestmaß an Sicherheit mit auf den Weg, dass es keinen Kurs gibt, der im Zweifel nicht auch wieder korrigiert werden kann.

Keinesfalls aber sollte der Berater dem Klienten die Entscheidung abnehmen, sondern dabei unterstützen, die Für und Wider zu sammeln, sich selbst die richtigen Fragen zu stellen und die eigenen Antworten zu bewerten.

### 1.6.5 Der Zuhörer

Müssen Berater extrovertierte Personen sein, die gerne und viel erzählen können? Die Antwort lautet eindeutig: Nein! Sowohl introvertierte als auch extrovertierte Personen können gute Berater sein. Für beide aber gilt, dass die Schlüsselqualifikation eines guten Beraters die Fähigkeit des guten Fragens und Zuhörens ist. Weiter gehört die Offenheit für neue Erfahrungen und eine gute Reflexionsfähigkeit der eigenen Person zum Repertoire eines guten Beraters.

## 1.7 Methoden der Beratung: Grundlagen und digitale Besonderheiten

Viele Grundregeln eines persönlichen Treffens lassen sich auch auf die digitale Welt übertragen. Aber es gibt auch Besonderheit zu beachten.

### 1.7.1 Beratungstreffen vorbereiten

Trifft man sich persönlich, z. B. in einem Café, in einem Büro oder in einem Besprechungsraum sind uns viele Normen zur Vorbereitung und Durchführung eines Treffens bereits durch zahlreiche Erfahrungen bekannt. Vor jedem Beratungsgespräch, insbesondere aber vor dem ersten Termin sollten sich Ratsuchender und Ratgeber über die Dimensionen Raum, Zeit, Teilnehmer, Inhalte und Regeln abstimmen. Beide Seiten sollten hinreichend Zeit für die Vorbereitung haben.

#### 1.7.1.1 Raum

Der gewählte Ort sollte zum Anlass des Treffens passen. Während zum Beispiel das erste Treffen zwischen einem Mentor und Mentee bewusst in der zwanglosen Atmosphäre eines Cafés stattfinden kann, um das Persönliche, die Lockerheit und die Offenheit des Treffens zu unterstreichen, sollten Treffen mit vertraulichen oder sehr persönlichen Inhalten in einem geschützten Raum stattfinden. Auch einen geschützten Raum sollte man so gestalten, dass er eine positive Gesprächsatmosphäre ermöglicht. Bilder an der Wand, Bücher in den Regalen, Unterlagen geordnet oder ungeordnet auf einem Schreibtisch, Lichtverhältnisse, Geräuschkulisse, Getränke, Notizblöcke, Stifte, Taschentücher in Griffweite,... All das sind Dinge, die Signale aussenden, die Ratgeber und Ratsuchender während des Gesprächs bewusst und/oder unbewusst wahrnehmen und den Gesprächsverlauf beeinflussen. Haben beide gute Erfahrungen mit einem bestimmten Ort gemacht, sollte derselbe Raum für weitere Beratungsgespräche beibehalten werden. So entfällt eine Eingewöhnungszeit und man kann sich bei Folgetreffen schnell auf die Inhalte fokussieren. Hat man die Raumsituation beim ersten Gespräch als unangenehm empfunden, so sollte der Raum natürlich optimiert oder gewechselt werden.

**Digitale Besonderheiten**
Bei digitalen Beratungstreffen sind die Möglichkeiten der Raumauswahl begrenzt. Um so wichtiger ist es, sich Gedanken zur Ausgestaltung dieser begrenzten Auswahl zu machen:

- Welches Tool soll benutzt werden? Haben beide Ratgeber und Ratsuchender einen Account und hinreichenden Zugriff?
- Digitale Beratungsgespräche sollten immer in geschützter Atmosphäre stattfinden, nicht im Café, nicht unterwegs und stets in einem Raum, in dem man für die Zeit des Gesprächs ungestört ist.
- Auch der Hintergrund spielt eine wichtige Rolle. Welche Wände, Bücher, Bilder, ... sind für den anderen Gesprächsteilnehmer zu sehen? Welche bewussten oder möglicherweise unbewussten Botschaften sendet der Hintergrund aus?
- Fühlen Sie sich selbst in dieser Umgebung wohl? Virtuelle Hintergründe können zwar dem Gegenüber ein anderes Stimmungsbild vermitteln. Sie selbst aber befinden sich nach wie vor in diesem Raum.
- Ist auf beiden Seiten eine hinreichend gute Datenverbindung für Videoübertragung und eine entsprechend hohe Qualität der Kameras gegeben? Eine stabile Verbindung und ein klares Bild beeinflussen Atmosphäre und Gesprächsverlauf in sehr hohem Maß.

#### 1.7.1.2 Zeit
Man sollte sich vergewissern, dass gewählte Zeit und Dauer des Beratungstermins dem Inhalt und den Teilnehmern Rechnung tragen. Beratungsgespräche sollten in der Regel zu büroüblichen Zeiten stattfinden. Neben dem Beginn sollte auch das Ende zeitlich klar abgesteckt sein. In der Regel dauern Beratungsgespräche mindestens 45 Minuten und sollten eine Dauer von 90 Minuten nicht überschreiten. Dieser Zeitrahmen entspricht in etwa der erforderlichen Aufmerksamkeitsspanne bei anspruchsvollen Themen. Auch sollten die Inhalte des Gesprächs und der Folgegespräche grob zeitlich gegliedert

werden. Zwischen mehreren Treffen sollte ausreichend Zeit vergehen, um Besprochenes zu verarbeiten und/oder erstmals in die Praxis umzusetzen. Eine Woche Abstand sollte mindestens eingehalten werden.

**Digitale Besonderheiten**
Auch wenn die Digitalisierung uns zeitlich und örtlich entgrenzen kann, sollte man der Versuchung widerstehen und sich an bestimmte Regeln halten:

- Einhaltung üblicher Büro- und Geschäftszeiten. Auch digitale Treffen sollten unter der Woche nicht vor neun Uhr und nicht nach Beginn der Tagesschau (20.00 Uhr) enden.
- Idealerweise versendet man die Einladung zu einem digitalen Treffen mit Zugangslink und speicherbarer Kalenderdatei (*.ics). Als voreingestellte Erinnerung ist eine Stunde vor Beginn empfehlenswert.
- Ein persönlicher Reminder des Beraters einen Tag vor dem digitalen Treffen ist sinnvoll. Leider werden digitale Treffen schneller vergessen als die vor Ort.

#### 1.7.1.3 Teilnehmer
Sofern nicht bereits im Vorfeld geschehen, sollten sich die Teilnehmer zu Beginn des Gesprächs bzw. der Gesprächsreihe einander vorstellen und einen kurzen Einblick in die eigene Biographie geben. Selbstverständlich muss von Anfang an klar sein, wer am Treffen teilnimmt, falls z. B. dritte Personen eingeladen werden.

**Digitale Besonderheiten**
Videokonferenzen z. B. mit Zoom sollten immer passwortgeschützt und mit Warteraum sein, um den Zutritt unerwünschter Dritter auszuschließen. In Beratungssettings empfiehlt es sich, dass der Beratende das Meeting digital aufsetzt und die Einladung an den Klienten sendet.

#### 1.7.1.4 Inhalte
Die Inhalte jeden Treffens sollten im Vorfeld klar formuliert werden. Es ist empfehlenswert, jedes Treffen inhaltlich und zeitlich grob zu gliedern.

**Digitale Besonderheiten**
Wie bei einem Live-Treffen müssen auch bei einem digitalen Treffen benötigte Dokumente bereit liegen. Am besten sind erforderliche Dateien, die man über den Screen teilen möchte bereits vor dem Gespräch als Fenster geöffnet.

Teil des offenen Feedbacks am Ende des Gesprächs sollten auch die technischen Rahmenbedingungen sein. War man mit dem verwendeten Tool, der Verbindung, etc. zufrieden oder sollte für das nächste Treffen etwas angepasst werden.

#### 1.7.1.5 Regeln

Eine wichtige Rolle spielen auch die gemeinsamen Regeln für ein Treffen. Z. B. sollte man sich Gedanken über die Umgangsformen machen. Während man beim Coaching mit Blick auf die professionelle Distanz wohl eher beim Sie bleibt, wechselt man beim Mentoring, wo es neben Professionalität auch um eine persönliche Bindung geht, häufig im Verlauf der Gespräche zum Du. Letzten Endes ist dies Geschmackssache, sollte aber im Vorfeld geklärt sein.

**Kleidungsfragen**

Überlegen Sie sich auch, was Sie anziehen. Es mag auf den ersten Blick altmodisch klingen. Aber Kleider machen nun einmal Leute und prägen den ersten Eindruck. Auch ist damit die Frage verbunden, welche Wertschätzung man seinem Gesprächspartner entgegenbringt. Dabei ist nicht von Frack und Stresemann die Rede. Zwischen Abendkleid und Jogging-Hose gibt es ein breites Spektrum an Kleidungsstilen, in denen man sich wohl fühlen kann und zugleich gut gekleidet ist. Ein Blick in die Suchmaschinen des Internet verrät, dass man im Bereich von Smart bis Business Casual meist richtig liegt.

**Eine Begegnung unter Erwachsenen**

Coach und Coachee begegnen sich immer als Erwachsene. Das klingt im ersten Moment selbstverständlich. Dennoch sollte man sich dies immer wieder bewusst machen, um Übertragungsfantasien nach Beziehungsmustern Vater/Mutter zu Sohn/Tochter zu vermeiden oder zumindest rechtzeitig gegensteuern zu können.

**Ein Tandem auf Augenhöhe**

Wie bereits an einigen Stellen angesprochen, liegen zwischen Mentor und Mentee in der Regel mehrere Jahre an Berufs- und Lebenserfahrung/zwischen Coach und Coachee eine entsprechende Ausbildung und Beratungserfahrung. Die Kunst der Beratung ist es daher, gleichermaßen eine Beziehung auf Augenhöhe zu gestalten und als Berater die eigenen Führungs- und Beratungsqualitäten in das Tandem einzubringen.

**Einladungen**

Beim gemeinsamen Gang ins Café oder Restaurant sollte sich niemand verpflichtet fühlen, die Rechnung des Anderen zu übernehmen. Die Regel sollte es eher sein „to go Dutch", jeder zahlt seine Rechnung für sich selbst.

**Digitale Besonderheiten**

Dreh- und Angelpunkt digitaler Treffen sind Kamera und Mikrofon. Für eine gute Beratung sollte beides von Anfang an eingeschaltet sein. Eine Beratung ohne Bild ist schwierig, da man im digitalen Format umso mehr auf die Beobachtung und Einschätzung von Mimik und Gestik angewiesen ist. Bei mehreren Treffen behalten Sie z. B. stets denselben Zoom-Link (wiederholendes Meeting) bei. Bei der Kleidung gelten im Digitalen dieselben Regeln wie bei persönlichen Treffen!

### 1.7.2 Grundlagen des Coachings im Rahmen von Mentoringansätzen

In diesem Kapitel finden sich wesentliche Ansätze des Coachings, bewusst begrenzt auf den Rahmen von Mentoring. Vertiefende Einsichten zum digitalen Coaching finden Sie in den Best-Practice-Beiträgen von Bettina Hafner, Melanie Hasenbein und Lothar Wüst in diesem Buch.

#### 1.7.2.1 Vor dem ersten Treffen: Mentoring-Profile und Matching-Prozess

Mentor und Mentee kennen sich vor dem ersten Treffen in der Regel nicht und werden in formellen Programmen von den Organisatoren des Mentoring-Programms gematcht. Erforderlich sind hierfür gut gestaltete Mentor- und Mentee-Profile und ein geeigneter Matching-Algorithmus.

Die Profile sollten folgende Informationen enthalten:

- Relevante persönliche Daten, wobei die jeweiligen Kontaktdaten Mentor und Mentee erst nach erfolgtem Matching, vor dem ersten Treffen zugänglich gemacht werden.
- Ein Bild sagt mehr als tausend Worte. Gerade beim digitalen Matching kann es entscheidend sein, sich mit einem Foto des Mentors/des Mentees einen ersten Eindruck verschaffen zu können: Wie präsentiert sich jemand auf dem Foto. Entsprechend sollten Mentoren und Mentees auch auf die Wichtigkeit dieser Möglichkeit des ersten Eindrucks hingewiesen werden.
- Ausbildungs- und beruflicher Hintergrund des Mentors/des Mentees im Überblick.
- Eine kurze persönliche Selbstbeschreibung.
- Welche Erwartungen (z. B. Branche, Berufserfahrung, Führungserfahrung, Bildungshintergrund, …) hat der Mentee an den Mentor und umgekehrt.
- Welches Beratungsangebot kann und will der Mentor dem Mentee machen.

Die Daten aus den Profilen gilt es, in einen Matching-Algorithmus zu übersetzen, in Kriterien. Diese Kriterien variieren je nach Inhalt und Zweck des Mentoring-Angebots.

- Berufserfahrung in Jahren
- Hierarchie im Unternehmen
- Stand der Ausbildung
- Alter
- Geschlecht
- Beratungsangebote/Beratungswünsche auf einer Likert-Skala gegenübergestellt

Das Matching kann mithilfe einer geeigneten Datenbank dann halbautomatisch erfolgen: Die Datenbank generiert passende Vorschläge, die von den Organisatoren des

Mentoringprogramms eingegrenzt werden. Oder es erfolgt ein automatisches Matching, dass dem Mentee Vorschläge sofort bereitstellt, aus denen er auswählen kann.

#### 1.7.2.2 Das erste Treffen

Zentrale Themen eines ersten Treffens können sein:

- Warum wird das Beratungsangebot genutzt und wie wurde man darauf aufmerksam?
- Was genau machen Sie derzeit beruflich?
- Was gefällt Ihnen an Ihrer derzeitigen Tätigkeit besonders/gar nicht?
- Wohin möchten Sie beruflich wachsen und warum?
- Wie kann ich Sie dabei auf den ersten Blick unterstützen?
- Welche Interessen haben Sie neben dem Beruf?
- Welche Ziele wollen wir uns für die nächsten beiden Treffen setzen?
- Offenes Feedback nach dem ersten Treffen

Wichtig ist auch die Überlegung, welche Dokumente ggf. für das Treffen hilfreich sind und diese während des Treffens parat zu haben, z. B. einen aktuellen Lebenslauf des Klienten, eine vorab formulierte Liste mit Zielen der Beratung oder ein empfohlenes Buch.

Beratungsbeziehungen gehen über einen längeren Zeitraum, mit vielen persönlichen Treffen. Umso wichtiger ist es, dass Ratgeber und Klient nach dem ersten Treffen beide (!) das Gefühl haben, dass die Beziehung fachlich und persönlich passt. Insofern ist ein offenes, ehrliches Feedback nach dem Treffen sehr wichtig. Beratungsbeziehungen, die gegen das eigene Bauchgefühl weitergeführt werden, werden in der Forschung als toxische Beziehungen bezeichnet, da sie nichts bringen, im schlimmsten Fall beiden Seiten sogar schaden können.

In diesem Sinne sollte auch das Unternehmen Coach und Coachee/Mentor und Mentee ermutigen, dass die Beziehung nur zustande kommt, wenn beide Seite nach dem ersten Treffen der weiteren Zusammenarbeit zustimmen. Es ist wichtig, hier deutlich zu machen, dass die Ablehnung keine negativen Konsequenzen für beide Seiten im Kontext des Unternehmens hat und dass beide im Falle einer Nicht-Passung auch mit einem alternativen Partner gematcht werden können.

Das Feedback kann gleich zum Ende des Treffens erfolgen oder aber beide geben sich ein paar Tage Zeit und vereinbaren ein Folgetelefonat, ob sie das Tandem fortsetzen wollen und wann sie sich zum zweiten Mal treffen. Die gleich anschließende Vereinbarung des Folgetermins hat sich als sehr hilfreich erwiesen, denn das Tandem muss erst wachsen und läuft manchmal Gefahr, nach einem zwar erfolgreichen ersten Treffen dennoch einzuschlafen.

Am Ende des ersten Treffens sollten folgende Fragen geklärt sein:

- Wann und wie oft will man sich treffen?
- Wie und auf welchen Wegen will man miteinander Kontakt halten?
- Siezt oder duzt man sich?

#### 1.7.2.3 Die Erwartungshaltungen konkretisieren

Im Anmeldebogen des Mentors und des Mentees wurden die Erwartungshaltungen beider in Stichpunkten angegeben und/oder in kurzen Texten ausformuliert. In den gemeinsamen Treffen sollte es dem Tandem nun darum gehen, diese Stichpunkte zu konkretisieren und sie in einen möglichst konkreten Handlungs- und Unterstützungsplan zu fassen. Bei allen folgenden Vorschlägen gilt es für den Mentor, immer die Metafrage zu beachten:

„Wie kann ich als Mentor konkret unterstützen, was muss der Mentee selbst dafür tun und wo verlaufen die Grenzen des Mentorings?"

#### 1.7.2.4 Typische Verläufe von Mentoring-Beziehungen

Keine Mentoring-Beziehung ist wie die andere. Dennoch lassen sich bestimmte Grundmuster der Entwicklung beschreiben.

**Kennenlernphase** Hier handelt es sich um die ersten (zwei bis drei) Treffen, bei denen sich Mentor und Mentee persönlich und fachlich kennenlernen und am Ende einschätzen, ob ein Tandem Sinn macht. Beide sollten sich zum Abschluss hier ein offenes und ehrliches Feedback geben.

**Arbeitsphase** Mentee und Mentor arbeiten gemeinsam an den vereinbarten Themen. Einige Tandems folgen dabei einer schriftlich fixierten Vereinbarung, einem festen Plan, andere gestalten das Tandem von Treffen zu Treffen entsprechend anliegender Themen.

**Übergangsphase** Am Ende einer Mentoring-Beziehung führen Mentor und Mentee ein Abschlussgespräch und ziehen ein Resümee zu ihrer Zusammenarbeit. Viele Tandems münden in eine langfristige Freundschaft und Verbundenheit.

**Es bleibt beim ersten Treffen**

In einigen Fällen bleibt es bei nur einem Treffen zwischen Mentor und Mentee. Hier hat das Matching fachlich und/oder persönlich nicht gepasst. Auf Nachfrage stellte sich häufig heraus, dass diese Mentees entweder zu hohe Erwartungen oder im Gegenteil zu wenige oder keine konkreten Erwartungen an das Mentoring beziehungsweise an den Mentor hatten.

**Kurze, erfolglose Beziehungen**

Ähnlich verhält es sich hier. Die Mentees brechen nach wenigen weiteren Treffen den Kontakt zum Mentor ab. Auch in diesen Fällen sind es meist zu hohe Erwartungen (zum Beispiel soll der Mentor ein Praktikum besorgen) oder fehlende Ideen zur weiteren Gestaltung des Tandems.

**Kurze und erfolgreiche, eher fachlich geprägte Beziehungen**

Hier stehen konkrete, fachliche Fragen und Themen, zum Beispiel rund um den Bewerbungsprozess im Vordergrund. Mentor und Mentee arbeiten in einigen wenigen Treffen einen gemeinsam vereinbarten Themenkreis ab und beenden im Anschluss die Beziehung im positiven Sinne.

**Lange und erfolgreiche, fachlich und persönlich gute Beziehungen**
Neben einer fachlich geprägten Arbeitsbeziehung bauen Mentor und Mentee in diesen Tandems auch eine gute persönliche Bindung zueinander auf. Sie führen intensive, persönliche, über das Studium und Karrierethemen hinausgehende Gespräche. Diese Tandems halten meist über mehrere Jahre hinweg und münden in eine Freundschaft.

Auch die erfolgreichen Beziehungen verlaufen selten linear, sondern sie sind von Höhen und Tiefen gekennzeichnet, von Phasen des intensiven und des loseren Kontakts, nicht selten auch von Krisen zwischen Mentor und Mentee.

Kritische Phasen werden häufig durch kritisches Feedback des Mentors zur Person oder zu den Plänen des Mentees ausgelöst. Entscheidend für den langfristigen Erfolg ist, dass der Mentee in der Lage ist, auch kritisches Feedback zu verarbeiten, Gewinn für sich daraus zu ziehen und nach einer gegebenenfalls erforderlichen inneren Verarbeitungspause wieder den Kontakt zum Mentor sucht.

**Verbindlich und nachhaltig zusammenarbeiten**
Natürlich ist Verbindlichkeit etwas sehr Wesentliches im Mentoring. Ohne Verbindlichkeit geraten Vorhaben nicht in die Umsetzung und das gewünschte Ziel kann nicht erreicht werden. Das leuchtet jedem ein. Interessant ist jedoch, genauer hinzusehen, wenn uns das Problem der Verbindlichkeit begegnet. Zwei wichtige Gründe können sein:

1. Unterschiedliches Verständnis bezüglich der Wichtigkeit oder Gültigkeit einer Vereinbarung zwischen Mentor und Mentee
2. Die Vereinbarung unpassender Meilensteine

Zu 1. Gerade bei sehr engagierten Mentoren, denen es besonders wichtig war, dass ein konkretes Ergebnis durch das Mentoring erzielt wird, erlebt man immer wieder, dass sie das Mentoring wie ein Projekt in ihrem Job angegangen sind. Sie machten sich Gesprächsnotizen, terminierten Meilensteine und hielten Vereinbarungen fest. In vielen Fällen sind die Mentees darüber sehr froh und sehen das als Erleichterung an, da endlich etwas Zug in die Sache kommt. Uns sind allerdings auch Fälle begegnet, bei denen dieses sehr strukturierte Vorgehen für die Mentees teils zu viel war. Sie sahen in dem Mentoring eher eine Austauschplattform und wollten darin zumindest anfangs nicht gleich diese klare Struktur erleben, wie sie sich in einem Projektplan niederschlägt. Ihnen war oft einfach mehr daran gelegen, aus Gesprächen mit dem Mentor zu lernen und noch nicht unbedingt gleich konkrete Schritte zu vereinbaren. Interessanterweise gaben diese konkreten Vereinbarungen den Mentoren wiederum Sicherheit, dass das Mentoring-Gespräch ein konkretes Ergebnis geliefert hat und damit sie als Mentor wertvoll waren.

Zu 2. Ein weiterer Grund, warum Meilensteine nicht eingehalten wurden, lag oft darin, dass die „falschen" Meilensteine vereinbart worden sind. Dabei bezieht sich das falsch nicht auf die Inhaltsebene, sondern vielmehr darauf, dass die vereinbarten Schritte nicht zu den eigentlichen Zielen und Motiven der Mentees passten. Je schneller in dem

Mentoring-Gespräch auf das Festhalten konkreter Maßnahmen durch den Mentor Wert gelegt wurde, man könnte überspitzt auch sagen gedrängt wurde, desto größer war das Risiko, schnell „sozial erwünschte" Meilensteine zu vereinbaren.

Ein Beispiel aus einem universitären Mentoringprogramm: In einem Tandem war rasch ein Ziel für das Mentoring vereinbart, nämlich das Studium möglichst schnell und erfolgreich abzuschließen. Dazu wurden konkrete Schritte vereinbart, die der Mentee jedoch nur halbherzig umsetzte. Aus einer gewissen Ratlosigkeit heraus, wandte sich der Mentor an uns. Nach seiner Schilderung entstand der Eindruck, dass das vereinbarte Ziel, nämlich der schnelle Studienabschluss, womöglich für den Mentee gar nicht das Kernthema sein könnte. Für den Mentor ist dann empfehlenswert, den Prozess eher zu entschleunigen und vorsichtig zu prüfen, ob nicht ein anderes Thema dringender sei. Nach dem nächsten Mentoring-Gespräch rief uns der Mentor an und war sehr dankbar für diesen Tipp. Es stellte sich nämlich heraus, dass bereits die Studienwahl maßgeblich vom Wunsch der Eltern getrieben war und die Studierende das Studium in erster Linie schnell beenden wollte, um das ungeliebte Thema hinter sich zu haben. Gleichzeitig war ihr völlig unklar, was sie danach mit dem Abschluss eigentlich anfangen sollte. Als diese Themen deutlich wurden, veränderte sich das Mentoring und die entsprechenden Ziele maßgeblich. So wurde die Situation beleuchtet, was es für Alternativen noch während des Studiums geben könnte oder wie mit dem zu erwerbenden Abschluss ein Beruf gefunden werden kann, der den Motiven und Leidenschaften des Mentees entsprechen würde. Diese Fokusverschiebung brachte völlig neuen Schwung in das Mentoring und führte zu großer Dankbarkeit bei dem Mentee.

Zusammenfassend lässt sich festhalten, dass Verbindlichkeit eine elementare Voraussetzung im Mentoring ist, sowohl was Termintreue als auch die Umsetzung von Vereinbarungen anbelangt. Sollte dies einmal nicht geschehen, dann ist zu prüfen, woran es liegt. Sind dem Mentee derart strukturierte Vorgehensweisen vertraut, ist diese Struktur das, was er im Mentoring wirklich will und wurden auch die passenden Meilensteine vereinbart?

Dies zu explorieren und das eigene Vorgehen anzupassen oder auch dem Mentee eine entsprechende Rückmeldung zu geben, ist für erfolgreiches Mentoring elementar.

### Wenn es im Tandem knirscht

Wie in jeder Beziehung kann es auch in einer Mentoring-Beziehung Konflikte geben. Obwohl es das Ziel einer Mentoring-Beziehung ist, ein vertrauensvolles Verhältnis auf Augenhöhe zu schaffen, so gibt es dennoch ein gewisses hierarchisches Gefälle. Sollte daher, aus welchen Gründen auch immer, das Mentoring konfliktreich verlaufen, können sowohl Mentor als auch Mentee dies beenden und darauf verweisen, dass sie keinen Sinn darin sehen oder nicht glauben, gemeinsam die angestrebten Ziele erreichen zu können. Ein solcher Abbruch der Mentoring-Beziehung sollte jedoch niemals ohne vorherige Klärung der Gründe im Duo erfolgen.

Lassen Sie uns einen Blick darauf werfen, welche typischen Gründe im Mentoring zu einer Verstimmung oder zu einem Konflikt führen können:

**Der Mentor kann unzufrieden sein, da**

- der Mentee die vereinbarten Schritte nicht umgesetzt hat,
- Treffen kurzfristig abgesagt werden,
- mögliche Tipps und Ideen nicht angenommen werden,
- die Ideen und Zielvorstellungen des Mentees aus Perspektive des Mentors nicht sinnvoll erscheinen,
- wenig Aktivität und Engagement für den Mentoring-Prozess seitens des Mentees festzustellen ist.

**Der Mentee kann unzufrieden sein, da**

- der Mentor kaum Zeit für den Mentee hat oder Treffen kurzfristig absagt,
- der Mentor wenig Bereitschaft zeigt, sich in die Gedankenwelt des Mentees zu versetzen und stattdessen eher belehrend Ratschläge erteilt,
- der Mentor ihm nicht genug Türen öffnet, so wie er es eigentlich gerne hätte,
- der Mentor keinen Praktikumsplatz oder gar Arbeitsplatz anbieten kann,
- er keinen Sinn im Vorgehen beim Mentoring in Bezug auf seine konkrete Fragestellung sieht.

Diese Liste ließe sich sicher noch erweitern. Es wird jedoch schnell deutlich, dass viele kritische Punkte sowohl aus Perspektive des Mentees als auch aus der des Mentors gelten. Einige dieser potenziellen Reibungspunkte lassen sich durch ein gut geführtes Erstgespräch bereits im Vorfeld klären. Bei vielen weiteren Punkten hilft es, wie bei der Konfliktklärung in anderen Kontexten sehr verbreitet, sich das Prinzip der Metakommunikation zunutze zu machen. Konkret heißt dies, man macht die Mentoring-Beziehung selbst zum Thema und schildert aus der Ich-Perspektive, wie man diese gerade erlebt.

Dies scheint so simpel wie logisch zugleich zu sein. In der Praxis erlebt man hingegen immer wieder, dass Mentoren stattdessen noch einen weiteren Terminvorschlag geschickt haben und als dazu keine Antwort kam, den Kontakt einfach abgebrochen haben. Das ist legitim, aber schade. Diesbezüglich fühlen sich auch die Mentoren frustriert, im Sinne von: „Mir ist meine Zeit zu schade, ich renne dem doch nicht hinterher". Durch den Kontaktabbruch wird aber weder der Frust kanalisiert, noch erfährt man einen Grund, warum sich der Mentee nicht mehr gemeldet hat. Bei unternehmensinternen Programmen oder übergreifenden Programmen, wo der Arbeitgeber für die Teilnahme des Mentees sogar etwas bezahlt, mag es da einen gewissen „sozialen Druck" geben, das Angebot auch wahrzunehmen. Bei Programmen, in denen es eine losere Koppelung gibt, wie zum Beispiel in Alumni-Programmen von Universitäten beobachtet man, dass Mentees sich nicht zum vereinbarten Zeitpunkt gemeldet haben (Pflaum 2016). In den Fällen, bei denen die Mentoren dies zum Anlass genommen haben, die

Beziehung miteinander zu klären, ergaben sich sehr interessante Hinweise, was zu dem Verhalten führte. Nicht selten war das gezeigte Verhalten letztlich Ausdruck von Scham. Der Mentee hatte es in einer sehr arbeitsintensiven Zeit nicht geschafft, sich bei seinem Mentor zu melden. Als er dann den Kontakt zum Mentor wieder gewünscht hätte, hatte er ein solch schlechtes Gewissen, sich jetzt erst wieder zu melden, dass er dann lieber den Kontakt hat abreißen lassen.

Zunächst ist natürlich jedem Duo zu wünschen, dass das Mentoring angenehm, zielführend und auf guter Wellenlänge verläuft. Sollte es aber einmal zu einer Konfliktsituation kommen, dann ist gerade das Besprechen eines solchen Konflikts sehr förderlich für eine noch vertrauensvollere Zusammenarbeit. Außerdem sind das Erleben und Lösen einer solchen Konfliktsituation eine ganz wesentliche Mentoring-Erfahrung.

**In die Selbstständigkeit führen**

Der Erfolg des Mentorings für den Mentee bemisst sich mindestens auf zwei Ebenen. Zum einen erhält der Mentee eine konkrete Idee, wie er das gewünschte Ziel erreichen kann. Zum anderen sollen die Dialoge mit dem Mentor auch dazu beitragen, die eigene Problemlösungskompetenz zu erhöhen. Um dies zu erreichen, ist es wichtig, dass der Mentor nicht allzu viele Tipps und Ideen vorgibt, sondern den Mentee selbst zum Denken anregt. Natürlich ist Mentoring auch sehr wirkungsvoll, wenn der Mentor passende Tipps zum konkreten Vorgehen liefert. Dann ist der Mentee allerdings eher in einer Empfänger-Rolle und beteiligt sich selbst weniger an der Lösungsfindung.

Zwei Begriffe gilt es voneinander abzugrenzen. An einem Ende der Skala siedelt man die Expertenberatung an. Hier konsultiert man einen Experten, der das notwendige Wissen hat, um einem genau zu sagen, was man tun soll. Am anderen Ende der Skala positioniert man den Coach, der oftmals keine inhaltliche Expertise hat, aber durch ein ausgereiftes Fragenrepertoire seinen Klienten zum Nachdenken, Fühlen und Spüren anregt, um so eine passende Lösung zu generieren. Diese kommt dann aus einem inneren Prozess heraus und hat eine hohe Wahrscheinlichkeit, auch in die Umsetzung zu gelangen. Mentoring würde man in diesem Bild in der Mitte der Skala ansiedeln und je nach Gesprächssituation kann Mentoring dann eher aus einer Expertenperspektive oder einer coachenden Haltung betrieben werden. Klar ist, je mehr Coaching-Anteile im Mentoring vorhanden sind, umso mehr steigt die Problemlösungskompetenz des Mentees und damit auch seine Selbstständigkeit.

Daher tun Mentoren gut daran, nicht sofort Ideen und Lösungen vorzugeben, sondern das Gegenüber zum Nachdenken anzuregen. Das ist nicht immer so einfach, denn für den eigenen Selbstwert als Mentor ist es durchaus förderlich, wenn man das Gefühl hat, dass man gute Ideen und Antworten liefern kann. Dennoch empfiehlt sich hier etwas Geduld. Zu sehen, wie die Mentees letztlich im Mentoring-Prozess gerade durch die Zurückhaltung des Mentors reifen, ist auch etwas sehr Erfüllendes.

Und besonders schön ist es festzustellen, wenn man jemanden tatsächlich in die Eigenverantwortung, in einen neuen Schritt, begleiten konnte.

**„Auch die guten Dinge haben ein Ende.“**
Am Ende des offiziellen Teils einer jeden Mentoring-Beziehung steht ein Abschlussgespräch. Mentor und Mentee sollten – sofern es kein fest terminiertes Programm ist – gemeinsam bestimmen, wann das Mentoring erfolgreich beendet ist. Wie an anderer Stelle bereits angedeutet, münden viele Mentoring-Beziehungen in eine anhaltende Freundschaft zwischen Mentor und Mentee oder beide halten in regelmäßigen, längeren Abständen Kontakt zueinander. Ein Leitfaden für das Abschlussgespräch kann die am Beginn des Mentoring-Prozesses getroffene Vereinbarung sein. Beispiele für konkrete Fragen sind:

- Welche gemeinsamen Ziele haben wir wie erreicht?
- Was haben wir warum gegebenenfalls nicht erreicht?
- Was lief in der Kommunikation gut, was nicht?
- Wie wollen wir in Zukunft Kontakt halten?

**Ehemalige Mentees sind die besten Mentoren!**
Dieser Hinweis ist besonders wichtig. Die Organisatoren eines Mentoring-Programms sollten in jedem Fall den Kontakt zu ehemaligen Mentees halten, um sie als künftige Mentoren zu gewinnen. Sie kennen den Mentoring-Prozess bereits und wissen, worauf es ankommt und was Mentoring beiden Seiten bringen kann. In vielen Projekten (Pflaum und Wüst 2019) macht man die Erfahrung, dass Mentees das Programm weiterempfehlen, den Mentoring-Gedanken in andere Unternehmen tragen und sich vor allem motiviert und freiwillig als Mentoren zur Verfügung stellen.

#### 1.7.2.5 Fragetechniken in der Beratung einsetzen

In einer guten Mentoring-Beziehung spielt das Zuhören eine wichtige, wenn nicht sogar die entscheidende Rolle. Der Mentor sollte als aktiver Zuhörer das Gespräch mit guten Fragen strukturieren und führen. Den größeren Redeanteil sollte stets der Mentee haben. Denn es geht nicht darum, dass der Mentor von seinen Erfahrungen erzählt, sondern wie der Mentee aus den Erfahrungen des Mentors eigene Lösungen ableiten kann. Die folgenden Fragetechniken (zur Vertiefung empfohlen: Wehrle 2016) sind dabei hilfreich:

**Orientierungshilfe bei Karrierefragen**

- Welche Karriereziele hat sich der Mentee bereits gesetzt?
- Wo steht der Mentee heute und wo will er in x Jahren sein?
- Welche konkreten Schritte hat er bereits unternommen, welche stehen an?
- Wer oder was kann noch auf diesem Weg unterstützen?
- Welche vergleichbaren Erfahrungen hat der Mentor in seiner Karriere gemacht?
- …

**Begleitung in eine neue berufliche Position, zum Beispiel eine erste Führungsposition**

- Um welchen beruflichen Wechsel handelt es sich?
- Welche Erwartungen verbindet der Mentee mit seinem neuen Job?
- Welche eigenen Stärken des Mentees helfen?
- Wo sieht er seine eigenen Entwicklungsfelder?
- Wie können die ersten hundert Tage im neuen Job gestaltet werden?
- Welche Erfahrungen des Mentors in seiner ersten Führungsposition könnten hilfreich sein?
- Welche konkreten Termine stehen an?
- …

**Coaching mit Blick auf die Persönlichkeitsentwicklung**

- Welche Feedback-Kultur will das Tandem miteinander pflegen (gebend und nehmend, sachlich, konkret, wertschätzend, offen, zeitnah, …)?
- Wo sieht der Mentee seine eigenen persönlichen Stärken?
- Wo sieht er seine eigenen Entwicklungsfelder?
- Wie beschreibt der Mentee seine Persönlichkeit?
- Zu welcher Person will er sich entwickeln?
- …

**Fachliches Coaching**

- Welche konkreten Fälle aus dem Berufsleben will man miteinander besprechen?
- Auf welche fachlichen beruflichen Herausforderungen will man sich vorbereiten (z. B. Bewerbungen)?
- Welche Themen sind für ein fachliches Coaching relevant?
- …

**Unterstützung bei Bewerbungen**

- Welche konkreten Bewerbungsvorhaben stehen für den Mentee an?
- Wie kann der Mentor bei der Suche nach geeigneten Stellen helfen?
- Ist Feedback zu den Bewerbungsunterlagen erwünscht und wie soll dies konkret gestaltet werden?
- …

**Hypothetische Fragen: Vom problem- zum lösungsorientierten Denken**

Hypothetische Fragen sind in die Zukunft gerichtet und lösen Denkblockaden. Sie sind eine gute Überleitung weg vom problemorientierten hin zum lösungsorientierten Denken. Zwei klassische Fragen aus dem Coaching und aus der sozialen Arbeit sind hier:

- die Wunderfrage: „Nehmen wir an, Ihr Problem hätte sich über Nacht von selbst in Wohlgefallen aufgelöst, was wäre am Folgetag anders? Woran würden Sie merken, dass das Problem gelöst ist?"
- die Verschlimmerungsfrage: „Was müssten Sie tun, damit sich Ihr Problem noch weiter verschlimmert?"

Oft ist gar kein Wunder erforderlich, damit man an die Lösung eines Problems gehen kann. Und wenn man benennen kann, was eine Situation verschlimmert, weiß man oft zugleich, wo man ansetzen kann, um die Situation zu verbessern.

Die Wunderfrage kann im Mentoring eine besondere Kraft entfalten. Sie ist gerade dann besonders wirkungsvoll, wenn der Mentee sich die zukünftige Situation nur schwer vorstellen kann, da sie ihm sehr weit weg erscheint oder er einfach noch kein Wissen dazu hat. Gute Erfahrungen erzielt man auch mit folgender Frage:

„Mal angenommen, Sie hätten alle Mittel, Kompetenzen, Erfahrungen, Kontakte und Abschlüsse zu Verfügung die Sie bräuchten, um Ihren Traumjob zu machen, was würden Sie dann gerne machen?"

Je weiter der Ball hier in das Reich der Phantasien geworfen wird, umso besser.

Man hat darauf schon Antworten wie „Trainer der Fußballnationalmannschaft", „CEO der Firma x", „Entwicklungshelfer" und vieles mehr gehört. Es geht dann im nächsten Schritt gar nicht darum, den Realitätsgehalt der Aussage zu messen, sondern in erster Linie zu verstehen, was genau dieses Bild so attraktiv macht. Oftmals sind dies Dinge, wie etwas gestalten zu können, etwas Sinnvolles zu tun und ähnliche Hintergründe. Sobald klar ist, aus was dieser Mensch also eine Motivation ziehen kann, kann man sich dann auf die Suche machen, in welchen Bereichen (neben dem zuerst genannten Traumjob) dies auch möglich ist. So erhöhen sich dann schlagartig die Alternativen für die Entscheidung, was von enormer Bedeutung ist (siehe dazu auch Abschn. 3.7)

**Zirkuläre Fragen zielen auf das personale und soziale Umfeld des Gefragten**

Diese Fragen helfen dem Mentor und dem Mentee dabei, eine andere Perspektive, losgelöst von eigenen Denkmustern einzunehmen.

- Auswirkungen auf uns: Wer oder was beeinflusst unser Handeln?
- Auswirkungen auf andere: Welche Auswirkungen hat unser Handeln auf Andere?

Im Mentoring bietet es sich an, über die zirkulären Fragen weitere relevante „Stakeholder" ins Gespräch zu bringen und so einmal die unterschiedlichen Betrachtungsweisen der Situation deutlich werden zu lassen. Über die zirkulären Fragen erhält man dann oft seitens des Mentees ganz neue Informationen, die er aus der eigenen Perspektive nicht eingebracht hat. Wen auch immer man als weitere Person in seine Fragen einführt, ist dabei ganz der eigenen Intuition überlassen. Mögliche Fragenbeispiele sind:

„Was würde denn Ihre beste Freundin/Freund/Eltern/Chef/größter Kritiker/Ihr Schutzengel/ein Feind/ usw. zu der Situation sagen?"

**Zugang zu Ressourcen freilegen**

Kreisen die Gedanken um eine bestimmte Frage, eine bestimmte Krise oder ein bestimmtes Problem, übersieht man die Hilfsmittel, die man bereits kennt und zur Verfügung hat: Familie, Freunde, Kollegen, Kommilitonen oder Mentoren. Sie alle können unsere Probleme nicht lösen, uns aber bei der Lösung unterstützen.

- Wer sind Ihre Vorbilder?
- Was macht sie zu Ihren Vorbildern und wie würden diese sie in Ihrem aktuellen Fall unterstützen?
- Wer steht in schwierigen Situationen immer voll hinter Ihnen?
- Wenn Sie bei der Prüfung einen Publikumsjoker hätten, wer wäre das und wie würde er Ihnen helfen?
- Haben Sie schon einmal jemandem in einer vergleichbaren Situation geholfen? Wenn Ihr bester Freund in ähnlicher Lage wäre, was würden Sie ihm raten?

**Ergebnis-, Ziel- und Lösungsfragen**

Diese sind in erster Linie Fragen zur Motivation und reflektieren den Weg zu einem bestimmten Ziel. Die Möglichkeit eines Scheiterns wird bewusst ausgeblendet und die zukünftige Erfolgssituation als angenommen eingeblendet.

- Auf einer Skala von 1 bis 10, wobei 10 das erreichte Ziel ist, wo stehen Sie gerade?
- Sie sind auf der Skala bei x, was müssen Sie tun, um zu x+1 und x+2 zu gelangen?
- Sie sind bei x; wenn Sie zurück zum Start schauen, was hat Ihnen bislang am Meisten geholfen, so weit zu kommen? Was davon können Sie auf dem weiteren Weg wiederholen? Was und wie können Sie diese Methode ausbauen?
- Wenn Sie das Ziel erreicht haben, was wollen Sie sich richtig Gutes tun?

**Beobachten, Feedback geben, Fragen stellen**

Zum guten Gespräch gehört auch, dass man das Gegenüber gut beobachtet. Was fällt einem im Verlauf des Gespräches auf? Wie sind und verändern sich möglicherweise

- Wortwahl
- Stimmmodulation
- Sprechgeschwindigkeit
- Mimik
- Blickkontakt und -richtung
- Gestik und Körperhaltung

Was löst das im Gegenüber aus? Welche Fragen ergeben sich daraus? Sie können wie folgt offen angesprochen werden:

- Beim Wort [...] sind Sie zusammengezuckt/haben geschmunzelt/gezögert/warum? Was hat das bei Ihnen ausgelöst?
- Sie wirken heute viel lockerer als bei unserem letzten Gespräch, was ist geschehen?

#### 1.7.2.6 Damit aus Ratschlägen keine Schläge werden

Einer der anspruchsvollsten Momente im Mentoring ist es, wie Mentoren mit ihren eigenen Impulsen und mit ihren eigenen Ideen umgehen. Natürlich kann man als Mentor jederzeit seinem Mentee klar sagen, was man für richtig oder falsch für ihn hält. Dies kann dann jedoch auch leicht einen belehrenden Klang bekommen und die Frage der Akzeptanz dieser Ideen seitens des Mentees ist offen. Nicht nur im Mentoring, sondern auch in Führungsfragen empfiehlt es sich daher, zunächst einmal die Erfahrungs- und Denkwelt des Gegenübers zu verstehen, bevor man einen eigenen Ratschlag gibt.

An dieser Stelle wird es für Mentoren besonders interessant. Viele Mentoren haben auch eigene Führungserfahrung und oftmals verhalten sich Mentoren in deren Mentoren-Rolle ähnlich wie in ihrer Führungsrolle. Neigen sie dort zu schnellen Ratschlägen, tun sie dies auch im Mentoring. Hier kann eine unglaubliche persönliche Lernerfahrung für Mentoren liegen, wenn sie es in der Rolle als Mentor einfach ausprobieren, sich etwas mehr zurückzunehmen. So stellen sie sicher, dass der Mentee mehr zur Problemlösung beiträgt, die Verantwortung für die Lösungsfindung nicht an den Mentor abgibt und damit Lösungen gefunden werden, die in die Denk- und Erfahrungswelt des Mentees passen. Damit profitiert der Mentee in doppelter Hinsicht. Durch das Mentoring hat er zum einen eine Antwort auf seine konkrete Frage erhalten und zum anderen hat er sich eine erweiterte Problemlösungskompetenz aufgebaut.

Je schwerer sich der Mentee dabei tut, konkrete Ideen zu entwickeln und je mehr er den Mentor nach Rat fragt, umso schwieriger ist es, die eher coachende Position des Mentors aufrecht zu erhalten.

**Missverständnisse in der Kommunikation**

Gerade beim Thema Ratschläge und Hilfestellung spielen im Mentoring sprachliche Feinheiten ebenfalls eine zentrale Rolle. Wie genau drücke man das aus, was man dem Mentee mitgeben will, welche Worte und welche Art der Kommunikation wähle ich, um ihm wirklich eine Unterstützung sein zu können? Als Mentor muss man kein Kommunikationsspezialist sein, aber es ist wichtig, sich bestimmter Mechanismen in der Sprache zumindest bewusst zu werden und darauf zu reagieren. Nachfolgend finden Sie einige Beispiele aus der Praxis.

Mit dem aus dem Neurolinguistischen Programmieren (O'Connor et al. 2015) stammenden Metamodell der Sprache lassen sich Missverständnisse in der Kommunikation vermeiden oder auflösen. Wenn Menschen anderen Menschen Probleme schildern oder scheinbar selbstverständliche Lösungen anbieten, neigen Sie häufig zu

Tilgungen, Generalisierungen und/oder Verzerrungen: Wichtige Informationen, die der Lösung des Problems dienen, werden weggelassen, Einzelfälle werden verallgemeinert und Sachverhalte werden verzerrt dargestellt oder verstanden.

**Fehlende Informationen**
Eigentlich sind Tilgungen in der Kommunikation etwas ganz Normales. Man kann seinem Gegenüber niemals wirklich alles erzählen. Man muss es auch nicht, denn man darf bestimmte Sachverhalte beim Gesprächspartner durchaus als bekannt voraussetzen. Problematisch wird es, wenn man Dinge als bekannt voraussetzt, die es beim Anderen eben nicht sind, aber dennoch für das Verständnis einer Situation wesentlich werden können. Mit Blick auf den Alters- und Wissensvorsprung des Mentors ist hier besondere Aufmerksamkeit geboten.

**Verallgemeinerungen**
Auch Verallgemeinerungen haben ihren berechtigten Platz in der Kommunikation. Bestimmte kausale Zusammenhänge kommen in unserem Leben immer wieder vor und das Übertragen von bekannten Mustern auf neue Situationen ist meist eine hilfreiche Strategie, um sich schnell an Veränderungen und Neues anzupassen. Ins Negative kehrt sich diese Strategie allerdings, wenn sie in Pauschalisierungen und Vorurteile mündet.

**Verzerrungen**
Kommunikation ist immer eine subjektive Angelegenheit. Gehörtes und Gesagtes wird stets im Lichte unserer eigenen, ganz persönlichen Sicht der Welt interpretiert. Wenn dann unsere Gedankenwelt auf die eines anderen Menschen trifft, sind kleine und manchmal große Missverständnisse vorprogrammiert. Im Mentoring ist es daher immer besonders wichtig, die Offenheit für andere Weltbilder zu bewahren.

**Kommunikationsfallen und klärende Fragen**
Im Folgenden finden sich einige weitere Beispiele für klassische Kommunikationsfallen aus der Mentoring-Praxis und Vorschläge für klärende Fragen, die man dem Gegenüber oder auch sich selbst stellen kann, um das Gespräch und die Gedanken wieder zu öffnen.

**Unvollständige Aussagen**
Wichtige Informationen fehlen und werden mit inhaltlichen Füllwörtern wie „meistens“, „keine“, „immer“, „nie“ ersetzt. Beteiligte Personen und Organisationen werden nicht konkret genannt.

„In den **meisten** Abteilungen gibt es aktuell **keine** wirklichen Aufstiegschancen mehr.“

- Welche Abteilungen meinen Sie genau?
- Warum gibt es dort keine Aufstiegschancen mehr?
- Wer oder was verhindert Aufstiegschancen?

**Unvollständige Vergleiche**

Für einen wirklichen Vergleich mit anderen Personen, Gruppen oder Organisationen fehlt die Basis des Vergleichs.

„Meine Führungskraft **schätzt** meine Leistungen **falsch ein.**“

- Um welche Leistungen geht es?
- Wann, in welchen Kontexten werden Sie falsch eingeschätzt?
- Was bedeutet falsch?
- Falsch im Vergleich zu wem oder was?

**Vermeintlich selbstverständliche Bewertungen**

Themen, Personen und/oder Gruppen werden ohne Begründung der Bewertung eingeschätzt. Floskeln ersetzen die argumentative Begründung.

„Es ist doch **ganz offensichtlich**, dass er keine gute Führungskraft für mich ist.“

- Wer sagt, dass er keine gute Führungskraft ist?
- Woran genau machen Sie das fest?
- Was zeichnet eine gute Führungskraft aus?

**Die Macht der Substantive**

Indem man komplexe Situationen, Handlungen und Beschreibungen substantiviert, werden sie zu „großen“ Objekten. Probleme scheinen damit größer, als sie es möglicherweise sind.

„Ich brauche da einfach mehr **Unterstützung.**“

- Wie genau kann ich Sie dabei unterstützen?
- Wie werden Sie derzeit unterstützt?
- Welche Personen könnten Sie unterstützen?
- Wie konkret würden Sie sich gut unterstützt fühlen?

**Die scheinbar fehlende Alternative oder Möglichkeit**

Ein Problem wird von vornherein als ausweglos konstatiert.

„Ich **kann** mich einfach **nicht** entspannen.“

- Was passiert, wenn Sie sich dennoch einfach mal hinsetzen und nichts tun?
- Wer oder was hält Sie davon ab, sich zu entspannen?

**Diffusion der Verantwortung**

Anstatt Personen und Sachverhalte beim Namen zu nennen, werden Füllwörter wie „man“, „wir“ oder „die“ eingesetzt.

„Da mischt **man** sich besser gar nicht erst ein.“

- Was geschieht, wenn Sie sich einmischen?
- Wer sagt, dass Sie sich nicht einmischen können?
- Wer ist ‚man'?

**Sich selbst erfüllende Prophezeiungen, Glaubenssätze**

In vielen Fällen versperrt die eigene Einstellung den Weg zu einer Lösung für ein Problem. Wenn man nicht an das Vorhandensein einer Lösung glaubt, wird man sich auch nicht auf die Suche nach einer begeben.

„**Keiner** meiner neuen Kollegen kann mich **leiden.**"

- Wirklich keiner? Woran machen Sie es fest? Gab es nicht auch Anzeichen, dass Sie jemand doch als Kollege schätzt?
- Gibt es jemanden im Unternehmen, der Sie gut leiden kann? Woran merken Sie das?
- Mit Blick auf Ihre Arbeit, um was außer „gut leiden" könnte es denn in erster Linie gehen?

**Falsche Zusammenhänge, Schlüsse und Gedankenlesen**

Unsere Umwelt interpretieren wir stets im Kontext unserer eigenen, meist präsenten oder akuten Erlebnisse und Erfahrungen. Das kann dazu führen, dass wir das Handeln anderer falsch verstehen, weil wir es im Lichte eines unpassenden Kontextes sehen. Immer wieder passiert es, dass wir in diesem Zusammenhang versuchen, Gedanken zu lesen und dabei unsere Gedanken fälschlicherweise zu denen unseres Gegenübers machen.

„Meine Leistung scheint nicht ausreichend zu sein. In den letzten Entwicklungsrunden wurde ich von meinem Chef übergangen."

- Wer sagt Ihnen, dass Ihre Leistungen nicht ausreichend sind?
- Welche Gründe fallen Ihnen noch ein, warum es mit einer Beförderung nicht geklappt hat?
- Wie könnten Sie Ihren Chef von Ihren Leistungen überzeugen?

#### 1.7.2.7 Neue Optionen eröffnen

Uns sind zahlreiche Situationen bekannt, bei denen Mentees wahrhaft gerührt darüber waren, wie hilfreich das Mentoring bezüglich Entscheidungsfindungen für sie war. Aber es gibt auch Fälle, bei denen sich die Mentees gerade an dieser Stelle nicht gut von ihrem Mentor begleitet fühlten, da dieser teils sehr anweisend, sehr „pushy" oder eher von oben herab agierte. Dabei fühlten sich die Mentees nicht wirklich abgeholt, wollten dann teils ihre Frage in der Tiefe nicht mehr mit dem Mentor besprechen oder kamen zu nicht zufriedenstellenden Ergebnissen.

Zweifelsohne ist es nicht immer leicht, sich als Mentor an dieser Stelle mit der eigenen Sichtweise zurückzuhalten und dem Mentee bei der Findung seiner eigenen Entscheidung zu helfen.

Die Erfahrung zeigt hier, dass es bei der Vorbereitung von Mentoren auf ihre Rolle besonders hilfreich ist, diese mit ein paar theoretischen Prinzipien zur Entscheidungsfindung vertraut zu machen. Von diesen Erkenntnissen profitieren sie nicht nur in ihrer Rolle als Mentor, sondern auch für sich selbst und ihren eigenen (Führungs-)Rollen.

Daher finden sich an dieser Stelle ein paar abstrakte Gedanken, die wiederum zu enorm praktischen Ergebnissen führen können. Diese Gedanken fußen auf Erfahrungen von Mentoren und Mentoren-Ausbildern und auf wichtigen Schriften, die Niklas Luhmann verfasst hat und die für die konkrete Anwendbarkeit in Beratung und Coaching auf wunderbare Art und Weise von Klaus Eidenschink auf dem Webportal www.metatheorie-der-veraenderung.de dargestellt sind.

Zunächst ein Blick darauf, wie Mentoren ihre Entscheidungen konstruieren und nicht, was sie zu entscheiden haben. In dieser Unterscheidung liegt bereits ein ganz wichtiger Hebel für Mentoring. Oftmals wird im Mentoring (wie auch im Coaching oder im Führungsalltag) das, was zu entscheiden ist, quasi als fest und unveränderbar gegeben angesehen.

Mentoren rufen an dieser Stelle dann oft ihren gesamten Werkzeugkasten von Projektmanagement,- Priorisierungs- und Führungstools auf und helfen dem Mentee dabei, die Alternativen zu gewichten, zu priorisieren und dann, nachdem klar ist, welche Alternative die sinnvollere zu sein scheint, diese auch mit konkreten Meilensteinen voranzutreiben. Leider ist dann manchmal die Enttäuschung groß, wenn sich beim nächsten Treffen herausstellt, dass die geplanten Maßnahmen entweder mit wenig Elan oder auch gar nicht weiterverfolgt worden sind.

Dies geht dann wiederum mit Frustrationserlebnissen der Mentoren einher, die ihre Wirksamkeit als Mentor eben oftmals an konkret erarbeiteten Meilensteinen und Aktionsplänen messen.

Um hier nachhaltiger und letztlich auch schneller zu einer guten Entscheidung zu kommen, ist es daher ratsam, genau an dieser Stelle einen Gang zurück zu schalten und zunächst einmal die Entscheidungskonstruktion genauer zu betrachten. Dazu ein paar konkrete Beispiele aus der Mentoring-Praxis:

In Mentoring-Programmen mit jungen Akademikern begegnen einem häufig Fragen dieser Art:

- Soll ich in die Beratung oder in ein Unternehmen gehen?
- Soll ich nach meinem Abschluss in die Wirtschaft gehen oder noch eine Promotion aufsetzen?
- Soll ich noch ein Auslandssemester einbauen oder mein Studium schnell abschließen?

Nun wäre es ein Leichtes, jeweils die Vor- und Nachteile abzuwägen, zu einer Entscheidung zu kommen und dann zu überlegen, wie man die gewählte Alternative realisieren kann.

Viel interessanter ist es jedoch zunächst einmal zu verstehen, warum genau diese Alternativen zur Entscheidung herangezogen werden und was sich dahinter verbirgt.

Folgendes Beispiel noch einmal aufgegriffen:

Soll ich in die Beratung gehen oder soll ich in ein Unternehmen gehen?

In dem Gespräch mit dem Mentee ging es zunächst darum zu verstehen, was sie denn mit den Begriffen „Beratung" und „Unternehmen" verbindet. Denn dies ist keineswegs klar.

Je weiter die Zielwelt eines Mentees von seiner derzeitigen Welt entfernt ist, umso diffuser sind oft die Vorstellungen dazu. Die Begriffe erscheinen dann wie ein monolithischer Block, bei dem man eigentlich selbst nicht so genau weiß, was sich dahinter verbirgt. In diesem Gespräch wurde schnell deutlich, dass mit „Beratung" konzeptionelles und analytisches Arbeiten an sich immer wieder veränderten Themen gleichgesetzt wurde, während „Unternehmen" mit dem Abarbeiten von regelmäßig gleich wiederkehrenden Aufgaben ohne große Veränderung gleichgesetzt wurde. Das mag es auch geben, die meisten Menschen in Unternehmen haben aber derzeit eher ein anderes Empfinden ihres Arbeitsablaufs und würden sich nach solchen Routinen bei all den laufenden Veränderungen oftmals eher sehnen.

Im Mentoring-Gespräch wurde deutlich, dass dem Mentee konzeptionelles und analytisches Arbeiten sehr viel Freude bereitet. Damit wandelte sich die entweder/oder-Frage „Beratung versus Unternehmen" recht bald in eine andere Richtung: In welchen Berufen oder bei welchen Aufgaben ist es wahrscheinlicher, dass ich konzeptionell und analytisch arbeiten kann? Es galt also dann, im Moment erst einmal noch gar nichts zu entscheiden, sondern zunächst einmal neue Alternativen zu finden. Dies eröffnete völlig neue Möglichkeiten, was der Mentee als sehr befreiend empfand. So wie die Frage eingangs gestellt war, hätte es auch keine sinnvolle Wahl für eine der beiden Alternativen gegeben. Das war dem Mentee zumindest unbewusst klar und daraus resultierte auch eine gewisse innere Anspannung.

Ein guter Mentor sollte also neugierig und wertschätzend prüfen, ob die vermeintliche Entscheidung so überhaupt entscheidbar konstruiert ist.

#### 1.7.2.8 Emotionale Unterstützung bei wichtigen Entscheidungen

Jeder von uns weiß, wie belastend es sein kann, wenn man sich für (und damit auch gegen) etwas entscheiden muss, was einem wichtig ist.

Es gibt Menschen, denen fällt dies sehr leicht, weil sie schnell Klarheit für sich haben, was sich für sie gut und richtig anfühlt oder was für sie das Richtige oder das Falsche ist. Das sind oft auch Menschen, die im Zweifel Entscheidungen auch schnell revidieren und einen anderen Weg einschlagen können. Dies ist jedoch nicht jedermanns Sache und daher wundert es nicht, dass manche das Gefühl eines inneren Drucks oder einer Zerrissenheit verspüren, wenn es um wichtige Entscheidungen geht. Oftmals versuchen dann Menschen, diese möglichst lange hinauszuschieben.

**Der Mentor ist frei von Eigeninteresse**

Gerade im Umgang mit so einer belastenden Situation kann Mentoring einen erheblichen Beitrag leisten. Der Mentor kann sich Zeit nehmen und verfolgt in der Regel keinerlei

Eigeninteresse bei der Entscheidung. Die meisten anderen Menschen, die der Mentee befragt, haben durchaus auch (legitime) Eigeninteressen, die sie in ihren Unterstützungsansätzen beeinflussen. So wollen zum Beispiel Eltern, dass sich das Kind für das aus deren Perspektive „Richtige" entscheidet, der Vorgesetzte hat oftmals ein Interesse an einer Entscheidung in eine bestimmte Richtung und auch der Partner hat eigene Interessen am Ausgang einer Entscheidung, da auch er häufig von dieser zumindest mit betroffen ist,

**Der Mentor als „offenes Ohr"**
Mentoring kann bei Entscheidungsprozessen schon dadurch einen sehr wertvollen Beitrag leisten, dass der Mentee im ersten Schritt all diese Eindrücke abladen kann und so den Kopf wieder freibekommt, um sich dann wieder in Ruhe der *eigenen* Entscheidung zuzuwenden.

**Der Mentor hat ähnliche Erfahrungen gemacht**
Es hilft Mentees oftmals enorm, wenn der Mentor davon erzählt, wie schwer auch ihm selbst manche Entscheidungen gefallen sind und wie lange er mit diesen gerungen hat.

**Nicht die zu entscheidenden Alternativen machen es schwer, sondern die Entscheidung selbst!**

Die Erfahrung zeigt, dass Mentees mit der emotional belastenden Situation besser umgehen können, wenn sie rational etwas zu Entscheidungen verstanden haben. So vermitteln einem Mentees immer wieder, dass die Schwierigkeit, sich gerade nicht entscheiden zu können, für die Qualität der beiden Alternativen spricht. Eine Entscheidung ist nur dann schwer und es gibt nur wirklich dann etwas zu entscheiden, wenn beide Alternativen nahezu gleich attraktiv sind. Wäre eine der beiden Alternativen deutlich unattraktiver als die andere, dann würde die Entscheidung nicht sonderlich schwerfallen, aber es gäbe auch nicht wirklich etwas zu entscheiden. Damit weiß man, dass man eine Menge Vorteile der nicht gewählten Alternative verliert, wenn man sich für die andere Alternative entscheidet. Dass dies zu einem inneren Druck, zu einer Anspannung und dem Gefühl von Hin und Hergerissen sein führt, ist damit jeder Entscheidung immanent. Haben Mentees dies verstanden, erlebt man oft eine erhebliche Erleichterung, die sich in Sätzen wie: „Ach so, das tut gut, das zu hören, ich dachte schon, ich bin der Einzige, der sich so anstellt, das beruhigt mich jetzt" mündet.

Zusammenfassend: ein Mentor hilft dem Mentee bei Entscheidungsprozessen dann besonders, wenn er ihm einen wirklich neuen Blickwinkel auf die bevorstehende Entscheidung ermöglicht.

Dies gelingt besonders gut, wenn der Mentor

- nicht zu schnell die vom Mentee zur Frage stehenden Alternativen als die einzigen möglichen übernimmt
- wirklich begreift, was der Mentee unter der jeweiligen Alternative versteht und auf Basis welcher Erfahrungen er zu dem Bild kommt

- einen guten Rapport zum Mentee aufbaut, indem er von eigenen anspruchsvollen Entscheidungssituationen berichtet und vermittelt, dass die Schwierigkeit, sich entscheiden zu müssen, genau für die Qualität der Alternativen spricht und ein normales Ringen im Entscheidungsprozess darstellt
- aus einer neutralen Instanz heraus dem Mentee schließlich durch eine distanziertere und strukturierte Herangehensweise hilft, weitere Alternativen zu finden oder die zur Wahl stehenden Alternativen zu bewerten

**In Krisen unterstützen und Grenzen erkennen**

Abgesehen von schwierigen Entscheidungs-Prozessen können auch Krisen ein wichtiger Bestandteil des Mentoring sein.

- Nicht bestandene Prüfungen
- Eine Bewerbungsabsage
- Beförderung eines Kollegen statt des Mentees
- Konflikte mit der Führungskraft

Selbst in diesen kann der Mentor oft eine wertvolle Stütze sein.

Allerdings sind uns auch Fälle bekannt, wo entweder aufgrund der entstandenen hohen Vertraulichkeit oder dadurch, dass die Mentees das angebotene Programm eher als Notanker gesehen haben, Themen auf dem Tisch kamen, die in einem Mentoring nicht zu bearbeiten oder zu lösen sind. Dies kommt selten vor, aber es passiert, so wie es im Führungsalltag ebenfalls teils äußert anspruchsvolle Situationen im Leben der Mitarbeiter gibt.

Diese Fälle sind die Ausnahmen im Mentoring. Die folgenden Probleme sprengen die Grenzen des Mentoring und gehören in professionelle Hände (Hafner und Ritz 2020):

- Psychische Probleme oder Krankheiten der Mentees
- Familiäre Probleme oder sehr leidvolle Erinnerungen an das eigene Elternhaus
- Extremer Erwartungsdruck der Eltern oder des Partners an die eigene Karriere
- Abmahnung oder Kündigung
- Suchtproblematiken
- Strafrechtlich relevante Probleme

In diesen Fällen empfiehlt man den Mentoren, sich vertrauensvoll an die jeweiligen Ansprechpartner des Programmes zu wenden, um dort Unterstützung zu erhalten. In der Regel verfügen diese über die notwendigen Informationen, an wen man sich diesbezüglich im Unternehmen oder in der Organisation wenden kann. Begegnen Führungskräfte solchen Fragen in ihrer Führungsrolle, so steht ihnen die interne HR-Abteilung oder die hausinterne Sozialberatung (diese Funktion mag in Unternehmen unterschiedlich bezeichnet werden) zur Verfügung. Diese kann man in der Regel im ersten Schritt, ohne den Namen der betroffenen Person zu nennen, um Rat fragen.

Wichtig ist, dass man nicht versucht, die oben genannten Themen im Mentoring zu lösen. Dies übersteigt in der Regel die Kompetenzen der Mentoren und ist auch nicht Teil ihrer Rolle. Selbst wenn Mentoren qua Profession diese Themen bearbeiten könnten, liefe das nicht mehr unter Mentoring, sondern bräuchte einen anderen Rahmen, der eindeutig vorher mit dem Mentee zu klären wäre. Sehr wohl Teil des Mentoring ist es jedoch, dass man dem Mentee empathisch widerspiegelt, als wie bedeutsam man die Situation wahrnimmt und dass man ihm empfiehlt, professionelle Hilfe in Anspruch zu nehmen. Ein letzter Part des Mentoring kann es dann noch sein, gemeinsam zu prüfen, an wen man sich wenden kann.

Ein ausgezeichnetes Buch, das sich sehr praxisnah mit den Grenzen zwischen Coaching und psychologischer Beratung auseinandersetzt, ist das von Hafner und Ritz (2020).

#### 1.7.2.9 Netzwerke analysieren und knüpfen

Eine erfolgreiche Karriere basiert auf einem guten Netzwerk. Vor allem Berufseinsteigern und neuen Mitarbeitern eines Unternehmens fehlt dieses zu Beginn und muss zuweilen hart erarbeitet werden. Insbesondere an dieser Stelle kann ein gut vernetzter Mentor sehr hilfreich sein und für den Mentee eine Brücke zum eigenen Netzwerk bauen.

Einige Mentees haben die klare Erwartung an den Mentor, dass dieser ihnen auch entsprechende Kontakte ermöglichen solle. Wie massiv dieser Wunsch vorgetragen wird, hängt auch wieder davon ab, ob es sich um ein unternehmensinternes Programm oder beispielsweise ein Alumni-Programm an einer Universität handelt. Bei unternehmensinternen Programmen kann man durchaus auch eine gewisse Motivation bei einigen Mentees wahrnehmen, einen bestimmten Mentor ergattern zu wollen, da dieser entsprechend angesehen ist oder über gewünschte Kontakte verfügt. In der Regel haben Mentoren tatsächlich eine Menge hilfreicher Kontakte und sind gerne bereit, diese auch im Rahmen des Mentorings zu nutzen und dem Mentee zur Verfügung zu stellen. Ein guter Mentor zeichnet sich dadurch aus, dass er den Mentee selbst zur Lösungsfindung anregt, ihm bei Bedarf Feedback oder einen wohlwollenden Rat gibt oder eben auch einmal einen Kontakt vermittelt. Es gibt Mentoren erlebt, die sich unsicher sind, ob sie für den jeweiligen Mentee überhaupt nützlich sein könnten, da sie selbst etwas anderes studiert haben oder in einer völlig anderen Position oder Branche tätig waren, als es der Mentee einmal sein möchte. Für diese Mentoren war es dann beruhigend zu erkennen, dass sie für dezidierte Fachfragen oder Informationen zu gewissen Branchen oder Positionen durchaus den Kontakt zu einem Bekannten vermitteln konnten, was sie auch oft gerne taten.

Dem Mentee sollte dabei klar sein, dass der Mentor dies nur tut, wenn er das Gefühl hat, dass der Mentee sich dabei adäquat verhält und zuverlässig die vereinbarten Termine und Verbindlichkeiten einhält. Mentoren sind erfahrungsgemäß nicht sonderlich erbaut, wenn der Eindruck entsteht, dass in erster Linie das eigene Adressbuch das Interessanteste für den Mentee darstellt und dieser im Mentor eine Art „Türöffner" sieht.

Das hat den Geschmack von Instrumentalisierung. Ob ein Mentor im Bedarfsfall bereit ist, seine Netzwerke für den Mentee zu nutzen, bleibt letztlich ihm selbst überlassen, sollte aber im Bedarfsfall bereits im Erstgespräch geklärt werden.

**Vorhandene Ressourcen analysieren**
Zunächst aber ist es sinnvoll, sich mit den vorhandenen Netzwerk-Ressourcen des Mentees zu beschäftigen. Bei vielen Problemen und Fragestellungen hat man bereits einen Akteur im eigenen Netzwerk, den man sich nur bewusst machen muss.

**Empfehlungen und Referenzen aussprechen**
Mit der eigenen persönlichen Referenz sollte man achtsam und sparsam umgehen. Hat man seinen Mentee hinreichend kennengelernt, spricht nichts dagegen, ihm zum Beispiel für eine Bewerbung eine solche Referenz anzubieten. Dies kann in Form eines eigens schriftlich formulierten und unterschriebenen Dokuments geschehen oder als Erwähnung im Lebenslauf des Mentees. Bewerbungsschreiben, die mit dem Verweis auf eine persönliche, namentliche Empfehlung beginnen, sind ein echter Türöffner für den Bewerber.

**Berufliche und persönliche Netzwerke teilen**
Schließlich ist es durchaus sinnvoll, bei geeigneten Anlässen den Mentee direkt dem eigenen Netzwerk vorzustellen. Denkbar ist hier beispielsweise eine Einladung an den Arbeitsplatz im eigenen Unternehmen, um ihn Kollegen oder auch Kunden und Führungskräften vorzustellen. Alternativ lädt man zu einem Treffen mit dem Mentee einen weiteren inhaltlich relevanten Bekannten oder Kollegen ein und führt ein gemeinsames Gespräch.

#### 1.7.2.10 Fachliches und Persönliches richtig sondieren

Jede Mentoring-Beziehung hat eine fachliche und eine persönliche Komponente. Die Mischung aus beidem ist wohl in jedem Tandem einzigartig.

Es lässt sich nicht vorhersagen, ob sich ein Mentoring-Tandem eher in eine fachliche oder persönliche Richtung entwickelt. Das muss man auf sich zukommen lassen, kann aber in der Regel davon ausgehen, dass beide Varianten gut funktionieren können, wenn ein Mindestmaß an gegenseitiger Sympathie und gegenseitigem persönlichen Interesse vorhanden ist.

#### 1.7.2.11 Die eigene Rolle reflektieren

Auch wenn im Mentoring die one-to-one-Beziehung im Vordergrund steht, sollte es die Möglichkeit geben, dass sich alle Mentoren und Mentees des Programms in gemeinsamen Veranstaltungen miteinander austauschen können.

#### 1.7.2.12 Mentoring im Unternehmen etablieren

In diesem Kapitel finden sich einige wichtige praktische Empfehlungen, die es zur erfolgreichen Einführung eines formellen Mentoring-Programms in Unternehmen zu beachten gilt.

**Konzept, Qualitätssicherung und Evaluation**

Ein durchdachtes Mentoring-Konzept ist unabdingbar. Es sollte mit ausreichender Zeit erarbeitet werden und folgende Fragen möglichst konkret beantworten.

Präambel: Was ist das primäre Ziel des Mentoring?

- **Empfehlung:** Die Präambel sollte mit einem bestimmenden Satz beginnen, der das primäre Ziel beschreibt. Idealerweise enthält der Anfang des Konzeptes auch ein Commitment der Geschäftsführung zum Mentoring-Programm und seiner Zielsetzung.

Welchen möglichst konkreten Nutzen sollen Mentees aus dem Programm ziehen?

- **Empfehlung:** Der Nutzen muss klar und konkret beschrieben sein. Inwiefern kann und wird das Mentoring den Mentee weiterbringen? Welchen Vorteil hat die Teilnahme gegenüber der Nichtteilnahme am Programm? Sind zum Beispiel bestimmte Karriereziele damit im Unternehmen leichter erreichbar? Es kann zudem auch beschrieben werden, was Mentoring nicht ist, dass damit beispielsweise kein automatisierter Beförderungsprozess verbunden ist.

Wer kann Mentor/Mentee werden? Welche fachlichen und persönlichkeitsbezogenen Anforderungen sollen an die Mentoren/Mentees gestellt werden?

- **Empfehlung:** Hier sollte konkret beschrieben werden, was die Mentoren den Mentees an beruflichem und/oder persönlichem Wissen und Erfahrung voraushaben müssen. Weiter wird definiert, was der Mentor an persönlichen Eigenschaften und welche (zeitlichen, thematischen) Ressourcen er ins Mentoring einbringen muss. Das gleiche gilt für die Mentees. Auch hier sollte eine klare Erwartungshaltung an deren Engagement formuliert werden.

Wie verläuft der Anmelde- oder Bewerbungsprozess für Mentees und Mentoren?

- **Empfehlung:** Der Prozess sollte für alle Beteiligten transparent sein. Man sollte es den Mentoren und Mentees nicht zu leicht und nicht zu schwer machen, sich für das Programm anzumelden. In den Anmeldungen sollten beide Seiten idealerweise auch im Freitext ihre Erwartungen an die Teilnahme formulieren.

Welchen Nutzen können Mentoren aus dem Programm ziehen?

- **Empfehlung:** Nicht nur die Mentees, auch die Mentoren sollen einen Nutzen aus der Teilnahme ersehen können. Dies können karrierebezogene, monetäre und/oder zeitliche Vorteile sein.

Wie werden die Mentoren auf das Mentoring vorbereitet?

- Empfehlung: Eine ein- bis zweitägige Schulung oder ein gemeinsamer Workshop macht in jedem Fall Sinn. So lernen sich die Mentoren untereinander kennen und können voneinander profitieren. Im Schulungsteil sollten die Mentoren gut auf die Möglichkeiten, aber auch auf die Grenzen des Mentoring vorbereitet werden:
- Wie wende ich aktuelle Coaching- und Beratungsmethoden im Mentoring an?
- Wie genau kläre ich das Anliegen meines Gegenübers?
- Wie kann ich durch gezielten Einsatz von Coaching- und Beratungsmethoden wie zum Beispiel Fragen, erlebnisorientierten Übungen und Feedback neue Perspektiven eröffnen?
- Was genau beinhaltet die Rolle des Mentors? Was aber auch nicht?
- Wie lerne ich meine Bedürfnisse und die meines Mentees kennen?
- Wie begleite ich meinen Mentee bei Entscheidungen?

Wie werden die Mentees auf das Mentoring vorbereitet?

- Empfehlung: Ein Einführungsworkshop auch für die Mentees bietet hier in der Regel einen großen Mehrwert. Möglich ist auch eine gemeinsame Veranstaltung von Mentoren und Mentees.

Wie erfolgt das Matching von Mentoren und Mentees?

- Empfehlung: Besonders wichtig ist es, dass Mentoren und Mentees einen gewissen Einfluss auf die Wahl des Tandempartners haben. Auf jeden Fall sollten sich beide unabhängig von der Organisation nach den ersten Treffen auf ein Tandem verständigen. Das Konzept sollte auch Vorkehrungen dafür enthalten, wie man bei einem gescheiterten Matching vorgeht.

Wer ist (ständiger) Ansprechpartner für Mentoren und Mentees im Verlauf des Programms?

- Empfehlungen: Für den Erfolg des Mentoring ist ein fester Ansprechpartner unabdingbar. Ein Mentoring-Programm nebenbei zu betreiben, ist wenig erfolgversprechend.

Wie lange soll das Mentoring in der Regel dauern? Gibt es einen festen Fahrplan? Starten alle Tandems zu einer bestimmten Zeit oder ist der Ein- und Ausstieg laufend möglich?

- Empfehlung: Das kommt auf die Zielsetzung des Programmes an und kann durchaus variieren. Die gemeinsame Arbeitsphase sollte jedoch für alle Tandems hinreichend lang angelegt sein. Die meisten formellen Programme bewegen sich einer Zeitspanne von ein bis zwei Jahren.

Welche begleitenden Veranstaltungen gibt es für Mentoren und Mentees, um sich untereinander zu vernetzen?

- Empfehlung: Ein bis zwei Veranstaltungen pro Jahr sind sinnvoll. Denkbar sind gemeinsame Seminare, Workshops oder Themenabende mit (externen) Referenten, zum Beispiel zu Karrierethemen.

Wie wird der Erfolg des Programms evaluiert?

- Empfehlung: Sinnvoll ist es, einige Wochen nach dem ersten Treffen zwischen Mentor und Mentee nachzufragen, ob im Tandem alles in Ordnung ist. Weiter sollten eine Zwischen- und eine Abschluss-Evaluation erfolgen. Am besten beschränkt man sich dabei auf wesentliche Inhalte. Die Fragebögen sollten in nicht mehr als zehn Minuten ausfüllbar sein. Offene Fragen sind hier mit Blick auf die laufende Optimierung des Programms besser als geschlossene. Sie enthalten mehr Informationen über das, was im Programm gut oder auch schlecht läuft.

Wie soll die Qualität gesichert werden?

- Empfehlung: Schulungs- und Supervisionsangebote sowie ein fester Ansprechpartner (nicht nur) für Krisen- und Konfliktfälle sind wichtige Bestandteile für ein gutes und erfolgreiches Mentoring-Programm.

**Das A und O: das Commitment der Organisation**

An der oben genannten Liste lässt sich erkennen, dass ein Mentoring-Programm kein Selbstläufer ist. Das Programm sollte von einer oder mehreren Personen kontinuierlich gesteuert und begleitet werden.

Darüber hinaus ist es sehr wichtig, dass das Mentoring-Programm von möglichst hoher Stelle im Unternehmen gewünscht ist und sichtbar gefördert wird, möglichst von der Geschäfts- bzw. Organisationsleitung. Diese sollte das Engagement der teilnehmenden Mentoren und Mentees bei verschiedenen Gelegenheiten ausreichend würdigen. Das beginnt mit der Präsenz der Geschäftsführung bei Mentoring-Veranstaltungen und geht idealerweise bis hin zu konkreten Vorteilen für die Karrieren von Mentees und Mentoren.

Die Wertschätzung durch oberste Stellen ist als Motivator nicht zu unterschätzen. Sehr häufig scheitern Mentoring-Programme oder schlafen über die Zeit ein, wenn diese Wertschätzung fehlt.

**Rekrutierung von Mentoren**

In der Regel ist es nicht schwer, Mentoren zu finden. Denn bei der Rekrutierung geben viele an, dass sie selbst gerne einen Mentor am Beginn ihrer Karriere gehabt hätten und gerne einen Mentee entsprechend unterstützen wollen. Zudem ziehen Mentoren den folgenden eigenen Nutzen aus der Teilnahme:

- das positives Gefühl, jemandem geholfen zu haben,
- Erhöhung der eigenen Sichtbarkeit im Unternehmen,
- die Anerkennung bei Kollegen und Führungskräften,
- der Wissensaustausch mit der nachfolgenden Generation,
- die Reflexion/Stärkung der eigenen beruflichen Identität,
- die Steigerung der eigenen Coaching- und Führungskompetenz,
- das Ehrenamt im Lebenslauf
- und eigene Karrierefortschritte.

Im Gegenzug sollten Mentoren die folgenden Anforderungen erfüllen:

- eine positive Grundhaltung zur Organisation und zum Programm,
- hinreichend Erfahrung in relevanten Bereichen,
- eine selbstbewusste und reflektierte Persönlichkeit,
- Offenheit und Neugier,
- Identifikation mit der Organisation,
- Identifikation mit den Zielen des Mentoring,
- ein guter Zuhörer sein,
- Führungsqualitäten,
- gut vernetzt sein,
- die Bereitschaft, seine Ressourcen zu teilen,
- ausreichend Zeit.

Im eigenen Unternehmen finden sich Mentoren meist in den Reihen der erfahrenen Fach- und Führungskräfte. Rekrutiert man externe Mentoren, z. B. im Hochschulkontext, wird man unter den Alumni fündig, die man auf Veranstaltungen und/oder den beruflichen sozialen Netzwerken direkt ansprechen kann (Pflaum 2016).

**Rekrutierung von Mentees**

Auf der anderen Seite des Tandems sollten Mentees folgende Eigenschaften mitbringen:

- eine positive Grundhaltung zur Organisation und zum Programm,
- die Offenheit für neue Erfahrungen,
- die Fähigkeit und Bereitschaft zur Selbstreflexion,
- hohe Verbindlichkeit und Zuverlässigkeit,
- die Offenheit für Feedback,
- Eigeninitiative,
- ausreichend Zeit.

Und folgendes können Mentees als Nutzen erwarten:

- eine bessere Orientierung bei Karrierefragen,
- die Unterstützung bei konkreten Fragestellungen,
- Hilfe beim Berufseinstieg oder Einstieg in einen neuen Job,
- Steigerung der Problemlösungskompetenz,
- Förderung der Persönlichkeitsentwicklung,
- Fachliches Coaching,
- Führungscoaching,
- Persönliches und fachliches Feedback zur Selbstreflexion,
- Bewerbungscoaching,
- mehr Selbstbewusstsein,
- Aufbau neuer Netzwerke,
- Neue Karriereperspektiven.

Siehe dazu die empirischen Befunde u. a. in Pflaum (2016).

## 1.8 Hilfreiche Checklisten

Nach diesem Einblick in die Beratung mit Schwerpunkt auf das Coaching im Rahmen von Mentoring finden sich hier abschließend einige hilfreiche Checklisten zum Thema:

| Inhalte eines Fachkonzepts | |
|---|---|
| Präambel mit primärem Ziel des Programms | ☐ |
| Konkreter Nutzen für die Mentees | ☐ |
| Konkreter Nutzen für die Mentoren | ☐ |
| Persönliche und fachliche Anforderungen an die Mentoren | ☐ |
| Persönliche und fachliche Anforderungen an die Mentees | ☐ |
| Anmeldeprozesse für das Programm | ☐ |
| Schulung der Mentoren | ☐ |
| Vorbereitung der Mentees | ☐ |
| Matching von Mentoren und Mentees | ☐ |
| Ansprechpartner für Mentoren und Mentees | ☐ |
| Schirmherr des Programms | ☐ |
| Dauer des Programms | ☐ |
| Evaluation | ☐ |
| Qualitätssicherung | ☐ |
| Rahmenprogramm / Seminare für Mentees und Mentoren | ☐ |

| Nutzen für Mentees | |
|---|---|
| Allgemeine Orientierung bei Karrierefragen | ☐ |
| Unterstützung bei konkreten Fragestellungen | ☐ |
| Hilfe beim Berufseinstieg oder Einstieg in einen neuen Job | ☐ |
| Steigerung der Problemlösungskompetenz | ☐ |
| Förderung der Persönlichkeitsentwicklung | ☐ |
| Fachliches Coaching | ☐ |
| Führungscoaching | ☐ |
| Persönliches und fachliches Feedback zur Selbstreflexion | ☐ |
| Bewerbungscoaching | ☐ |
| Selbstbewusstsein vermitteln | ☐ |
| Aufbau neuer Netzwerke | ☐ |
| Neue Karriereperspektiven | ☐ |

| Nutzen für Mentoren | |
|---|---|
| Positives Gefühl, jemandem geholfen zu haben | ☐ |
| Sichtbarkeit im Unternehmen | ☐ |
| Anerkennung bei Kollegen und Führungskräften | ☐ |
| Wissensaustausch mit der nachfolgenden Generation | ☐ |
| Reflexion / Stärkung der eigenen beruflichen Identität | ☐ |
| Steigerung der eigenen Coaching- und Führungskompetenz | ☐ |
| Ehrenamt im Lebenslauf | ☐ |
| Karrierefortschritte | ☐ |

| Nutzen für Unternehmen | |
|---|---|
| Akquise von Fachkräften | ☐ |
| Identifikation von Potenzialträgern | ☐ |
| Mitarbeiterbindung an das Unternehmen | ☐ |
| Steigerung der Identifikation mit dem Unternehmen | ☐ |
| Neue informelle Netzwerke | ☐ |
| Positiver Beitrag zur Unternehmenskultur | ☐ |
| Learning on the Job | ☐ |

| Mentoren-Profil | |
|---|---|
| Positive Grundhaltung zur Organisation und zum Programm | ☐ |
| Hinreichend Erfahrung in relevanten Bereichen | ☐ |
| Selbstbewusste und reflektierte Persönlichkeit | ☐ |
| Offenheit und Neugier | ☐ |
| Identifikation mit der Organisation | ☐ |
| Identifikation mit den Zielen des Mentoring | ☐ |
| Guter Zuhörer | ☐ |
| Führungsqualitäten | ☐ |
| Gut vernetzt | ☐ |
| Bereit, seine Ressourcen zu teilen | ☐ |
| Ausreichend Zeit | ☐ |

| Mentoren-Bogen | |
|---|---|
| Relevante persönliche Daten | ☐ |
| Foto | ☐ |
| Beruflicher Hintergrund | ☐ |
| Worte zur Persönlichkeit | ☐ |
| Motivation zur Teilnahme am Programm | ☐ |
| Angebot an den Mentee | ☐ |
| Erwartungen an den Mentee | ☐ |

| Mentee-Profil | |
|---|---|
| Positive Grundhaltung zur Organisation und zum Programm | ☐ |
| Offenheit für neue Erfahrungen | ☐ |
| Fähigkeit und Bereitschaft zur Selbstreflexion | ☐ |
| Verbindlichkeit und Zuverlässigkeit | ☐ |
| Offen für Feedback | ☐ |
| Eigeninitiative | ☐ |
| Ausreichend Zeit | ☐ |

| Mentee-Bogen | |
|---|---|
| Relevante persönliche Daten | ☐ |
| Foto | ☐ |
| Beruflicher Hintergrund | ☐ |
| Worte zur Persönlichkeit | ☐ |
| Motivation zur Teilnahme am Programm | ☐ |
| Erwartungen an den Mentor | ☐ |

| Commitment der Organisation zum Programm | |
|---|---|
| Sichtbare Unterstützung der Idee von höchster Stelle | ☐ |
| Fester Ansprechpartner für die Teilnehmer des Programms | ☐ |
| Events und Veranstaltungen, exklusiv für die Teilnehmer | ☐ |
| Konkrete positive Effekte für die Karrieren von Mentees | ☐ |
| Konkrete positive Effekte für die Karrieren von Mentoren | ☐ |
| Mentoren-Schulung | ☐ |
| Gute Vorbereitung der Mentees | ☐ |
| Regelmäßige Evaluation | ☐ |
| Maßnahmen der Qualitätssicherung | ☐ |

| Events für Mentoren und Mentees | |
|---|---|
| Auftaktveranstaltung | ☐ |
| Mentoring-Forum (z.B. einmal im Jahr) für Mentees und Mentoren | ☐ |
| Seminare exklusiv für Mentees und Mentoren | ☐ |
| Mentoren-Schulung | ☐ |
| Vorbereitungsschulung für Mentoren | ☐ |
| Gemeinsame Themenabende | ☐ |
| Gemeinsame Freizeitveranstaltungen | ☐ |

| Aufbau einer Mentoren-Schulung | |
|---|---|
| Eröffnung durch Programmverantwortlichen und Trainer<br>Definition Mentoring und Abgrenzung von anderen Unterstützungsformaten | ☐ |
| Die Rolle und (Nicht)-Verantwortung des Mentors in der Organisation | ☐ |
| Die Erwartungshaltung bezüglich der Dauer und der Frequenz des Mentorings | ☐ |
| Überblick über alle Prozessschritte, Unterstützungsangebote und Termine im Mentoring-Programm | ☐ |
| Tipps für das erfolgreiche Erstgespräch | ☐ |
| Üben der Erstgespräche | ☐ |
| Mögliche Themen im Mentoring und sinnvoller Umgang damit | ☐ |
| Tipps zur Unterstützung bei Entscheidungen | ☐ |
| Üben von Mentoring-Gesprächen mit dem Schwerpunkt Entscheidungsfindung | ☐ |
| Klärung aller offenen Fragen | ☐ |

| Matching-Prozess | |
|---|---|
| Transparent für Mentoren und Mentees gestaltet | ☐ |
| Die Mentoren und Mentees haben Einfluss auf das Matching | ☐ |
| Die Mentees wählen ihren Mentor aus vorgeschlagenen Profilen aus | ☐ |
| Die Organisation stellt den Kontakt zwischen Mentor und Mentee her | ☐ |
| Der Mentee vereinbart mit dem Mentor ein erstes Treffen | ☐ |
| Mentee und Mentor geben sich offenes Feedback | ☐ |
| Falls beide Seiten zustimmen, Beginn des Tandems | ☐ |
| Rückmeldung an die Organisation | ☐ |
| Nachfrage der Organisation bei Mentor und Mentee | ☐ |

| Erstes Treffen analog | |
|---|---|
| Angenehme Location, Café | ☐ |
| 90 – 120 Minuten Zeit | ☐ |
| Warum haben Sie sich für das Mentoring-Programm angemeldet? | ☐ |
| Was genau machen Sie derzeit beruflich? | ☐ |
| Was gefällt Ihnen an Ihrer derzeitigen Tätigkeit besonders/gar nicht? | ☐ |
| Wohin möchten Sie beruflich wachsen und warum? | ☐ |
| Wie kann ich Sie dabei auf den ersten Blick unterstützen? | ☐ |
| Welche Interessen haben Sie neben dem Beruf? | ☐ |
| Welche Ziele wollen wir uns für die nächsten beiden Treffen setzen? | ☐ |
| Offenes Feedback zum Tandem | ☐ |

| **Besonderheiten digitale Treffen** | |
|---|---|
| Einigung auf ein gemeinsames Tool (Skype, Zoom, Teams, WebEx, ...) | ☐ |
| Terminlink mit Konferenzlogin (passwortgeschützt) versenden | ☐ |
| Erforderliche Dokumente bereitlegen | ☐ |
| Hinreichende Datenverbindung | ☐ |
| Video / Mikrofon in guter Qualität | ☐ |
| Video / Mikrofon an | ☐ |
| 45 – 90 Minuten Zeit | ☐ |
| Inhalte grob zeitlich strukturieren | ☐ |
| Störungsfreies Umfeld / Störungsfreier Raum | ☐ |
| Fühlen Sie sich wohl in dieser Umgebung? | ☐ |
| Hintergrund simuliert oder real bewusst wählen | ☐ |
| Angemessene Kleidung, gepflegtes Äußeres | ☐ |
| Am Ende: Feedback zur Technik / ggf. Anpassungen für Folgetreffen | ☐ |

| Mentoring-Vereinbarung | |
|---|---|
| Kommunikationsregeln | ☐ |
| Häufigkeit der Treffen | ☐ |
| Fachliche Themen | ☐ |
| Persönliche Themen | ☐ |
| Konkretes Angebot des Mentors | ☐ |
| Feedback Kultur | ☐ |
| Verbindlichkeit | ☐ |
| Grober Zeitplan | ☐ |
| Optional: schriftliche Fixierung | ☐ |
| Orte der nächsten Treffen | ☐ |
| Optional: Mentoring-Tagebuch für den Mentee | ☐ |

| Krisen, in denen der Mentor helfen kann | |
|---|---|
| Prüfung nicht bestanden | ☐ |
| Absage auf eine Bewerbung | ☐ |
| Übergangen in einer Entwicklungsrunde | ☐ |
| Konflikte mit der Führungskraft (mit Bedacht) | ☐ |
| (...) | ☐ |

| **Grenzen des Mentoring** | |
|---|---|
| Abmahnung, Kündigung und andere arbeitsrechtliche Probleme | ☐ |
| Psychologische Probleme | ☐ |
| Familiäre Probleme | ☐ |
| Suchtprobleme | ☐ |
| Strafrechtlich relevante Probleme | ☐ |
| (...) | ☐ |

| **Beenden einer Mentoring-Beziehung** | |
|---|---|
| Abschlussgespräch organisieren | ☐ |
| Beide Seiten geben sich offen Feedback. | ☐ |
| Vereinbarung über künftigen Kontakt | ☐ |
| **Evaluation** | |
| Möglichst offene Fragen formulieren | ☐ |
| Mentees und Mentoren befragen | ☐ |
| Wie gut war die Beratung bei der Auswahl der Mentoren? | ☐ |
| Wie zufrieden waren Mentee/Mentor mit dem Matching-Prozess? | ☐ |
| Wie zufrieden war man mit der laufenden Begleitung? | ☐ |
| Wo konnte der Mentor fachlich helfen? | ☐ |
| Wo konnte der Mentor persönlich helfen? | ☐ |
| Was soll optimiert werden? | ☐ |
| Welche Angebote für Mentoren und Mentees waren gut? | ☐ |
| Welche Angebote für Mentoren und Mentees fehlen? | ☐ |

## Literatur

Backhausen, W., & Thommen, J.-P. (2006). Coaching: durch systemisches Denken zu innovativer Personalentwicklung. Wiesbaden: Gabler.

Bitsch, G. (2013). Theoretische Fundierung einer Coaching-Wissenschaft. Berlin: Springer Berlin Heidelberg.

Clutterbuck, D. (2001). Everyone needs a mentor: fostering talent at work. London: Chartered Institute of Personnel and Development.

Edelkraut, F. & Graf, N. (2011). Der Mentor – Rolle, Erwartungen, Realität: Standortbestimmung des Mentoring aus Sicht der Mentoren. Lengerich: Pabst Science Publ.

Edelkraut, F., & Graf, N. (2016). Mentoring. Das Praxisbuch für Personalverantwortliche und Unternehmer. Berlin: Springer.
Graf, N. & Edelkraut, F. (2014). Mentoring. Das Praxisbuch für Personalverantwortliche und Unternehmer. Berlin: Springer.
Hafner, B. / Ritz, G. (2020): Irgendwie seltsam ...! Über den Umgang im Coaching mit extremen Persönlichkeiten. Bonn: managerseminare.
Hinz, O. (2008). Diesseits von Coaching und Mentoring: Kollegiale Praxisberatung. Organisationsberatung, Supervision, Coaching, 15(1), 69–78.
Johnson, B. W. (2010). Student-Faculty Mentoring Outcome. In T. D. Allen & Eby, L. T. T. (Hrsg.), The Blackwell Handbook of Mentoring. A Multiple Perspectives Approach (S. 189–210). Oxford: Wiley-Blackwell.
Migge, B. (2007). Handbuch Coaching und Beratung: wirkungsvolle Modelle, kommentierte Falldarstellungen, zahlreiche Übungen. Weinheim, Basel: Beltz.
O'Connor, J., Seymour, J & Grinder, J. (2015): Neurolinguistisches Programmieren: Gelungene Kommunikation und persönliche Entfaltung. Kirchzarten: VAK.
Pflaum, S. (2016): Mentoring beim Übergang vom Studium in den Beruf: Eine empirische Studie zu Erfolgsfaktoren und wahrgenommenem Nutzen. Wiesbaden: Springer/VS.
Pflaum, S. / Wüst, L. (2019): Der Mentoring Kompass für Unternehmen und Mentoren. Persönliche Erfahrungsberichte, Erfolgsprinzipien aus Forschung und Praxis. Berlin: Springer.
Pflaum, S. (2020): Der Karriere-Kompass für Studierende: Ein Arbeitsbuch zur Selbstreflexion und Orientierung. Berlin: Springer.
Ramani, S., Gruppen, L., & Kachur, E. K. (2006). Twelve tips for developing effective mentors. Medical teacher, 28(5), 404–408.
Ramaswami, A., & Dreher, G. F. (2010). The Benefits Associated with Workplace Mentoring Relationships. In T. D. Allen & Eby, L. T. T. (Hrsg.), The Blackwell Handbook of Mentoring. A Multiple Perspectives Approach (S. 211–232). Oxford: Wiley-Blackwell.
Rotering-Steinberg, S. (2009). Unterschiede und Gemeinsamkeiten von Coaching und Mentoring. In H. Stöger (Hrsg.), Mentoring: theoretische Hintergründe, empirische Befunde und praktische Anwendungen (S. 31–51). Lengerich, Westf.: Pabst Science Publ.
Schmid, B., & Haasen, N. (2011). Einführung in das systemische Mentoring. Heidelberg, Neckar: Carl Auer Verlag.
Schreyögg, A. (2012). Übertragung und Gegenübertragung im Coaching: Oder „der Coach ist kein Klempner". Organisationsberatung, Supervision, Coaching, 20(4), 409–423.
Wehrle, M. (2016): Die 500 besten Coaching-Fragen: Das große Workbook für Einsteiger und Profis zur Entwicklung der eigenen Coaching-Fähigkeiten. Bonn: ManagerSeminare.
Wüst, L. et al. (2018): Change happens – inkl. Arbeitshilfen online: Veränderungen gehirngerecht gestalten. Freiburg: Haufe.

# Potenziale der Digitalisierung in Mentoring-Prozessen

2

Markus J. Schwalb

Welche Möglichkeiten gibt einen Mentoringprozess zu digitalisieren? Wir nähern uns den zunächst durch die direkte Betrachtung der Prozessschritte. Doch die Digitalisierung bietet mehr als die Summe einer 1:1 Digitalisierung. Und es gibt neue Askepkte deren Beachtung vor unliebsamen Überraschungen schützt.

## 2.1 Der Mentoringprozess Step by Step

Das vorliegende Bild eignet sich als Übersicht, um Step by Step die Ansatzpunkte möglicher Digitalisierung näher zu beleuchten.

### 2.1.1 Einleitung

Abb. 2.1 stellt exemplarisch einen Mentoringprozess dar. Dieser kann individuell verändert oder ergänzt werden.

**Elektronisches Zusatzmaterial** Die elektronische Version dieses Kapitels enthält Zusatzmaterial, das berechtigten Benutzern zur Verfügung steht. https://doi.org/10.1007/978-3-658-33442-0_2

M. J. Schwalb (✉)
Matorix GmbH, Edling, Deutschland
E-Mail: markus.schwalb@matorix.de



S. Pflaum und M. Schwalb (Hrsg.), *Der Kompass zum digitalen Mentoring & Coaching*,
https://doi.org/10.1007/978-3-658-33442-0_2

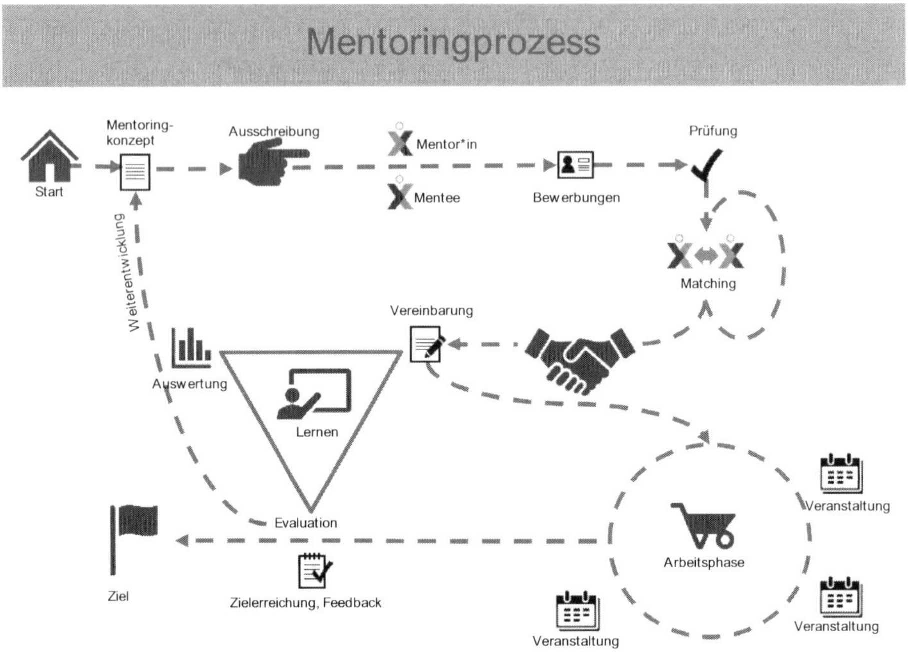


**Abb. 2.1** Prozessübersicht

## 2.1.2 Das Mentoringkonzept

Jedem Mentoringprogramm liegt ein Mentoringkonzept zugrunde. Selbst wenn es nicht niedergeschrieben ist, existiert es in den Köpfen der Initiatoren. Die Möglichkeiten der Digitalisierung lässt sich hierbei in Stufen darstellen:

Stufe 1: Das Konzept ist als digitales Dokument (z. B. PDF, Word, etc.) vorhanden und zentral abgelegt.

Stufe 2: Das Konzept mit (sämtlichen) Parametern (Laufzeit, Zielsetzung, inhaltliche Ausrichtung, Zielgruppe) ist strukturiert in einem System erfasst.

Stufe 3: Zusätzlich zu Stufe 2 werden messbare Kennzahlen abgeleitet und terminiert.

Die Stufen 1 & 2 schaffen eine notwendige Transparenz. Gerade bei langlaufenden Programmen und bei Programmen, die auf Wachstum ausgelegt sind, ist dieser – fast triviale Schritt – nützlich. Neuen Mitarbeitern wird der Einstieg erleichtert, langjährige Mitarbeiter haben die Zielsetzung stets vor Augen.

Mit Stufe 3 wird die Weiterentwicklung des Programms unterstützt. Im weiteren Verlauf zeigt sich, wie diese Kennzahlen verwendet werden können.

### 2.1.3 Ausschreibung

Die Ausschreibung umfasst hier begrifflich sowohl die Werbung für neue Teilnehmende als auch die Einladung von bekannten Interessenten.

Die Werbung für neue Teilnehmende (Mentor*innen und Mentees) ist ein wichtiger Schritt und essenziell für den Erfolg des Programms, das ohne Teilnehmende versiegt.

Wie kann Digitalisierung helfen, neue Teilnehmende zu akquirieren? Vor allem technische Hemmschwellen, die zwischen der Werbung für das Programm und der Anmeldung der Interessierten stehen, werden abgebaut.

Bei klassischem Marketingmaterial (Flyern, Vorträgen, Aushängen etc.) ist es wichtig, eine einfache Verknüpfung zur Anmeldefunktion herzustellen. Clean URLs (Links aus lesbaren Wörtern, ohne kryptische/technische Zeichenfolgen) oder QR-Codes helfen dabei. Gleiches gilt für Social-Media-Kanäle (Facebook, Xing, LinkedIn, etc.). Artikel und Posts müssen direkt zur Anmeldung führen, um Hürden abzubauen und einen bequemen Einstieg zu ermöglichen.

Sind die datenschutzrechtlichen Voraussetzungen erfüllt, sind Mailings ebenfalls ein Mittel zur Teilnehmergewinnung. Hierbei gelten die gleichen Datenschutzkriterien, wie bei den klassischen Materialien (z. B. Anschreiben). Hinzu kommt der Punkt der Personalisierung. Achten Sie darauf Ihre Zielgruppe so persönlich wie möglich anzusprechen. Als Minimum sei die persönliche Anrede mit Titel, Vor- und Nachname genannt.

Ein ganz neuer Ansatz sind Cooperation-Groups. Hierbei wird eine Vernetzung (und damit auch die Möglichkeit der Werbung fürs eigene Programm) über verschiedene Organisationen geboten. Programme, die in Metaportalen registriert sind, können voneinander profitieren. *Beispiel: ein Beruf- und Studiumsmentoring an einer Schule (Mentoringsystem der entsprechenden Schule) verweist auf ein Einstiegsmentoring für neue Studierende an einer Hochschule oder Universität. Sind die beiden Organisationen über ein gemeinsames Metaportal verbunden, so können z. B. Anmeldedaten, auf Wunsch der Teilnehmenden, automatisch übernommen werden.*

Nur der Vollständigkeit halber sei an dieser Stelle auch auf den Einsatz von crawlern, bots, etc. zur Gewinnung neuer Teilnehmender hingewiesen. Auch darüber ließen sich im Internet entsprechende Kandidaten finden. Wir distanzieren uns allerdings aus moralischen und rechtlichen Gründen klar von diesen Mitteln.

Neben der Akquisition (neue Teilnehmende) gibt es zwei weitere Digitalisierungsmechanismen.

Auch wenn es logisch-trivial erscheint, soll an dieser Stelle die systemische Information bestehender Teilnehmender erwähnt werden. Personen, die einmal an einem Mentoringprogramm teilgenommen haben, weisen eine deutlich niedrigere Hemmschwelle auf, sich erneut zu engagieren. Es wäre also fatal, diese Gruppe nicht zu informieren bzw. zu bewerben. Für eine digitale Plattform sind daher Funktionen wichtig, mit denen sich die User über neue Programme und Runden informieren lassen. Dazu eignen sich Newsboxen, Nachrichtenfunktionen, sowie E-Mail-Templates.

Doch nicht nur neue Teilnehmende auch Ehemalige sind wichtige Adressaten (siehe Abschn. 2.1 Alumni-Management).

### 2.1.4 Bewerbung

Unter dem Begriff „Bewerbung" fassen wir hier den kompletten Datenerfassungsvorgang durch die Teilnehmenden/Interessenten zusammen. Auch in diesem Schritt kann man verschiedene Stufen der Digitalisierung unterscheiden.

Stufe 1: Die Teilnehmenden senden ihre Daten bzw. einen Teilnahmewunsch unstrukturiert an die koordinierende Stelle. Dies geschieht meist per E-Mail. Rein technisch handelt es sich um einen digitalen Informationsaustausch. Die Vorteile der Digitalisierung werden auf dieser Stufe aber noch nicht erreicht.

Stufe 2: Über ein PDF oder Online-Formular werden die Daten strukturiert erfasst. Dies ist mit einfachen Mitteln (PDF-Tool) oder dem Homepagebaukasten möglich. So ist ersichtlich, welche Daten benötigt werden, auch lassen sich (toolabhängig) Pflichtfelder definieren. Die Datenspeicherung erfolgt manuell in unstrukturierter oder strukturierter Form durch die Koordinator*innen. Meistens wird dazu Excel o. ä. verwendet. Auf dieser Stufe ist neben dem Datenschutz (siehe Kap. 4 Datenschutz) die Datenaktualität das größte Problem. Gerade langjährige Mentor*innen werden in solchen Fällen immer

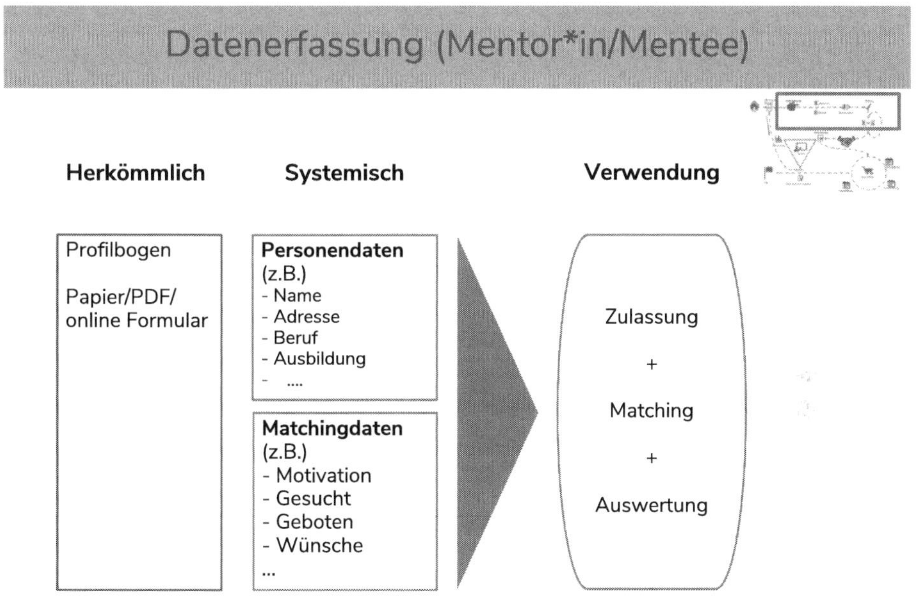


**Abb. 2.2** Datenerfassung

wieder mit veralteten Profilen angeboten. Im schlimmsten Fall vermittelt man einen Kontakt, der nicht mehr existent oder interessiert ist.

Stufe 3: Die Bewerber*innen erfassen ihre Daten selbst direkt in einem System. Dabei gehen wir im Folgenden von einer Lösung aus, bei dem man sich registriert bzw. einen eigenen Zugang/Account hat. Ohne Registrierung befände man sich auf Stufe 2 (Online-Formular o. ä.). Die Hemmschwelle der Registrierung ist hier zu vernachlässigen. Da die Teilnehmenden i. d. R. langfristig und intensiv mit dem System arbeiten, gibt es keine Vorbehalte, sich einen Account anzulegen.

**Welche Daten werden erfasst und wofür werden diese verwendet? (s. Abb. 2.2)**

Welche Daten benötigt werden, hängt stark vom Mentoringkonzept/-ziel ab. Typische/mögliche Datengruppen sind:

| Typische / mögliche Datengruppen | |
|---|---|
| 1) Angaben zur Person (z.B. Name) | ☐ |
| 2) Adresse | ☐ |
| 3) Lebenslauf/Entwicklung | ☐ |
| 4) Beruf | ☐ |
| 5) Studium | ☐ |
| 6) Umfeld | ☐ |
| 7) Gesundheit | ☐ |
| 8) Persönlichkeit | ☐ |
| 9) Interessen | ☐ |
| 10) Ziele | ☐ |
| 11) Wünsche | ☐ |
| 12) Angebote | ☐ |
| 13) Motivation | ☐ |
| 14) ... | ☐ |

Wichtig/zu beachten:

1. Datensparsamkeit: Fragen Sie nur die Daten ab, die Sie auch wirklich brauchen. Zum einen ist dies eine Vorgabe aus der Datenschutzgrundverordnung. Zum anderen wollen Teilnehmende immer möglichst wenig Daten eingeben. Jedes Feld, das dem Teilnehmenden nicht plausibel ist, weckt Misstrauen. Teilen Sie den Nutzern mit, warum Sie welche Daten benötigen. Zudem können zu viele Felder, bzw. abgefragte Informationen zum Abbruch der Teilnahme/Systemnutzung führen.
2. Pflichtfelder: Unterteilen Sie alle Daten in Pflichtfelder und optionale Daten. Letztere sind häufig überflüssig.

3. Gruppierung der Daten/Nutzerführung: Gruppieren Sie die Daten thematisch (siehe Tabelle) und führen Sie die Teilnehmenden durch die Erfassung, ohne sie dabei einzuschränken.
4. Bezugsunterscheidung: Unterscheiden Sie bei den Daten, ob diese zur Person gehören oder zum Mentoring. Daten zum Mentoring (z. B. Motivation, Ziele) können sich von Durchgang zu Durchgang unterscheiden, oder bei verschiedenen Mentoringprogrammen auch verschiedene Werte annehmen. Das ist ein inhaltlicher Unterschied zur Veränderung von Daten mit Personenbezug (z. B. neue Adresse).
5. Besonders schützenswerte Daten: Im Datenschutzgesetz sind Gruppen von besonders schützenswerten Daten definiert. Prüfen Sie, ob Sie solche Daten benötigen, und ob die geforderten, zusätzlichen Schutzmaßnahmen (z. B. verschlüsselte Speicherung) gegeben sind.
6. Auswahlfelder vs. Freitexte: Auswahlfelder können technisch als Check-Radioboxen (Listen) oder als Dropdownlisten realisiert werden. Sie bieten Vorteile gegenüber Freitextfeldern: Auswahlfelder vermeiden per se die Eingabe ungültiger Inhalte. Somit ist auch die Eingabe von unerwünschten Texten (Hass, Rassismus, etc.) an diesen Stellen nicht möglich. Zudem lassen sich diese Felder gut auswerten und vergleichen. Das ist wichtig für das Matching und für Auswertungen. Auch Freitextfelder haben ihre Berechtigung. Fragen Sie z. B. nach der Teilnahmemotivation, so ist es meist gewünscht, dass der Teilnehmende sich hier, in seinen Worten, Gedanken macht und nicht aus Katalogantworten auswählt. Beachten Sie jedoch, dass Sie alle Freitexteingaben prüfen müssen. Daher ist es empfehlenswert diese Art der Felder auf das Wesentlichste zu beschränken. Natürlich können Sie Freitexte auch von Systemen (Texterkennung, KI, etc.) prüfen lassen. Dies ist jedoch zum heutigen Zeitpunkt meistens mit hohem Aufwand/Kosten verbunden und ersetzt die manuelle Prüfung nicht zu 100 %.
7. Validierungen: Die systemseitige Eingabeprüfung ist vielfältig. Einige Beispiele seien hier genannt:
   - Darf ein Datum in der Zukunft, Vergangenheit, Zeitraum liegen?
   - Kann das Feld gegen einen Katalog geprüft werden (z. B. Ort, PLZ)?
   - Abhängige Pflichtfelder (z. B. bei der Angabe Kinder = JA, dann muss auch das Alter angegeben werden)
   - Minimale und maximale Anzahl von Zeichen für eine komplexe Texteingabe (z. B. Motivation 1000–3000 Zeichen)

Wichtig: Nutzende empfinden manchmal Validierungen als Einschränkung. Doch verzichten Sie darauf, dann müssen Sie mehr prüfen und mit inkonsistenten oder unsinnigen Angaben leben. Daher prüfen Sie technisch so viel wie möglich. Es lohnt sich im Vorfeld darüber nachzudenken, denn diese Überlegungen machen Sie einmal, die manuelle Prüfung X-mal.

1. Dokumente: Bei der Bewerbung sollte es auch die Möglichkeit geben, Dokumente (PDFs, Bilder, etc.) hochzuladen. Auch hier ist der Nutzen gegen den Prüfaufwand abzuwägen (siehe Freitextfelder). Achten Sie darauf, dass die Dokumente verschlüsselt gespeichert werden.
2. Historisierung von Daten: Ändern Teilnehmende ihre Daten, so gibt es zwei Möglichkeiten. Erstens: Sie überschreiben den alten Wert. Zweitens: Sie merken sich zusätzlich den alten Wert. Das der zweite Weg nicht immer der Beste ist zeigen folgende Argumente: Zunächst wächst die Datenmenge oft schnell an. Daher sollte hier die Notwendigkeit geprüft werden (auch aus Sicht des Datenschutzes). Wenn eine Historisierung notwendig ist, dann gilt es den Startzeitpunkt weise zu wählen. Meistens bietet sich da die Abgabe/Freigabe der Daten an.

Abgabe der Daten: Haben die Teilnehmenden alle Daten erfolgreich abgegeben, so ist ein formeller Abschluss dieses Vorgangs sinnvoll. Analog zum Absenden einer Bewerbung/eines Antrages ist eine elektronische Abgabe/das Abschicken der Daten notwendig. Es geht hier nicht um die Art der Umsetzung (Button, Link, o. ä.), sondern um einen bewussten Abschluss dieser ersten Phase. Durch eine Bestätigung bekommen die Teilnehmenden das beruhigende Feedback, bis hierher alles richtig gemacht zu haben. Idealerweise erhält man eine kurze Info im System und zusätzlich eine E-Mail. Damit haben die Teilnehmenden „etwas in der Hand" und sind beruhigt. Das reduziert auch Rückfragen wie: „Sind meine Daten bei Ihnen angekommen".

| **Checkliste Bewerbung** | |
|---|---|
| Die Pflege von Daten der Teilnehmenden ist ein Self-Service. | ☐ |
| Selbstverantwortung der Teilnehmenden für ihre Daten und deren Aktualität | ☐ |
| So wenig Daten wie möglich erfassen | ☐ |
| Daten möglichst strukturiert erfassen, sinnvolle Ausnahmen zulassen (ein Muster-xls finden Sie als Hilfe unter: www.matorix.de/buch/digitalesmentoring/daten.xls). | ☐ |
| Jede systemische Prüfung erleichtert Ihren Arbeitsalltag | ☐ |
| Formeller Abschluss der Abgabe der Daten gibt Sicherheit | ☐ |

### 2.1.5 Prüfung

Im nächsten Schritt werden die eingegangenen Bewerbungen geprüft. So wird sichergestellt, dass im weiteren Verlauf nur Personen berücksichtigt werden, die den Anforderungen des Mentoringprogramms entsprechen.

Auch in diesem Schritt kann man unterschiedliche Digitalisierungsgrade unterscheiden. Angefangen beim Verzicht auf diesen Schritt, über das händische Durchsuchen von Bewerbungen bis hin zu intelligenten Lösungen. Zunächst benötigt der Prüfende Listen- und Detailansichten zu den einzelnen Bewerbungen. Insbesondere bei den Detailansichten ist eine flexible Darstellung hilfreich, da die Prüfkriterien von Mentoringprogramm zu Mentoringprogramm stark variieren können.

Anmerkung: Systemische Prüfungen oder Prüfungsunterstützungen sind in diesem Prozessschritt selten, denn diese erfolgen schon **vor** der Abgabe der Daten. Dazu dienen ja die Pflichtfelder und Plausibilitäten bei der Datenerfassung. Die manuellen Prüfschritte durch die Koordinator*innen beruht allein auf Angaben die vom System nicht geleistet werden können. Als Beispiel sei der Inhalt eines Motivationsschreibens genannt. Mit voranschreitender Technik von intelligenter Texterkennung und -interpretation/KI wird es zukünftig vielleicht auch hier technische Unterstützung geben.

| Wichtig bei einer Prüfung ist, dass man | |
|---|---|
| die Prüfung ebenfalls formal abschließen kann | ☐ |
| eine Bewerbung einem Prüfer zuordnen kann | ☐ |
| Ablehnungsgründe auswählen und ergänzen kann | ☐ |
| im System eine interne Bemerkung hinterlegen kann | ☐ |
| einen Prüfstatus (zugestimmt/abgelehnt/zurückgezogen/unvollständig/etc.) setzen kann | ☐ |
| sich eine Bewerbung auf Wiedervorlage legen kann | ☐ |
| eine Möglichkeit zur Kontaktaufnahme mit den Bewerbenden hat (z.B. bei unklaren Unterlagen/Angaben) | ☐ |

Ist der Prüfvorgang abgeschlossen, sollte das System die abgelehnten Kandidaten automatisch über das Ergebnis informieren. Wird hier mit personalisierten Vorlagen gearbeitet, so ist dies eine große Arbeitszeitersparnis, da ein händisches Mailschreiben entfällt. Alle Kandidaten, die den Prüfvorgang erfolgreich bestanden haben, verbleiben im Pool. Je nach Zeitspanne, die von der Prüfung bis zum Matching vergeht, ist es nicht unbedingt erforderlich, zu diesem Zeitpunkt über den Verbleib im System zu informieren. Nur wenn der zeitliche Abstand zwischen Prüfung und Matchingergebnis zu lang ist, sollte als Zwischeninformation die positive Prüfnachricht verschickt werden.

### 2.1.6 Matching

Wer passt zu wem und wie gut passen die Partner zusammen, sind die zentralen Fragen des Matchings. Bevor wir uns dem automatisierten Matching zuwenden, wollen wir zunächst ein paar Vorbehalte aufgreifen, die sich gegenüber dem Matching mit einer Software hartnäckig halten:

1. „Ich kann besser matchen als ein System". Dieser vorgeschobene Einwand ist sehr subjektiv und kaum belegbar. Doch lässt sich aus der Aussage auch Positives ziehen. Sie haben es mit jemanden zu tun, der sich sehr intensiv mit dem Matching beschäftigt hat. Reflektiert man die zugrunde liegenden Kriterien, so erhält man die „Blaupause" für die notwendigen Systemeinstellungen. Interessanterweise bezieht sich die Behauptung auf einzelne Matches. Wer passt gut zueinander? Es ist jedoch keine Aussage über das Gesamtergebnis einer Gruppe. Die übergeordnete Fragestellung beim Matching ist aber: Wie bekomme ich gesamthaft die beste Zusammenstellung über alle Paare?
2. „Das systemische Matching setzt nur auf Eigenbilder, das menschliche Matching auf Fremdbilder." Diese Aussage mag erstmal auf die meisten Systeme zutreffen. Aber auch in Systemen lässt sich ein Fremdbild in den Prozess integrieren. Technisch erfolgt dies z. B. über einen erweiterten Prüfschritt. Im System geben nicht nur die Teilnehmenden ein Profil von sich an (Eigenbild), sondern auch die Koordinator*innen erfassen über einen Fragebogen ein Fremdbild der beteiligten Personen. Das Matching kann dann wahlweise auf 2 oder 3 Profilen basieren. Bleibt man- wie die meisten Programme – bei Eigenprofilen, so kommt es auf zwei wesentliche Faktoren an:
   - Die Angaben/Fragebögen sollten in Form von Wünschen formuliert werden. Grund ist, dass die meisten Menschen klar formulieren können, was sie gerne HÄTTEN oder gerne WÄREN, aber weniger gut in Worte fassen können, was sie SIND (z. B. offen, kreativ, ruhig, ausgeglichen).
   - Formulieren Sie Ihre Fragen so konkret wie möglich, um divergente Interpretationen zu vermeiden.
3. Unausgesprochene Vorbehalte gegenüber technischen Systemen. Da sie nicht offen formuliert werden, sind sie schwer zu behandeln. I. d. R. reduzieren sie sich auf die Kernaussage „Das System nimmt mir meine Arbeit weg". Pauschalisiert trifft das auf die meisten Digitalisierungsprojekte zu. Dabei sollten sich die beteiligten

Koordinator*innen doch vielmehr die Frage stellen, wie sie die – durch die Digitalisierung ihrer Prozesse gewonnene – Zeit am besten nutzen können. Bei der Beantwortung dieser Frage ist der Kreativität keine Grenzen gesetzt: Eine persönlichere Betreuung der Mentor*innen und Mentees, das Schaffen von Zusatzangeboten, die Ausweitung des Programms, um nur einige zu nennen.

Tatsächlich ist das Matching der Zeitpunkt im Prozess, bei dem diese Vorbehalte gegen eine Digitalisierung eingebracht werden. Doch betrachten wir zunächst die verschiedenen Optionen und Parameter. Anschließend sieht man die Aussagen und Fragen in einem anderen Licht.

**Automatisierungsgrad**

1. Vollautomatisch: Das System matcht automatisch zwischen den Teilnehmenden, auf Basis fest vorgegebener Kriterien.
2. Halbautomatisch: Das System geniert eine oder mehrere Varianten (basierend auf unterschiedlichen Kriterien, oder unterschiedlicher Gewichtung von Kriterien) einer möglichen Zusammenstellung der Teilnehmenden. Anschließend wird eine der Planvarianten zum Ergebnis festgelegt. Zusätzlich können noch einzelne Zuteilungen manuell verändert werden.
3. Manuell: Das System ermittelt nur die jeweils möglichen Paarungen. Ein Matchingalgorithmus kommt nicht zum Einsatz. Es wird manuell festgelegt welche Personen miteinander gematcht werden.
4. Willkürlich/frei: Wird – ohne Berücksichtigung jeglicher Informationen und Kriterien – eine Zuteilung einzelner Paare getroffen, so nennen wir dies frei oder willkürlich.

**Sonderformen**

1. Börse: Die Teilnehmenden suchen sich aus einem Pool selbst eine Partnerin oder einen Partner aus. Dabei können die Kriterien in unterschiedlicher Tiefe berücksichtigt werden.
2. Vorselektion: Die Vorselektion ist eine interessante Mischform. Ähnlich der Börse wählen die Teilnehmenden ihre Partner*in selbst aus. Zur Wahl steht jedoch nicht der Gesamtpool an möglichen Matchingpartnern, sondern nur ein Teil daraus bedingt durch eine Vorselektion. Diese kann automatisch, halbautomatisch, manuell oder in Kombination erstellt worden sein.
3. Micromentoring: Manchmal wird ad hoc Hilfe für eine spezielle Frage benötigt, ohne monatelange Mentoringbegleitung. Wäre es da nicht optimal, aus dem Pool der Mentor*innen unkompliziert jemanden fragen zu können? Genau das wird hier unter Micromentoring verstanden. Mentor*innen geben über ihr Profil Fachgebiete, Themenbereiche, etc. an, zu denen Mentees kurze Fragen stellen können. Die Mentees können sich dann die passenden Mentor*innen suchen und die Anfrage direkt über das System an sie richten. Dabei wird Micromentoring oft als Ergänzung zu einem Mentoringprogramm angeboten.

Ein gutes System beherrscht diese Varianten auch parallel. So kann es sinnvoll sein, zwei bestimmte Teilnehmende manuell zu matchen, beispielsweise, weil diese sich schon kennen und eine Zusammenarbeit im Vorfeld bereits vereinbart haben. Das Matching mit allen anderen Teilnehmenden findet dann automatisch oder teilautomatisch statt.

Wichtig ist, dass die koordinierende Stelle immer die Möglichkeit zum Eingreifen und zur Korrektur hat.

**Matchingzeitpunkt**

Mentoringprogramme lassen sich nach dem Kriterium „Turnusart" in **fortlaufende** (es gibt keinen klar definierten Start- und/oder Endzeitpunkt) und **stichtagsbezogene** Programme unterscheiden (Beginn ist z. B. immer der Semesterstart, die Laufzeit ist fest definiert). Dementsprechend wird auch das Matching entweder regelmäßig (täglich/wöchentlich/monatlich/etc.) oder in einem begrenzten Zeitraum nach Ablauf einer Anmeldefrist durchgeführt.

Im Fall eines fortlaufenden Mentoringprogramms sollte das System den zeitlichen Automatismus des turnusmäßigen Matchings unterstützen. Auch hier gilt das bewährte Credo: Routinetätigkeiten erledigt die Software und die gewonnene Zeit wird für besondere Leistungen (z. B. individuelle Beratungen der Teilnehmenden) genutzt.

Als Abgrenzung zu den Turnusarten des Matchings sei eine sofortige Paarbildung, bzw. ad hoc Partnervorschläge genannt. Dies ist kein Matching im Sinne einer Optimierung bzw. optimalen Verteilung der Teilnehmenden. Dieses Verfahren sucht „nur" einen freien, passenden Partner optimiert aber nicht die Gesamtsituation (siehe Matchingalgorithmen). Daher bietet es keinen Vorteil für die Koordinator*innen, sondern nur für die Teilnehmende. Durch die spontane Vermittlung können sie, bei schnellen Algorithmen, den Suchenden sofort ein Ergebnis liefern. Das ist natürlich ein positiveres Erlebnis, als auf das Vermittlungsergebnis zu warten. Daher kann es tatsächlich sinnvoll sein, dieses Verfahren zu wählen.

Beispiel: Für ein Sprachmentoring werden täglich automatisiert Partner*innen gematcht. Da an diesem Programm aber „nur" 50 Personen pro Jahr teilnehmen, werden bei einer so geringen Teilnehmerzahl pro Tag 0 bis 1, in ganz seltenen Fällen auch 2 Paare am Tag, zusammengebracht. In diesem Fall lohnt sich das Warten nicht, ein ad hoc Matching liefert hier dasselbe Ergebnis – nur schneller.

Generell ist das Matching-Gesamtergebnis immer besser, je mehr Teilnehmende man hat. So ergibt i. d. R. die Mehrzahl an Kombinationsmöglichkeiten eine bessere Verteilung. Zur Findung des passenden Matchingzeitpunkts muss daher zwischen „Ergebnis für die Teilnehmenden" und „Qualität des Gesamtergebnisses" priorisiert werden. Bei laufenden Programmen (Anmeldung jederzeit möglich) muss hier ein individueller Kompromiss gefunden werden.

| **Tipps** | |
|---|---|
| Sind Sie unsicher, starten Sie am Anfang mit einem kurzen Zeitraum (z.B. eine Woche). Abhängig von der Anzahl gematchter Teilnehmender erhöhen oder senken Sie dann die Frequenz. | ☐ |
| Wenn Sie eine Auftaktveranstaltung für Ihre Programme haben, matchen Sie zeitnah nach diesem Event. Anschließend gehen Sie gemäß Tipp 1 vor. Um Frustration bei den Teilnehmenden zu vermeiden, kommunizieren Sie die | ☐ |
| Matchingzeitpunkte. Ein Hinweis in der Anmeldebestätigung (*„... das Matching findet jeden Freitag statt...“)* und im Matchingportal schafft Klarheit. | ☐ |

**Matchingdaten**
Welche Daten werden für das Matching verwendet? Jeder Algorithmus benötigt für ein passgenaues Matchen entsprechende Informationen. Daher müssen Sie festlegen, welche Daten Sie verwenden wollen und in welcher Weise. Grundsätzlich lassen sich die eingesetzten Daten beim automatisierten Matching in zwei Gruppen unterteilen:

1. Filterkriterien (auch KO-Kriterien genannt)
2. Beziehungspunkte

Welche Daten Sie in der jeweiligen Gruppe heranziehen, ist Ihre individuelle Entscheidung und sollte unter Berücksichtigung der Anforderungen Ihres Programms entschieden werden. Denn hier spiegelt sich das Wesen der verschiedenen Mentoringprogramme und ihres Umfelds wider.

Lassen Sie uns das näher erläutern und mit Beispielen verdeutlichen:

Filterkriterien bestimmen, ob 2 Teilnehmende **überhaupt** eine Partnerschaft eingehen können. Ein typisches Beispiel hierfür ist die Auswahlmöglichkeit des Geschlechts (m/m/d) des Gegenübers (muss w sei, muss m sein, muss d sein, keine Präferenzen). Durch den Einsatz dieses Kriteriums als Filter werden mögliche Partnerschaften für das Matching ausgeschlossen. Ein Beispiel aus dem Bereich Sprachmentoring zeigt diesen Zusammenhang nochmal sehr plakativ: Möchte jemand im Rahmen eines Sprachmentorings seine Englischkenntnisse verbessern, sollte der Partner der englischen Sprache mächtig sein. Auch in diesem Matching ist der Einsatz des Kriteriums „Sprachkenntnisse in der gesuchten Sprache“ selbstredend ein Ausschlusskriterium, das eine Partnerschaft andernfalls nicht entstehen lässt.

Beziehungspunkte hingegen spiegeln wider, **wie gut** die beiden Teilnehmenden zueinander passen. Typische Beispiele hierfür sind eine Suche/Biete Auswahl von Unterstützungsleistungen oder Persönlichkeitsfragebögen (z. B. Hilfe beim Jobeinstieg, dem

Ausbau des eigenen Netzwerks etc.). Dabei werden den potenziellen Paaren Beziehungspunkte zugewiesen. Je mehr Beziehungspunkte ein Paar hat, umso besser passen die Teilnehmenden zusammen.

Hinweis: Daten können auch Filterkriterien und Beziehungspunkte zugleich sein.

Beispiel: Es gibt eine Biete/Suche-Option für Unternehmensbereiche (Geschäftsführung, Vertrieb, Produktion, etc.). Filterkriterium ist in diesem Fall, dass es für **eines** dieser Suchkriterien zu einer Übereinstimmung zwischen Mentor*in und Mentee kommen **muss.** Die Beziehungspunkte ergeben sich dann aus der **Anzahl** der Übereinstimmungen.

▶ Wenn Ihre Teilnehmerzahlen gering sind, dann verzichten Sie so weit wie möglich auf Filterkriterien.

▶ Erstellen Sie sich eine Liste aller Daten (gemäß Abschn. 3.4) und notieren Sie dort pro Datenfeld: Filterkriterium/Beziehungspunkt, ggf. Punkte, Limits (Min–Max), Gruppen, Gewichtungen. (Ein Muster-xls finden Sie unter www.matorix.de/buch/digitalesmentoring/daten.xls)

**Matchingregeln**

Unter Matchingregeln sind zusätzliche Einschränkungen bzw. Parameter zu verstehen, die über die reinen Matchingdaten hinausgehen. Gelten bestimmte Matchingregeln, so müssen sie im Matchingprozess berücksichtigt werden. Sie erhöhen nochmal die Komplexität der Entscheidung. Ein Beispiel für eine Matchingregel ist: *Wie viele Partner darf eine Person haben (1,2,…,n, individuell festlegbar durch die Teilnehmenden …).*

Eine Sonderform der Matchingregeln ist die Gruppenbildung. Dabei werden nicht Paare (1:1) gebildet, sondern Gruppen von n-Mentor*innen und m-Mentees.

Auch übergeordnete Abhängigkeiten zwischen Paaren können Regeln beinhalten. Dieser Zusammenhang findet z. B. Anwendung, wenn eine Firma XY ein Mentoringprogramm anbietet und hier nur *x-Teilnehmende gematched werden können – (es gibt nur eine begrenzte Anzahl von Mentoringplätzen in dieser Firma).*

**Matchingalgorithmen**

Sind die möglichen Paare ermittelt und mit Beziehungspunkten belegt, so kann die Arbeit des Matchingalgorithmus beginnen. Doch welcher Optimierungsansatz ist der beste?

Ganz eng damit ist die Frage nach dem Ziel das Matchings (und damit indirekt auch die Frage nach dem Ziel des Programms) verbunden. Es ist daher angebracht, sich über Folgendes Gedanken zu machen:

- Soll die reine Anzahl an Partnerschaften maximiert werden oder die Anzahl derer, die besonders hohe Beziehungspunktwerte aufweisen?
- Gibt es Vorgaben bzw. Restriktionen? Eine denkbare Vorgabe wäre z. B., dass immer das beste Paar (das Paar mit dem höchsten Beziehungspunktwert) Teil des Ergebnisses sein muss. Derartige Vorgaben finden sich häufig in öffentlichen Einstellungen und Forderungen („Auswahl der Besten").

- Gibt es Priorisierungen bei Wünschen (z. B. Wunschpartner 1,2,3 in hybriden Matchingformen)?
- Gibt es weitere übergeordnete Ziele (z. B. eine Gleichverteilung über beteiligte Firmen)?

Je nach Anzahl der Teilnehmenden und der Komplexität der Rahmenbedingungen (Filter/Punkte/Regeln) ist die Geschwindigkeit des Algorithmus von Bedeutung, also der Anstiegsgrad der benötigten Rechenleistung (Zeit) mit der Anzahl der Parameter (linear, exponentiell, …). Denn nur, wenn Sie als Koordinator*in das Ergebnis eines Matchinglaufs zeitnah erhalten, können Sie mit den Parametern kreativ arbeiten, sozusagen "spielen" und diese variieren bzw. nachjustieren. Ein häufig genutzter Vertreter effizienter Matchingalgorithmen ist der Deferred Acceptance Algorithm. Des Weiteren lohnt sich die Erinnerung, dass es kein universelles und allgemeingültiges Matchingrezept gibt, das im Zeitablauf verlässlich stabil bleibt. Dies gilt allein schon deshalb, weil interne Anforderungen und externe Restriktionen einem permanenten Wandel unterliegen. Aber auch, weil Sie selbst dazu lernen und Ihr Programm weiterentwickeln.

**Vorteile**

Welche Vorteile bietet ein softwaregestütztes Matching?

1. Nachvollziehbarkeit/Transparenz: In den vorangegangenen Abschnitten sind die verschiedenen Daten, Parameter, etc. besprochen und geklärt worden. Auch bei deren Veränderung sind diese Kriterien zu einem Matchingzeitpunkt fix. D. h. man kann das Zustandekommen eindeutig nachvollziehen. Nichts ist dem Zufall überlassen.
2. Objektivität: Ein Matchingalgorithmus hat keine persönlichen Vorlieben, weder bewusste noch unbewusste.
3. Zeitersparnis: Selbst bei einer kleinen Anzahl von Teilnehmenden nimmt Ihnen eine Matchingsoftware Arbeit ab. Mit zunehmender Anzahl von Teilnehmenden und Kriterien steigt der Vorteil überproportional. Ein Zeitgewinn, der sinnvoll in die Programmarbeit gesteckt werden kann.
4. Berücksichtigung mehrerer Kriterien: Sobald Sie mehrere Kriterien (z. B. Ort/Nähe, Fachrichtung, Persönlichkeit) berücksichtigen wollen, entwickelt sich die Zahl der Möglichkeiten und die der Abhängigkeiten zu einer kombinatorischen Explosion. Selbst kluge Köpfe kommen dabei schnell an ihre Grenzen. Je mehr Kriterien Sie im Matching berücksichtigen wollen, umso mehr spielt ein automatisiertes Matching seine Stärken aus.
5. Chance des Lernens und der zielgerichteten Weiterentwicklung
6. Mit einem Matchingsystem haben Sie verschiedene Möglichkeiten zur Weiterentwicklung. So können Sie z. B. kritisch überprüfen, ob einzelne Matchingkriterien überflüssig sind. Durch Variation der verwendeten Daten bis hin zu deren Reduktion lässt sich deren Auswirkung auf das Matchingergebnis leicht nachvollziehen. Neben der Reduktion steht natürlich auch die Erweiterung der Matchingkriterien als Entwicklungsoption bereit (z. B. Erkenntnisse aus Evaluationen, die am Ende eines Mentoringprogramms durchgeführt wurden).

| **Fazit / Checkliste** | |
|---|---|
| Die Individualität des Programms spiegelt sich im Matching wider. | ☐ |
| Beginnen Sie mit der qualitativen und quantitativen Festlegung des Programmziels, bezogen auf das Matching. | ☐ |
| Prüfen Sie den Stellenwert des Matchings für Ihr Programm. | ☐ |
| Nutzen Sie am Anfang wenig Daten und einfache Regeln für das Matching. | ☐ |
| Erhöhen Sie langsam die Komplexität.<br>Schaffen Sie Transparenz über das Matching für Ihre Teilnehmenden. | ☐ |

### 2.1.7 Ergebnis

Ist das Matching durchgeführt, werden die Teilnehmenden über das Ergebnis informiert. Unabhängig davon, dass sie jederzeit den Status des Matchings im System einsehen können (pull), ist ein aktives Kommunizieren der Ergebnisse an die Teilnehmenden sinnvoll.

Dieses aktive Kommunizieren kann per E-Mail, SMS, Push-Nachricht (APP), etc. erfolgen.

| **Medium** | **Vorteil** | **Nachteil** |
|---|---|---|
| **E-Mail** | - Auf allen Geräten lesbar<br>- Deeplink zum Ergebnis möglich | - Versand von Kontaktdaten wird nicht empfohlen (fehlende Standardverschlüsselung) |
| **SMS** | | - Nur auf Smartphones/Handys lesbar<br>- Mit Zusatzkosten verbunden<br>- Versand von Kontaktdaten wird nicht empfohlen (fehlende Standardverschlüsselung) |
| **Push Nachricht (APP)** | - Hohe Wahrnehmung<br>- Deeplink zum Ergebnis möglich | - Nur auf Smartphones lesbar |

Neben der Frage, welche Daten zur Kontaktaufnahme zwischen den Teilnehmenden ausgetauscht werden sollen, ist zu klären, welche Daten bereits in der Nachricht enthalten sein sollen.

Natürlich wäre es für die Teilnehmenden sehr angenehm, gleich über eine E-Mail Name, Telefonnummer und E-Mail-Adresse der bzw. des Matchingpartner*in zu erfahren. Da die Datenübertragung via E-Mail/SMS standardmäßig aber nicht verschlüsselt und daher quasi wie eine Postkarte lesbar ist, rät der Autor von dieser Lösung ab. Datenschutzkonform und daher empfehlenswert ist stattdessen, wenn nur der Hinweis auf das vorliegende Ergebnis sowie ein Link zum System verschickt wird. Falls Sie die oben genannten persönlichen Daten doch direkt versenden wollen, wird dringend zur Rücksprache mit Ihrem Datenschutzbeauftragten geraten.

Zurück zur Frage, welche Kontaktdaten den Matching-Partnern*innen angezeigt werden sollen: Prinzipiell können Sie aus allen Ihnen zur Verfügung stehenden Daten auswählen. Beachten Sie dabei aber immer, dass Sie zur Weitergabe der Daten eine Einverständniserklärung der Teilnehmenden benötigen und diese im Vorfeld eingeholt haben müssen. Tipp (gilt nicht für Börsen oder hybride Matchingverfahren): Beschränken Sie sich auf die essenziellen Daten (Anrede, Vorname, Nachname, E-Mail-Adresse). Das ist für eine Kontaktaufnahme ausreichend und bestärkt den vertrauensvollen Umgang mit persönlichen Daten. Im Verlauf des Mentorings haben die Teilnehmenden ausreichend Möglichkeiten weitere Daten bei Bedarf auszutauschen.

### 2.1.8 Zustimmung

Mit Zustimmung ist das „Ja-Wort" der beiden Teilnehmenden zum gemeinsamen Mentoring gemeint.

Im allerersten Schritt muss festgelegt werden, ob den Teilnehmenden die Möglichkeit zur Intervention (zustimmen/ablehnen des Matchingergebnisses) gewährt werden soll. Für beide Optionen gibt es Pro und Contra-Argumente.

Pro Interventionsrecht:

- Höhere Verbindlichkeit, durch aktive Zustimmung der Beteiligten
- Es gibt nur Matchingpaare, die wirklich zusammenpassen und miteinander arbeiten wollen.

Contra Interventionsrecht:

- Es gibt nur eine Matchingrunde, weitere sind nicht notwendig (denn im Falle eines Interventionsrechts werden alle Teilnehmenden, die "Nein" gesagt haben, erneut in den Matchingpool übernommen und müssen neu gemachtet werden)

- Die Anzahl der Teilnehmenden, die durch das Matching vermittelt werden können, ist höher. (Ablehnungen können bei niedrigen Teilnehmerzahlen oder komplexen Matchingvorgaben dazu führen, dass am Ende für diese Teilnehmenden keine neuen Partner gefunden werden.)

Folgende Faktoren werden i. d. R. herangezogen, wenn es gilt, sich für oder gegen eine dieser beiden Optionen zu entscheiden: Anzahl der Teilnehmenden, Dauer der Zusammenarbeit, benötigte Vertrauensbasis, Ablauf des Matchingprogramms.

Bei einem Mentoringprozess, der elektronisch unterstützt wird, kommt ein weiterer Faktor hinzu: Es fällt den Teilnehmenden deutlich leichter, per Mouseclick „Nein" zu sagen, als dies persönlich zu tun.

Die Anzeige, ob ein weiterer potenzieller Mentoringpartner zur Verfügung steht, kann zwar ad hoc ermittelt werden. Diese Aussage sagt jedoch nicht, dass der Ablehnende auch wirklich einen neuen Partner bekommen wird. Das hängt von der Gesamtsituation der nächsten Matchingrunde ab (siehe Matching). Daher wird ggf. irrtümlich vom Teilnehmenden angenommen, dass er sicher wieder eine(n) Partner*in bekommt. Diese Fehlinterpretation verleitet zu einem vorschnellen Ablehnen des aktuellen Angebots.

In einer Mentoringpartnerschaft wird vertrauensvoll zusammengearbeitet. Die Teilnehmenden sollten sich also immer erst nach dem ersten Treffen bzw. einem persönlichen Kennenlernen für oder gegen die Partnerschaft entscheiden. So sollte auch im System auf dieses Vorgehen hingewiesen (Infotext) und z. B. Folgendes abgefragt werden:

- Haben Sie sich mit Ihrem Partner ausgetauscht (Ja/Nein)
- Wollen Sie gemeinsam das Mentoringprogramm durchlaufen (Ja/Nein)
- Wenn Nein, wollen Sie einen weiteren Vorschlag (Ja/Nein)
- Wenn Nein, Feedbackmöglichkeit

### 2.1.9 Vereinbarung

Hat sich eine Partnerschaft für ein gemeinsames Mentoring gefunden, ist ein genauerer Blick auf Ziele und Strategie notwendig. Viele Mentoringprogramme geben hier Hilfestellungen in Form von Vorgaben, Vorschlägen oder Eckpunkten, die im Laufe der Mentoringbeziehung von den Teilnehmenden (i. d. R. nur von den Mentees) erreicht werden sollen. In einem digitalisierten System sollte es die Möglichkeit geben, dass die Mentees ihre festgelegten Ziele, aber auch ihre zwischenzeitlich erreichten Meilensteine hinterlegen. Die Mentees entscheiden, ob ihre Mentor*innen Zugriff erhalten. So werden die definierten Ziele stärker sichtbar und erhalten eine höhere Verbindlichkeit. Darüber hinaus haben alle Beteiligten jederzeit einen Überblick über den Status quo. Auch sollten die Ziele möglichst quantifiziert werden (z. B. Netzwerkausbau: Anzahl neuer Kontakte, Anzahl der Teilnahmen an den Veranstaltungen etc.). In jedem Fall ist damit nicht nur die Erwartungshaltung der Mentees klar, es kann auch periodisch der Fortschritt geprüft werden. Ein automatisierter Wiedervorlagezyklus (individuell einstellbar) erhöht die Verbindlichkeit der Zielesetzung nochmal. Aus dem Feedbackverlauf lässt sich so frühzeitig ableiten, ob Ziele realistisch sind und der richtige Weg eingeschlagen worden ist. Ein frühzeitiges Nachjustieren ist einfacher möglich.

### 2.1.10 Arbeitsphase

In der aktiven Zeit des Mentorings, der sogenannten Arbeitsphase, geht es im Kern um die Zusammenarbeit zwischen Mentee und Mentor*in und der Umsetzung durch die Mentee.

Ob das Mentoring vor Ort, virtuell oder über eine Mischform stattfindet, hängt von vielen Faktoren (Zeit, Häufigkeit, Kurzfristigkeit, Umstände, etc.) ab.

**Konferenztools**

Eine allgemeingültige Aussage zur Frage nach dem richtigen Konferenztool kann hier nicht erfolgen: Nicht nur, weil Konferenztools einen regelrechten Boom erleben und laufend neue auf den Markt gebracht bzw. bestehende weiterentwickelt werden, auch wegen der vielzitierten externen dynamischen Rahmenbedingungen. Einige Anforderungen und Leitlinien lassen sich dennoch skizzieren.

Ein Konferenztool sollte:

- funktionieren, denn nichts ist zeitraubender und kontraproduktiver als permanente Unterbrechungen aufgrund technischer Störungen
- datenschutzkonform und legal sein
- einfach zu nutzen sein.

Eine weitere Einschränkung mit sehr hoher Relevanz sind Firmenpolicies. Welches Tool darf auf dem Firmenlaptop genutzt werden?

**Terminplanung**

Viel wichtiger als die Wahl des Tools ist die Vorbereitung der Arbeitstermine zwischen Mentees und Mentor*innen. Das gilt sowohl für virtuelle als auch für Face-to-Face-Treffen. Daher sollte die Planung der Termininhalte im Mentoring(management)portal erfolgen.

Für die Terminplanung ist neben den trivialen Angaben (Tag, Zeit, Ort) die jeweilige Agenda des Treffens von Bedeutung. Bei der Festlegung der Agendapunkte sind die Ziele und Meilensteine aus der Vereinbarung ein wichtiges Hilfsmittel. Daher sollte es eine Kopplung zwischen Terminplanung und dem Vereinbarungsmodul geben.

Um die Mentoringtermine im gewohnten Kalender auf dem Laptop oder Smartphone sehen zu können, ist ein Export der Termine in einem gängigen Format (z. B. ical) hilfreich.

**Fortschrittsmonitoring (Mentee/Mentorin)**
Kommen wir nochmals auf die Ziele und Meilensteine aus der Vereinbarungsphase zu sprechen. Wird in der Arbeitsphase an den Zielen und Meilensteinen gearbeitet, so muss die Möglichkeit bestehen, den Fortschritt bzw. den Grad der Zielerreichung zu dokumentieren. Erfolgt dies kontinuierlich und mit Datumsbezug, so ist der Fortschritt und auch der Fortschrittstrend erkennbar. Zudem sollte das System flexibel sein und Ergänzungen, Änderungen und Löschungen von Zielen und Meilensteinen zulassen.

**Elektronisches Mentoringtagebuch**
Als Ergänzung zum Fortschrittsmonitoring ist ein elektronisches Tagebuch eine zusätzliche Möglichkeit, den Werdegang des Mentees zu dokumentieren. Es gibt auch Mentoringprogramme in denen ein Mentoringtagebuch als Nachweis erforderlich ist. In einem solchen Fall sollte das System die Möglichkeit bieten, bestimmte Inhalte auszudrucken oder zu exportieren – denkbar ist auch, dass dies nur temporär als optionale Freigabemöglichkeit durch die Koordinator*innen gewährt wird.

**Fortschrittsmonitoring (Koordinator*innen)**
Auch die Verantwortlichen und die Koordinator*innen eines Mentoringprogramms sind am Fortschritt interessiert. Leider kommt es oft vor, dass unmittelbar nach dem Matching der Kontakt zwischen Koordinator*innen und Mentoringpaar versiegt oder gar abreißt. Denn nach erfolgter Vermittlung beginnt die Arbeitsphase, in der das Paar weitgehend autark arbeitet, ohne die Koordinator*innen des Programms einzubeziehen. Eine selbstinitiierte Rückmeldung erfolgt daher selten und ggf. zu spät, um als Koordinator*in noch Hilfe anbieten zu können.

Für die Koordinator*innen ist es zunächst interessant, ob das Mentoringpaar überhaupt aktiv miteinander arbeitet. Das kann in einem digitalen System z. B. explizit durch eine „Sign-of-Life"-Funktion passieren, oder implizit durch Auswertung der Informationen, die im System gespeichert werden.

Den Mentoringpaaren, insbesondere den Mentees, sollte im System eine einfache Möglichkeit geboten werden, mit den Koordinator*innen in Kontakt zu treten. Neben den üblichen Kontaktdaten Telefon/E-Mail ist auch ein Kontaktformular mit einer Vorauswahl an Hilfsthemen sinnvoll. Je niedriger die technische Hürde zur Kontaktaufnahme ist, desto eher wird Hilfe genutzt.

**Begleitende Veranstaltungen**
In vielen Mentoringprogrammen werden den Teilnehmenden begleitende Veranstaltungen angeboten. Diese Veranstaltungen sind oft auf die Teilnehmenden beschränkt, manchmal sogar auf bestimmte Rollen (nur für Mentees, nur für Mentor*innen). In digitalisierten

Systemen können Veranstaltungen benutzerfreundlich über Kalenderfunktionen und Termine gemanagt werden. Dazu gehört das Erstellen von Veranstaltungen, die Einladungsfunktion für Zielgruppen, der Versand von Erinnerungen, Erstellung von Teilnehmerlisten und die Dokumentation von Teilnahmen (Anwesenheit bei Veranstaltungen). Falls Veranstaltungen abgerechnet werden, dann sollte es entweder die Funktion im System geben oder eine entsprechende Schnittstelle zum externen Abrechnungssystem.

### 2.1.11 Feedback

Um zur Auswertung zu kommen, wird das Feedback der Teilnehmenden benötigt. Es wird dabei in Form von elektronischen Fragebögen erfasst. Idealerweise nutzen Sie ein im System integriertes Feedbackformular bzw. Umfragetool und kein separates. Die Vorteile liegen klar auf der Hand: Sie haben automatisch eine Verknüpfung zu den Teilnehmenden und der Datenschutz ist geklärt. Die Hürden für die Teilnehmenden sind gering, da einfach zusätzlich Fragen im System beantwortet werden sollen. Letzteres ist wichtig, wenn Sie die Teilnahme an der Umfrage nicht mit anderen Anreizen (z. B. Zertifikate werden erst vergeben, wenn Fragebögen ausgefüllt sind) verbinden können oder wollen.

Folgende Bereiche eigenen sich als Teile der Umfrage:

- Feedback zur persönlichen Zielerreichung (Verknüpfung zu den Vereinbarungen beachten)
- Feedback zur/zum Mentoringpartner*in
- Feedback zum Mentoringprogramm
- Feedback zum System

### 2.1.12 Auswertung/Berichte

Ein großer Vorteil digitaler Systeme ist die Möglichkeit der einfachen Verknüpfung verschiedenster Daten. Komplexe Auswertungen für Ihr Reporting werden so ermöglicht. Diese Daten stehen zur Verfügung:

- Daten aus dem Mentoringkonzept
- Vereinbarungen der Mentoringpaare
- Feedbacks

Auswertungen und Berichte sind ein gutes Mittel, um den Erfolg eines Mentoringprogramms zu dokumentieren und an andere Stellen der Organisation zu berichten. Dazu zählen z. B. Anzahl der Teilnehmenden, Anzahl der Mentoringpaare, Erfolgsquote, etc. Die Auswertungen unterteilen sich nach folgenden Bezugspunkten:

- Ohne Bezug (z. B. User im System)
- Bezogen auf einen bestimmten Mentoringprogramm-Durchlauf (z. B. Anzahl Teilnehmende, Soll-Ist-Vergleiche wie Zielerreichung, Zufriedenheit, etc.)
- Vergleich von verschiedenen Durchläufen bzw. Langzeitentwicklungen (z. B. Veränderung des Zielerreichungsgrades im Zeitablauf, etc.)

Mit sinnvoll gestalteten Berichten lassen sich aus den Daten eines Matchingdurchlaufs Erkenntnisse zur Programmverbesserung gewinnen. Die Langzeitauswertungen belegen dann den Erfolg der Programmanpassungen. Somit liefern die Auswertungen den Kontrollbereich für einen kontinuierlichen Verbesserungsprozess.

### 2.1.13 Lernen

Künstliche Intelligenz (KI) ist seit Jahren als Trend in aller Munde. Je nach Ausbaustufe der Digitalisierung wird dies künftig eine zunehmende Rolle spielen. Das hängt neben der technologischen Entwicklung insbesondere von der Akzeptanz bei den Programmverantwortlichen ab. Prinzipiell ist KI eine sinnvolle Erweiterung, die ihre Berechtigung hat.

Das Grundprinzip „Lernen aus der Vergangenheit" lässt sich beim Matching gut anwenden. Selbst in einer einfachen manuellen Variante ohne digitalisierte Unterstützung können Sie damit Ihr Programm verbessern. Folgende Gedanken sind dabei hilfreich:

1. Wie gut war das Matching? Ohne diese Information ist kein Rückschluss möglich. Dazu dient der Prozessschritt „Evaluierung".
2. In Simulationsläufen (Matching) lassen sich durch ein Reduzieren bzw. Neukombinieren der Daten verschiedene Ergebnisszenarien abbilden und anschließend analysieren, inwiefern diese vom Ursprungsergebnis des Matchings abweichen. Kommt man im o. g. Schritt zum anfänglichen Matchingergebnis, lässt sich das System ggf. im nächsten Schritt über eine Reduktion der Daten vereinfachen.
3. Durch Evaluation (siehe 1) und Feedback können weitere Aspekte hinzukommen.
4. Berücksichtigung wissenschaftlicher Arbeiten.

## 2.2 Übergreifende fachliche Funktionalitäten

Es kommt durchaus öfter vor, dass mehrere Mentoringprogramme mit unterschiedlichen Schwerpunkten parallel laufen. Das kann zeitlich begründet sein (wenn z. B. jedes Semester ein 2-jähriges Programm startet), nach Erfahrungsstufen separiert (z. B. Junior- & Seniorprogramm) oder nach verschiedenen Fachbereichen (Sprachmentoring, Frauenförderung, Quereinsteiger, Newbies, …) getrennt sein.

### 2.2.1 Multiprogrammmanagement

Ein wichtiger Mehrwert bzw. eine Grundanforderung an ein digitalisiertes System ist daher, dass mehrere Mentoringprogramme parallel gemanagt werden können (Multiprojektmanagement).

Dabei geben die jeweiligen Programmbesonderheiten die technischen Anforderungen vor z. B.:

- Die Programme müssen zeitlich und vom Zeitmodus her unabhängig sein
- Die Programme müssen sich in allen Daten, Matchingkriterien, Algorithmen etc. unterscheiden können
- Eine Person muss (je nach Vorrausetzungen) an verschiedenen Programmen teilnehmen können
- Die Koordination der Programme muss unabhängig voneinander erfolgen können. Das bedeutet u. a. das z. B. bei Programmen aus verschiedenen Fachbereichen die spezifischen Daten jeweils nur dem zugehörigen Fachbereich zugänglich sind.

▶ Auch wenn Sie (am Anfang) nur ein Mentoringprogramm durchführen, achten Sie auf die Möglichkeit des Multiprojektmanagements. Denn nur so können Sie auf Entwicklungen in Ihrem Projekt bzw. ihrem Unternehmen schnell reagieren und weitere Programme unkompliziert implementieren.

### 2.2.2 Alumnidevelopment & Management

Ein ganz eigener Themenkomplex ist das Alumni-Development und -Management. Viele Programme zeichnen sich dadurch aus, dass ehemalige Mentees zu Mentor*innen werden können. Da es nicht immer einfach ist, für ein Programm Mentor*innen zu akquirieren, sollte man das Potenzial eines Alumninetzwerkes nutzen. Zudem haben ehemalige Mentees bereits Erfahrungen mit dem Programm, kennen es aus Sicht des Mentees und haben eine persönliche Bindung dazu. Daher gilt es, Kontakte und Kontaktdaten der Mentees zu halten und Entwicklungswege aufzuzeigen. Schaffen Sie die Möglichkeit, ehemalige Mentees im System bleiben zu lassen (legal gemäß DSGVO). So können Sie z. B. regelmäßig über Workshops informieren („Mentor*in werden"). Gerade Mentees, die sehr von der Partnerschaft profitiert haben (in ihrer Persönlichkeitsentwicklung, Ausbau ihres Netzwerkes etc.) sind gerne bereit, diese Erfahrung im nächsten Schritt als Mentor*in weiterzugeben.

Möglicher Entwicklungsplan:

- Selektion der potenziellen Absolventen
- Ansprache der Absolventen
- Entwicklungsplan vereinbaren

- Schulungen anbieten
- Als neue Mentor*innen ins Programm übernehmen.

Hinweis: Laufen bei Ihnen mehrere unterschiedliche Mentoringprogramme parallel, überlegen Sie sich auch für diese potenzielle Entwicklungswege. So kann ein digitales System Transparenz schaffen und nach Abschluss eines Programms automatisch auf ein nächstes hinweisen.

### 2.2.3 Kalender für Veranstaltungen

Neben den Terminen aus der Arbeitsphase (zwischen Mentee und Mentor*in) gibt es weitere, die über die Kalenderfunktion kommuniziert werden sollten:

- Termine zwischen Mentee/Mentor*in und Koordinator*in (Kennenlernen, Hilfestellung etc.)
- Begleitende Veranstaltungen (Kickoff, Seminar, Workshops etc.).

Was sind die Vorteile eines integrierten Kalenders gegenüber klassischen Lösungen wie MS Outlook?

Bei integrierten Lösungen sind Ihre „Einzuladende" bereits bekannt, denn sie speisen sich aus dem Kreis der Portalanwender*innen (aktiv oder Alumni). Zudem lassen sich gezielte Einladungen und Sichtbarkeiten von Terminen einfach realisieren. So können Termineinladungen nur für bestimmte Rollen ausgesprochen werden (nur Mentees, nur Mentor*innen oder nur Alumni des letzten Durchgangs) oder aber übergeordnete Treffen für alle definiert werden. Auch der Überblick, wer sich für welche Veranstaltung angemeldet hat, ist automatisch gegeben und lässt sich leicht mit den anderen Daten kombinieren. Eine manuelle Verknüpfung von outlook-Terminrückmeldungen mit Teilnehmer-Excellisten entfällt.

Nicht nur die Anmeldeinformation, sondern auch die tatsächliche Teilnahme jedes Einzelnen sollte in einem Kalendersystem hinterlegbar sein. Damit haben Sie später den Überblick, wer wirklich teilgenommen hat, wer entschuldigt fehlte und wer unentschuldigt blieb. Was zunächst sehr „schulisch" klingt, ist im Zusammenhang mit einer optionalen Abrechnung (Rechnungsgenerierung bei kostenpflichtigen Veranstaltungen) oder Zertifikatsgenerierung durchaus äußerst sinnvoll.

### 2.2.4 News

Wie informieren Sie die Teilnehmenden über Neuigkeiten? Dafür bietet sich als eine sehr einfache und angenehme Lösung ein Newssystem an. Es gibt dabei eine ganze Reihe unterschiedlicher Arten von Neuigkeiten:

- Start eines neuen Programms
- Abschluss eines Matchings (= Matchingergebnis)
- Hinweise zu Veranstaltungen
- Technische Neuerungen
- U. v. a. m.

Selbstverständlich können Sie all diese Informationen per E-Mail versenden. Wesentlich komfortabler und weniger zeitaufwändig ist aber ein integriertes Newssystem. Dabei werden den Empfängern die neusten Nachrichten gleich auf der Startseite Ihrer Portallösung angezeigt. Zudem kann man das Lesen einer Nachricht quittieren. So wissen Sie stets, wer die gepostete Nachricht bereits gelesen hat. Und auch ein Archiv gehört unbedingt als Bestandteil Ihres Nachrichtensystems dazu. Hier findet sich dann eine Liste aller Nachrichten zum Nachlesen.

Das Erstellen von News sollte zielgruppenspezifisch erfolgen. Z. B.:

- Alle Mentees oder Mentor*innen
- Teilnehmende eines Programms
- Angemeldete einer Veranstaltung
- Gematchte oder Ungematchte

### 2.2.5 FAQ-System

Bei jedem System – und sei es noch so gut und intuitiv – entstehen Fragen bei der Nutzung. Dabei unterscheidet man zwischen:

- Technischen Fragen zum System (z. B. Was mache ich, wenn ich mein Kennwort vergessen habe?)
- Fachliche Prozessfragen (z. B. Ich habe aus Versehen meinen Matchingpartner abgelehnt – was nun?)
- Fragen zum Mentoring (z. B. Mein Mentee und ich kommen am Punkt XY nicht weiter, was können wir tun?).

Natürlich können Sie all diese Fragen regelmäßig individuell beantworten. Effizienter ist ein FAQ-System. I. d. R. werden diese für technische Fragen vom Softwarepartner erstellt.

Einen umfassenden Nutzen liefert ein FAQ System, wenn Sie es als Koordinator*in um eigene Einträge erweitern und pflegen können.

Zudem sollte ein FAQ System Direct-Links unterstützen. D. h. Sie sollten die Möglichkeit haben, einen Link versenden zu können, der direkt zu einem bestimmten Eintrag führt. So lassen sich Anfragen (z. B. per E-Mail) schnell und richtig beantworten.

Auch die Aufteilung der Fragen nach Zielgruppen (Mentees, Mentor*innen, Koordinator*innen) hilft den Suchenden, damit Irrelevantes gar nicht erst sichtbar wird.

### 2.2.6 Ticketsystem

Meist reicht ein hinterlegter FAQ-Katalog nicht aus, um alle Fragen der Teilnehmenden final zu beantworten. Daher ist es ratsam, einen digitalen Anfrageweg von den Teilnehmenden zu den Koordinatoren (und ggf. zu Ihren Supportpartnern) zu öffnen. Unabhängig davon, ob fachliche oder technische Fragen aufkommen, sollten Sie einen geeigneten Kanal für diese Fragen anbieten. Ansonsten besteht die Gefahr, dass die Teilnehmenden unzufrieden werden und schlimmstenfalls gar abspringen. Ein Ticketsystem bietet nicht nur Vorteile für die Teilnehmenden auch die Koordinator*innen profitieren direkt davon. So behalten sie die Übersicht über alle Anfragen, können diese an Kolleg*innen weiterleiten und/oder direkt beantworten. Ein nicht zu unterschätzender Aspekt ist dabei die automatische Verknüpfung zwischen den Daten der Anfragenden und dem Ticket. Ohne diese Verknüpfung verschwenden Sie Zeit, um aus einer E-Mail den richtigen Bezug zu den Teilnehmenden im System herzustellen.

### 2.2.7 Dokumentenablage

Eine Dokumentenablage ist sehr hilfreich, um z. B.: Schulungsunterlagen, Anleitungen, etc. für Teilnehmende zugänglich zu machen. Da die Teilnehmenden oftmals keinen Zugriff auf die „Laufwerke" der Koordinatoren haben, sind andere Lösungen notwendig. Auch hier empfiehlt sich eine integrierte Lösung im System (im Gegensatz zu Dropbox, Onedrive, etc.). Das liegt zum einen an den datenschutzrechtlichen Anforderungen, zum anderen – analog zu den News – an den Möglichkeiten der zielgruppengenauen Freischaltung.

### 2.2.8 Wizzard

Es gibt unterschiedliche Arten von Systemnutzer*innen. Die einen möchten sich frei in einem System bewegen, andere lieber durchgeführt werden. Für die zweite Gruppe ist ein optionaler Wizzard im System hilfreich. Dieser begleitet die Nutzenden Schritt für Schritt durch die Anwendung. Gerade im Prozessbereich von der ersten Registrierung bis zur Abgabe der Daten/Teilnahmeerklärung ist das eine sinnvolle Unterstützung. Was ist konkret damit gemeint? Im System wird eine feste Reihenfolge der Schritte hinterlegt und die Nutzer*innen werden jeweils an die nächste Stelle weitergeleitet. Ggf. können auch Zwischenfragen (sinngemäß z. B. „Wollen Sie als nächstes A & B ausfüllen?") möglich sein.

Viele Menschen fühlen sich von Wizzards jedoch gegängelt oder bevormundet. Daher sollte dies immer nur optional angeboten werden.

Auch die Herangehensweisen variieren nicht nur von Person zu Person. Die Meinung eines einzelnen Individuums kann sich z. B. situationsbezogen ändern. Daher ist es hilfreich, wenn zwischen einem Wizzard-Modus und der normalen Eingabe flexibel gewechselt werden kann.

## 2.3 Anforderungen an ein Mentoring(management)system

Neben diesen fachlichen Funktionen gibt es eine Liste weiterer Punkte die zu beachten sind.

### 2.3.1 Zugangskontrolle und Berechtigungen

Jeder sollte nur das sehen, was er sehen darf. Zu dieser etwas salopp formulierten Datenschutzanforderung nickt man instinktiv zustimmend. Doch gerade bei Excellösungen ist dies i. d. R. gar nicht der Fall. Um es umzusetzen, brauchen Sie:

- Zugangskontrolle/persönliche Accounts für alle Beteiligten
- Zugriffsrechte und Rollen für Funktionen und Daten

### 2.3.2 Flexible Darstellungen

Listen: In jedem Mentoring(management)system haben Sie verschiedene Listen, z. B. von Teilnehmenden. Sind diese Listen sortier- und filterbar, dann kann man auch vernünftig damit arbeiten. Achten Sie zudem darauf, dass Sie Spalten ein- und ausblenden, sowie die Reihenfolge verändern können. Auch ein direkter Export einer Liste (z. B. als CSV) ist im Alltag sehr nützlich.

Kalender/Termine: Wenn Sie eine Kalenderfunktion nutzen, dann achten Sie hier auch auf flexible Ansichten wie Tages-, Monats-, Jahresübersichten. Darüber hinaus auch, dass Teilnehmende nur die Termine sehen, die für sie relevant sind. Also Termine, für die man die Berechtigung hat und die nicht in der Vergangenheit liegen – etc.

Responsive Design: Wie bei Ihrer Website ist auch bei einem Mentoringportal ein responsive-Design wichtig. Also ein Portallayout, dass sich verschiedenen Bildschirmgrößen wie Laptop, Pad und Smartphone anpasst.

### 2.3.3 App

Zusätzlich zum responsiven Design ist auch eine App für Teilnehmende, als Ergänzung zum Mentoringportal sinnvoll. Eine (native) App bietet weitere Vorteile. Da die meisten Apps ein anderes Loginverhalten als Webportale haben, muss man sich bei Apps meistens nur einmal anmelden.

Auch kann eine App auf Funktionen Ihres Smartphones, wie z. B. den Kalender, zugreifen. Damit kann eine App Sie z. B. aktiv über einen Mentoringtermin oder den Start eines neuen Programms benachrichtigen. Achten Sie darauf, dass die App für die meistgenutzten mobilen Betriebssysteme (Android, iOS) verfügbar ist.

Gerade bei den jüngeren Teilnehmenden ist das allgemeine Nutzungsverhalten stark auf das Smartphone fokussiert.

### 2.3.4 Sicherheit

Neben der bereits erwähnten Zugangs- und Zugriffskontrolle sind Verschlüsselungen von zentraler Bedeutung. Dies betrifft sowohl die Transport- als auch die Datenspeicherungsverschlüsselung.

Ein übliches Mittel zur Prüfung der Sicherheit sind Penetrationstests, die von diversen Unternehmen angeboten werden. Achten Sie darauf, dass die Software regelmäßig einem solchen Test unterzogen wird.

### 2.3.5 Kommunikation

Wie kommunizieren Sie zwischen Mentees/Mentor*innen und den Koordinatorinnen, bzw. auch innerhalb des Mentoringpaares? Dazu stehen Ihnen verschiedene Wege offen:

E-Mails (außerhalb des Systems): Wenn Sie ihren klassischen E-Mail-Account zum Informationsaustausch nutzen, dann fehlt Ihnen als Koordinator*in die Verbindung zum Mentoring(management)system. Insbesondere wenn Sie im Team arbeiten, müssen Sie durch E-Mail-Verteiler und cc selbst dafür sorgen, dass alle Kolleg*innen auf dem aktuellen Stand der Kommunikation sind. Für den Dialog zwischen Mentee und Mentor*in ist die E-Mail-Kommunikation außerhalb des Systems gut geeignet, solange die wichtigen Inhalte (Zielerreichung, Mentoringtagebuch, etc.) im Portal gepflegt werden.

E-Mails (im Mentoringportal): In dieser Variante erfolgt der Versand von E-Mails aus dem Mentoringportal. Das hat große Vorteile. So können Sie eine Historie aller E-Mails führen. Das ermöglicht allen Koordinator*innen einen raschen Überblick. Zudem können auch eventgesteuert E-Mails vom System verschickt werden. (Beispiele sind hier: Teilnahmebestätigung, Notifikation wenn gematcht worden ist, Einladung zu Terminen, etc.). In diesem Fall ist es hilfreich, wenn personalisierte Templates möglich sind; wie bei einer Serienbriefvorlage, werden die Texte dann mit der richtigen Anrede, Signatur und Parametern (z. B. Angaben zum konkreten Termin bei einer Terminbestätigung) individuell ergänzt. Die E-Mail als „schriftliche" Bestätigung hat bei vielen Menschen noch einen hohen Stellenwert.

Nachrichtensystem: Auch ein internes Nachrichtensystem im Mentoringportal ist ein valider Kommunikationsweg. Es hat allerdings den Nachteil, dass man aktiv nachsehen muss, bzw. für Pushnachrichten eine App benötigt. Funktional ist es mit den oben beschriebenen News-Funktionen. Ein Newsmodul kann daher auch zur Kommunikation zwischen Teilnehmenden und Koordinator*innen und innerhalb der Mentoringpaare genutzt werden.

### 2.3.6 Import- und Exportmöglichkeiten

Import: Gerade zu Beginn der Digitalisierung ist es oft notwendig, vorhandene Daten zu importieren, z. B. Listen von aktuellen Mentees und Mentor*innen, damit diese nicht all ihre Daten neu erfassen müssen. Auch später gibt es Situationen in denen eine Importfunktion hilfreich ist. Wenn Sie z. B. Teilnahmebestätigungen aus externen Seminaren ins Mentoringportal übernehmen wollen.

Export: Manchmal werden die Daten aus dem Mentoring(management)system auch außerhalb benötigt. Z. B. wenn man den Vorgesetzen eine Liste vorlegt, oder spezielle Auswertungen in Excel erstellt. Dazu braucht man die Möglichkeit, Daten einfach und strukturiert zu exportieren. Dabei haben sich einfache und leicht weiterzuverarbeitende Formate wie CSV etabliert. Das ist zwar technisch nicht die beste Lösung, dafür auch für Nicht-IT'ler einfach in der Weiterverwendung und zudem flexibel.

### 2.3.7 Schnittstellen

Ist ein regelmäßiger Austausch von Daten mit anderen Systemen (der Koordinator*innen) notwendig, kann eine Schnittstelle zwischen den Systemen sinnvoll sein. Damit hier keine großen Kosten auf Sie zukommen, achten Sie darauf, dass Ihr Mentoringportal moderne Schnittstellentechnologien wie Webservices unterstützt.

### 2.3.8 Skalierbarkeit

Es gibt Umstände und Ursachen wegen derer die Last auf Ihr Mentoringportal ansteigen kann. Ihre Lösung muss dies auch verkraften.

Ausweitung der Teilnehmerzahlen: Es gibt Mentoringprogramme, die auf Wachstum ausgelegt sind. Damit steigt die Zahl der Teilnehmenden. Wie im Kapitel Matching erläutert, ist das Wachstum der Matchingmöglichkeiten überproportional. Prüfen Sie daher am Anfang, ob das System diesem Wachstum auch standhält.

Multiprojekt: Dieser Wachstums- und Skalierungsbedarf wurde bereits im Abschn. 3.15 erläutert.

Neue Durchgänge: Ähnliche wie mehrere Projekte muss das Mentoringportal auch mit mehreren Durchgängen umgehen können. Es kommt durchaus vor, dass eine neue Mentoringrunde startet bzw. beworben wird, bevor die aktuelle abgeschlossen ist.

Ansammlung historischer Daten: Betrachtet man es zeitlich aus der anderen Richtung, so sind auch die „alten" Durchgänge/historischen Daten wichtig (z. B. für das Alumnidevelopment). Daher lohnt es sich auch festzulegen, wie weit zurück diese Daten im System verbleiben sollen.

### 2.3.9 Mehrsprachigkeit

Selbst wenn Sie es heute vielleicht noch nicht zwingend brauchen, achten Sie darauf, dass Ihr Mentoringportal Mehrsprachigkeit unterstützt.

Dazu gehören:

- Die Oberflächentexte des Portals (und der App)
- Texte von Auswahllisten etc.
- E-Mail-Templates

Dabei sollten die Texte von Ihnen selbst verändert werden können. Damit Ihr Portal auch die Sprache Ihres Mentoringprogramms (Flavor) spricht.

### 2.3.10 Prozessabbildung

Die visuelle Abbildung des individuellen Prozesses (analog Abb. 2.1 Prozessübersicht) im Mentoringportal zeigt allen Beteiligten (insbesondere den Teilnehmenden), wo man im jeweiligen Mentoringprogramm gerade steht. Für alle ist es wichtig, den aktuellen Status zu kennen und zu wissen was die nächsten Schritte sind. Dies ist ein wichtiger Beitrag für Transparenz und Orientierung.

# 3 Digitalisierung und Datenschutz

Markus J. Schwalb

Datenschutz ist nicht erst seit der DSGVO ein wichtiges und obligatorisches Thema und keines, das spezifisch nur das Mentoring oder das Matching betrifft. Es ist in Projekten immer relevant, daher werden hier einige Aspekt näher betrachtet. Für allgemeine Themen ziehen Sie aber bitte die gängige Datenschutzliteratur und die offiziellen Internetseiten der Behörden heran.

## 3.1 Es wird besser, nicht schlechter

Ohne näher auf die technische Infrastruktur einer Matchingsoftware einzugehen, steht unabhängig davon am Anfang die Frage nach dem Datenschutz – so im besten Fall. Leider kommt es aber nicht selten zu einer ablehnenden Haltung dem Datenschutz gegenüber bzw. wird komplett vergessen oder ignoriert.

Die gute Nachricht ist: Eine Systemeinführung kann die Erfüllung der Datenschutzanforderungen verbessern. Das ist die bisherige Erfahrung aus unzähligen Projekten und trifft immer dann zu, wenn man sich vorher nicht damit beschäftigt hat. Mit einer

Dies ist kein juristischer Ratgeber sondern ein Hinweis auf wichtige Datenschutzthemen

**Elektronisches Zusatzmaterial** Die elektronische Version dieses Kapitels enthält Zusatzmaterial, das berechtigten Benutzern zur Verfügung steht. https://doi.org/10.1007/978-3-658-33442-0_3

M. J. Schwalb (✉)
Matorix GmbH, Edling, Deutschland
E-Mail: markus.schwalb@matorix.de





S. Pflaum und M. Schwalb (Hrsg.), *Der Kompass zum digitalen Mentoring & Coaching*, https://doi.org/10.1007/978-3-658-33442-0_3

Systemeinführung ist spätestens die Zeit gekommen darauf einzugehen, sich zu informieren und entsprechend zu handeln. Die Verbesserung beginnt.

An dieser Stelle möchte ich mit einem kleinen Exkurs beginnen und ein weit verbreitetes Missverständnis ausräumen. Datenschutz wird vielfach automatisch mit dem Begriff Software verknüpft in dem Sinne, dass nur eine Software in Bezug auf den Datenschutz bestimmte gesetzliche Bestimmungen erfüllen muss. Das ist so aber nur die halbe Wahrheit. Die DSGVO gilt für die analoge Welt von Papier und Bleistift genauso. Auch bei papiergebundenen Fragebögen müssen die Bestimmungen des Datenschutzes gelten: Wie werden diese Bögen gelagert? Wann werden sie vernichtet? Welche Daten werden weitergegeben? usw.

Werden die Daten vielleicht in Excellisten gespeichert, mit Kolleg*innen geteilt oder per E-Mail versendet? Haben die Teilnehmende ihre Zustimmungen gegeben? Existiert ein Prozessverzeichnis und ggf. ein Auftragsverarbeitungsvertrag? Meistens wurde ein Großteil der Themen instinktiv und unbewusst richtig gelöst. Viele Verantwortliche sind (erschrocken) froh, auf das Thema aufmerksam gemacht zu werden.

## 3.2 Einbindung der richtigen Bereiche

Das Kapitel Datenschutz ist kein juristischer Ratgeber, sondern eine Hilfestellung zu einem relevanten Thema. Binden Sie so früh wie möglich Ihren Datenschutzbeauftragten und Ihre juristische Fachstelle mit ein. Ohne die Zustimmung dieser Fachbereiche werden Sie i. d. R. keinen Vertrag mit einem Softwareanbieter abschließen.

## 3.3 Hilfestellungen

Beschränken Sie sich bei der Datenerhebung auf die Daten, die Sie für Ihr Mentoringprogramm wirklich benötigen.

### 3.3.1 Datenreduktion

Sie sollten hingegen auf jeden Fall vermeiden, Daten zu sammeln. Das fällt oft schwer, naturgemäß liegt das Sammeln vielen im Blut. Und ja es ist mühsam sich bei jedem Datum zu fragen, ob und wozu man es braucht. Im Abschn. 1.4 haben wir ein Hilfsinstrument bzgl. Daten vorgestellt, das lässt sich leicht um eine Spalte erweitern.

### 3.3.2 Transparenz

Teilen Sie den Teilnehmenden Ihres Mentoringprogramms mit, wofür ihre Daten genutzt werden, welche Daten Sie an wen weitergeben (z. B. Matchingpartner) und wie lange Sie diese speichern. Neben der gesetzlichen Anforderung an die Offenlegung ist es eine vertrauensschaffende Maßnahme, wenn Sie die Teilnehmenden entsprechend informieren.

### 3.3.3 Löschen der Daten von Teilnehmenden

Beim Löschen sind zwei grundliegende Szenarien zu unterscheiden:

- Erstens, eine Person wünscht das sofortige Löschen ihrer Daten.
- Dafür muss in der Software eine entsprechende Löschfunktion integriert sein.
- Zweitens, der Umgang mit der Aufbewahrung, Archivierung und der zugehörigen Routinelöschung. Nicht nur im Sinne des Datenschutzes, auch aus operativer Sicht sollten „Karteileichen" vermieden werden. Dies wird am Anfang aber oft vernachlässigt. Zu Beginn der Datenerfassung befinden sich Karteileichen, ungenutzte Accounts und alte Profilbögen noch in weiter Ferne. Softwaresysteme ermöglichen dabei einen cleveren Umgang mit dem Phänomen des Ansammelns. So können Sie automatisiert die Teilnehmenden fragen, ob sie weiter „dabei sein wollen". Je nach Antwort können Sie dann die entsprechenden Daten weiterführen oder löschen.

Bitte beachten Sie beim Löschen, dass Sie ggf. auch Aufbewahrungsfristen für Daten haben.

## 3.4 Fazit/Checkliste

| Fazit / Checkliste | |
|---|---|
| Keine Angst vor dem Thema Datenschutz | ☐ |
| Datenschutzbeauftragten und Jurist*in einbinden | ☐ |
| Auftragsverarbeitungsvertrag abschließen | ☐ |
| Daten auf das Benötigte reduzieren | ☐ |
| Datengrab vermeiden | ☐ |
| Transparenz herstellen | ☐ |

# 4 Vorgehen bei der Einführung einer Digitalisierungsplattform

Markus J. Schwalb

Im nachfolgenden werden nur explizit wichtige Punkte, sowie -Besonderheiten des Mentorings näher erläutert. Des weiteren verweise ich auf entsprechende Fachliteratur zu Projektmanagement, Projekteinführung, Changemanagement, Agile Methoden etc.

Um ein Mentoringprogramm zu digitalisieren, muss eine Mentoring(management) Plattform eingeführt werden. Sie haben damit gleichzeitig ein IT-Projekt und einen Changeprozess (außer sie fangen wirklich bei Null an. Und auch dann haben Sie es vermutlich mit Veränderungen in Ihrem bisherigen Arbeitsumfeld zu tun.) und daher strenggenommen erstmal zwei Zusatzaufgaben auf Ihrer Agenda. Schauen wir uns diese beiden Aufgaben einmal näher an:

**Elektronisches Zusatzmaterial** Die elektronische Version dieses Kapitels enthält Zusatzmaterial, das berechtigten Benutzern zur Verfügung steht. https://doi.org/10.1007/978-3-658-33442-0_4

M. J. Schwalb (✉)
Matorix GmbH, Edling, Deutschland
E-Mail: markus.schwalb@matorix.de



S. Pflaum und M. Schwalb (Hrsg.), *Der Kompass zum digitalen Mentoring & Coaching*, https://doi.org/10.1007/978-3-658-33442-0_4

## 4.1 Das IT-Projekt

An dieser Stelle möchte ich gleich zu Beginn mit einem Irrglauben aufräumen. Mit dem Erwerb einer Softwarelizenz stehen Sie erst am Anfang Ihres IT-Projektes und nicht an dessen Ende. Um eine neue Software in Ihrem Unternehmen erfolgreich zu implementieren, gehören auch folgende Schritte dazu:

- Planung
- Umsetzung/Test
- Einführung
- Schulung
- Betrieb
- Kontinuierliche Weiterentwicklung

Planung: Legen Sie fest, welche Anforderungen Sie an eine Software haben. Definieren Sie den Funktionsumfang und überlegen Sie, wie sich dieser mit dem ausgewählten Softwareprodukt umsetzen lässt.

Umsetzung: Diese führt schwerpunktmäßig Ihr Softwaredienstleister durch. Doch Sie müssen die Software auf Herz und Nieren testen. Dabei ist es wichtig, nicht nur den Normalfall durchzuspielen, sondern auch alle Besonderheiten (z. B. Was passiert mit Personen, die ein Mentoring abbrechen?). Gute Dienstleister unterstützen Sie hier mit einer Testkonzeptvorlage.

Einführung: Für eine erfolgreiche Einführung der Software sind auch begleitende Aufgaben gut vorzubereiten und im Auge zu behalten. Wer braucht Zugang zum System? Wie werden die Teilnehmenden über das neue System informiert? Wann startet es? Welches Informationsmaterial muss erstellt werden? Welche Termine und Fristen sind hierbei zu beachten?

Die Software ist einsatzbereit und Sie stellen sich die Frage: Wie geht's weiter? Das sollte nicht passieren.

Schulungen: Nicht nur Sie als Koordinator*in sollten eine erhalten. Planen Sie auch Schulungen ein für weitere Nutzende, wie z. B. Mitarbeiter*innen oder die Teilnehmenden. Überlegen Sie sich, mit welchem Informationsset (Handbuch, Tutorials, FAQ's, …) Sie Ihre Klientel versorgen möchten. Auch jede noch so intuitive Software benötigt begleitendes Material. Folgende Punkte sind hilfreich bei der Wahl des Informationsweges:

- Menschen lesen ungerne längere Erklärungen oder Anleitungen. Das beste Handbuch nützt Ihnen nichts, wenn es nicht gelesen wird. Kurze Texte wie FAQ's mit entsprechenden Suchfunktionen haben eine Daseinsberechtigung.

- Videotutorials hingegen gewinnen an Bedeutung und werden erfahrungsgemäß genutzt. Was für den Konsumenten bequem ist, bedeutet für Sie aber viel Aufwand in der Erstellung. Ein Investment, das sich dennoch lohnt, da durch die Tutorials signifikant weniger Fragen auftreten werden.
- Wägen Sie ab, wie viel Zeit Sie in welches Material stecken wollen. Wie ist das erwartende Verhalten Ihrer Nutzenden? Welchen Aktualisierungsaufwand haben Sie dabei?

| Medium | Geeignet für | Aufwand | Vorteil | Nachteil |
|---|---|---|---|---|
| **Handbuch** | Interne Nutzung | Hoch | Eine Beschreibung Ihrer internen Abläufe erleichtert die Einarbeitung neuer Mitarbeiter. Zudem ist es als Nachschlagewerk hilfreich. | Für Teilnehmende nicht geeignet, da diese ungerne in Handbüchern nach Lösungen suchen. |
| **FAQ** | Alle | Gering | Mit Su chfunktion kommt man schnell zu einer Lösung. | Nicht alle Sachverhalte lassen sich gut und knapp als FAQ darstellen. |
| **Online Hilfe** | Alle | Mittel | Hilfe-Informationen gezielt dort platziert, wo sie benötigt werden. | Es gibt nicht für alle Themen einen richtigen Platz. |
| **Videotutorials** | Alle | Hoch | Erklärung in Wort und Film sind zielführend und werden gut aufgenommen. Hoher Lernwert. | |

Betrieb: Wie geht es nach dem Start weiter? Auch auf diese Frage sollten Sie vorbereitet sein. Klären Sie, auf welchen Wegen Ihre Teilnehmenden sich an Sie wenden können bzw. sollen und welche Supportmöglichkeiten Ihnen Ihr Softwarepartner bietet.

Sie müssen kein Digital Native sein, um all diese Aufgaben erfolgreich zu meistern.

- Nutzen Sie die Informationen aus dem Buch.
- Haben Sie keine Scheu, Fragen zu stellen. Ihr Dienstleister wird Ihnen alles erklären, das gehört zu den Aufgaben eines guten Dienstleisters.
- Suchen Sie sich einen Dienstleister mit Erfahrung
- Suchen Sie den Austausch mit Gleichgesinnten/Referenzen

Kontinuierliche Weiterentwicklung: Haben Sie die Software schließlich eingeführt wird es passieren, dass neue Anforderungen, Verbesserungsvorschläge und/oder Ideen zur Erweiterung an Sie herangetragen werden. Sprechen Sie mit Ihrem Dienstleister darüber, oft sind es Impulse der Kunden, die zu Innovationen führen die Ihnen das Leben anschließend leichter machen.

Gute Softwarepartner bieten auch eine kontinuierliche Verbesserung ihrer Produkte an, achten Sie bei der Auswahl Ihres Partners darauf.

## 4.2 Der Changeprozess

Jede Digitalisierung ist mit Veränderungen verbunden. Dabei sind Ängste und Bedenken natürliche Begleiter. Hier ist ganz besonders wichtig, die eigentliche Digitalisierung mit den Maßnahmen des Changemanagements zu begleiten. Bedenken und Ängste äußern sich durch eine ablehnende Haltung und finden sich in Aussagen wieder wie:

- Das war früher besser!
- Ich kann das besser!
- Die menschliche Komponente geht verloren!
- Warum brauchen wir das?
- Es funktioniert nicht!

Doch was steckt hinter derartigen Aussagen?

Als erster Punkt sei die allgemeine Skepsis vor Veränderungen genannt. Was passiert durch eine Neuorientierung? In einer stets gleichbleibenden Welt ist die Zukunft vorstell- und planbar. Doch was bedeutet die Digitalisierung konkret für den Arbeitsalltag der betroffenen Person? Eine ungewisse Zukunft kann Angst machen und zur Ablehnung führen.

Sehen Sie die Digitalisierung als Chance. Letztendlich haben Sie es in der Hand, ob Sie die Digitalisierung Ihres Arbeitsalltags aktiv vorantreiben, oder passiv als Zuschauer verharren – und somit Potenzial für die Gestaltung der Zukunft verschenken.

## 4.3 Ausgangssituation

Bei der Digitalisierung ist es ein Unterschied, ob Sie ein bestehendes Mentoringprogramm digitalisieren oder ein neues Programm gleich digital einführen.

**Bestehendes Mentoringprogramm digitalisieren**

Bei der Digitalisierung bestehender Mentoringprogramme passiert hin und wieder, dass Koordinator*innen Angst um ihren Job bekommen. Gedanken wie „Das Mentoring(management)System wird mich ersetzen," blockieren die Arbeit der

Verantwortlichen. Ein möglicher Verlust des Arbeitsplatzes weckt eine reflexartige Ablehnung.

Das Gegenteil ist der Fall. Die Digitalisierung ist eine Investition in die Zukunft des jeweiligen Mentoringprogramms und sichert damit den Fortbestand. Was sich ändert, ist der Aufgabenschwerpunkt. Die Arbeit wird interessanter, zeitaufwändige und monotone Routineaufgaben werden reduziert. Ein positiver Blick auf die berufliche Zukunft.

Eine weitere Besonderheit ist, dass Sie sich möglicherweise von gewohnten Arbeitsabläufen verabschieden müssen, weil nicht alle 1:1 elektronisch umsetzbar sind. Je nachdem, welche Softwarelösung Sie einsetzen wollen, Änderungen wird es geben. Das können Sie nur durch eine Eigenentwicklung der Software verhindern – wovon dringend abgeraten wird. Damit steigen Sie nicht nur dauerhaft noch in das Gebiet der Softwareentwicklung ein, sondern müssen sich auch um die Pflege und Weiterentwicklung kümmern. Zudem benötigen Sie langfristig enorme finanzielle Mittel. Die Annäherung an ein Softwareprodukt bringt gleich mehrere Chancen mit sich. So hinterfragen Sie die Notwendigkeit von Dingen, die sich nicht umsetzen lassen und trennen sich von Prozessen oder wandeln diese ab. Es ist eine Möglichkeit auch mal zu „entrümpeln", zu prüfen und neue Impulse aufzunehmen. Professionelle Lösungen bringen im Gegenzug auch Neues mit sich.

**Neues Mentoringprogramm digital einführen**

Wenn Sie ein neues Mentoringprogramm digital einführen, sind Sie frei von Altlasten. Sie können also ungehinderter agieren, als wenn Sie ein bestehendes Programm umwandeln müssen. In dieser Freiheit gilt es, sich zu fokussieren und mit den richtigen Schritten zu beginnen. Die nachfolgenden Kapitel zeigen Ihnen Wege dafür auf.

Die Neueinführung lässt sich gedanklich in zwei Projekte unterteilen: Die Einführung Ihres Mentoringprogramms und die Digitalisierung. Nach außen sichtbar ist diese Zweiteilung natürlich nicht. Für alle Mitwirkenden (Planende und Durchführende) ist es aber hilfreich, sich dieser Dichotomie bewusst zu sein. So gibt es inhaltliche und digitale Aufgaben im Projekt, mit unterschiedlichen Ansprechpartnern, die klar benannt werden sollten.

## 4.4 Think big – start small

Die große Gefahr bei einem neuen Vorhaben ist immer, dass man sich vor lauter Ideen und Möglichkeiten das Projekt am Anfang zu sehr aufbläht. Es ist nicht verkehrt an das Große-Ganze zu denken, im Gegenteil. Think Big! Machen Sie sich auf einer high-level Ebene Gedanken über den möglichen Gesamtumfang, aber verlieren Sie sich nicht in allen Details und allen Möglichkeiten.

So schaffen Sie einen Ansatz, der schnell zu einem Nutzen führt.

Das Big Picture: Schaffen Sie sich einen Ausblick über den Gesamtumfang, den Sie langfristig erreichen wollen. Dazu gehört grundsätzlich auch Zukunftsszenarien zu

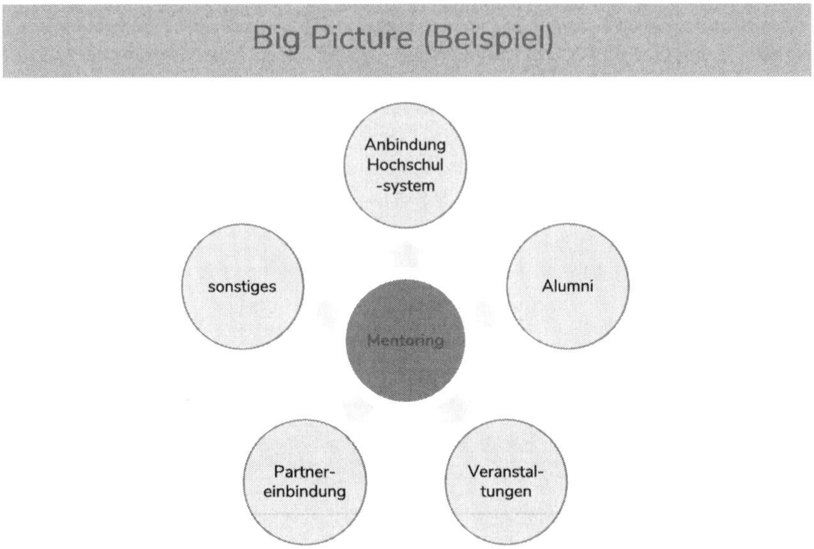


**Abb. 4.1** Big Picture

entwerfen, die heute (noch) als unrealistisch gelten. Diese Ideen müssen später nicht (alle) umgesetzt werden. Um Barrieren im Kopf abzubauen und Ideen zu generieren ist es aber hilfreich, derartige perfekte Bilder zu konstruieren.

Sie Abb. 4.1 als Beispiel.

Darüber hinaus gehen Sie beim Kernmodul, dem Mentoring, eine Ebene tiefer. Dabei können Sie sich zunächst am Bild (Abb. 2.1 Prozessübersicht) aus Kap. 2 orientieren.

Im nächsten Schritt nähern wir uns von einer anderen Seite. Was muss das System für eine sinnvolle Einführung mindestens können (Startset)? Was sind die Mindestanforderungen, um starten zu können – start small? (s. Abb. 4.2)

Ziel dieses Vorgehens ist,

- einen Start zu ermöglichen, ohne sich am Anfang zu verzetteln
- schnell einen Nutzen zu erzielen
- den Fokus auf das Wesentliche zu setzen
- sich Perspektiven offen zu halten.

Wenn Sie diese Festlegungen, Ihr Big Picture und das Startset definiert haben, dann fangen Sie an. Sammeln Sie erste Erfahrungen und entwickeln Sie Ihr System Schritt für Schritt agil weiter.

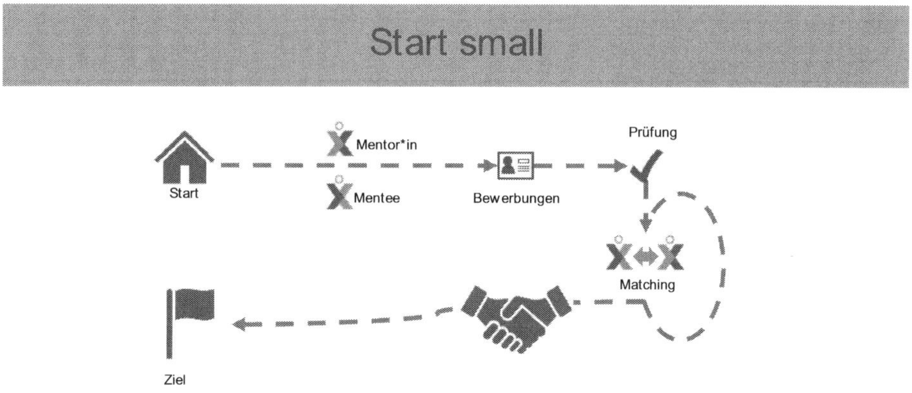


**Abb. 4.2** Beispiel: Start small

Im Kapitel Multiprojektmanagement wurde bereits auf die gleichzeitige Nutzung eines Softwaresystems für verschiedene Mentoringprogramme hingewiesen. Auch bei der Einführung bzw. Digitalisierung von mehreren Programmen ist eine schrittweise Vorgehensweise sinnvoll. Priorisieren Sie die Programme nach Dringlichkeit, zeitlichen Faktoren, Außenwirkung, etc. um ein geeignetes Pilotprogramm zu identifizieren. Läuft dieses gut an, können Sie die anderen Programme ebenfalls schnell digitalisieren.

## 4.5 Agiles Vorgehen[1]

Agiles Vorgehen ist zu Recht **der** Trend im Projektmanagement geworden. Auch für die Einführung eines Mentoring(management)systems hat sich diese Methode bewährt. Zudem passt sie ideal mit dem „Think big, start small" Ansatz zusammen.

Es funktioniert besonders einfach, wenn Ihre Einführung mit einem bestehenden Softwareprodukt/-lösung erfolgt. Nach den Überlegungen aus dem vorherigen Kapitel, gehen Sie nun Ihr Startset wieder Schritt für Schritt durch.

Notieren Sie die notwendigen Anpassungen und Einstellungen an der Software und teilen Sie diese Ihrem Dienstleister mit. Dieser wird – nach Rücksprache mit Ihnen – eine entsprechende Lösung erarbeiten und diese Ihnen anschließend zum Testen bereitstellen.

So bekommen Sie schnell einen Eindruck, ob die Entwicklungen Ihren Vorstellungen entsprechen. Zudem können Sie sofort einen Nutzen erzielen. Wenn Sie beispielsweise mit der Erfassung der Daten durch die Teilnehmenden starten, können Sie nach der Fertigstellung dieses Schrittes, direkt das Modul für die Teilnehmenden freischalten.

[1] Agiles Vorgehen hier detailliert auf wenigen Seiten zu erklären ist nicht möglich. Daher werden nur einige Aspekte aufgezeigt. Auf die Verwendung der speziellen agilen Terminologie wird hier bewusst verzichtet.

Sie sparen dadurch Zeit und bekommen auch unmittelbar ein erstes Feedback von Ihren Usern. Während also die Teilnehmenden bereits ihre Daten erfassen, können Sie in gleicher Weise erst die Prüfung und später das Matching implementieren, usw.

Sicherlich ist es zunächst ungewohnt, mit einer „unfertigen" Lösung zu arbeiten, permanent testen zu müssen und ständig involviert zu sein. Im Gegenzug sehen Sie aber die erzielten Fortschritte und lernen Ihre Software gut kennen. Sie sind Teil des Entstehungsprozesses.

Ein weiterer Grund für das agile Vorgehen ist, dass es fast unmöglich ist, den gesamten Funktionsumfang mit allen Sonderfällen auf einmal detailliert zu spezifizieren. Insbesondere wenn man wenig Erfahrung mit der Anforderungsspezifikation hat.

Verabschieden Sie sich von den Gedanken, auf dem Reißbrett alles vorab zu planen und festlegen zu müssen – eine sich schnell verändernde Umwelt verlangt nach anderen Vorgehensweisen. Ihr Mentoringprogramm wird sich weiterentwickeln, die technischen Möglichkeiten und der Zeitgeist schreiten voran und der agile Ansatz unterstützt Sie dabei.

Sie profitieren von Ihren eigenen Erfahrungen, wenn diese später einfach und agil eingearbeitet werden.

Fazit: Sie haben kaum eine andere Chance, außer agil, erfolgreich zu sein.

## 4.6 Der richtige Digitalisierungspartner

Für die Digitalisierung brauchen Sie einen Digitalisierungspartner. Jemanden, der Ihnen hilft, die fachlichen Anforderungen technisch richtig umzusetzen. Was zeichnet einen guten Partner aus?

1. Fachliche Kompetenz: Sie brauchen jemanden, der Sie und Ihr Programm versteht. Im konkreten Fall einen Partner, der sich mit Mentoring bzw. Coaching auskennt und Erfahrung hat.
2. Technische Kompetenz: Der Digitalisierungspartner muss das gewünschte Softwareprodukt beherrschen und zugleich ein erfahrener Berater der Umfeldtechnologien sein.
3. Hohe Fertigungstiefe: Je mehr Eigenleistung vom Partner kommt umso besser. Je mehr Subpartner integriert werden desto schwieriger gestaltet sich die Zusammenarbeit, da die Punkte 1 und 2 nicht mehr als gebündelte Kompetenz schnell abrufbar sind.
4. Flexibilität: Achten Sie auf die Flexibilität Ihres Partners und insbesondere des Produktes, welches Ihre Partner mit Ihnen einführt.
5. Weiterführende Betreuung nach der Implementierung: Suchen Sie sich einen Partner, der Sie langjährig begleitet. So bleibt wertvolles Knowhow erhalten. Zum Glück wurden die Vorteile (auch die finanziellen) der Kontinuität wiederentdeckt.
6. Erfahrung: Achten Sie auf die Erfahrung Ihres Partners im gewünschten technischen und fachlichen Umfeld. Sind vergleichbare Referenzen vorhanden?

## 4.7 Einführungshürden

In den meisten Fällen läuft nicht alles von Anfang an so, wie man es sich wünscht.

Menschlich: Diesen Hürden sind wir schon im Kapitel Changemanagement begegnet. Nehmen Sie den Beteiligten die Ängste und sorgen Sie für eine klare Kommunikation.

Finanziell: Achten Sie auf eine solide Finanzierung. Halten Sie Mittel für Änderungen bereit, an die Sie im ersten Moment nicht gedacht haben. Zudem ist es hilfreich auch nach der Einführung ein Budget für kleine Anpassungen zu haben.

Organisatorisch (organisations-interne Prozesse): Von der Idee des digitalen Mentoringmanagements bis zur Einführung sind oft viele zusätzliche interne Prozesse zu durchlaufen. Erkundigen Sie sich rechtzeitig, wer alles eingebunden werden muss und welche internen Formalitäten dabei einzuhalten sind.

Make or lease (buy): Generell hat man die Optionen, entweder auf ein bestehendes Softwareprodukt zurückzugreifen oder eines selbst zu entwickeln. Ersteres setzt natürlich voraus, dass es eine Lösung am Markt gibt. Für Mentoring(management)systeme kann man das glücklicherweise bejahen. Der größte Fehler bei einer Eigenentwicklung ist, dass die Folgen oft nicht bedacht werden. Mit der Programmierung der Software ist es nicht getan. Sie muss auch betrieben und gepflegt werden. Dazu müssen auch langfristige Finanzierungsbudgets gegeben sein. Leider sterben viele Eigenentwicklungen in diesem Umfeld z. B. mit auslaufenden Fördermitteln. Wenn Sie hingegen eine Software mieten (idealerweise als SAAS), dann haben Sie planbare Kosten, klare Leistungen und immer den neusten Stand.

Juristisch: Juristische Hürden treten meistens in der Vertragsphase auf. Letztlich lösen sich auch diese Hürden meistens in Wohlgefallen auf. Sie sind sehr häufig für Zeitverzug verantwortlich. Daher diesen Bereich so früh wie möglich einbinden.

Mengengerüst: Manche Digitalisierungen starten nicht, weil die Ansicht im Raum steht, für geringe Teilnehmerzahlen lohne sich ein Mentoring(management) system nicht. Was der generellen Frage nach der Mindestteilnehmerzahl gleichzusetzen ist. Eine Frage die nicht pauschal beantwortet werden kann. Sie hängt von vielen Faktoren (Anzahl beteiligter Organisationen, Fluktuation der Mitarbeiter*innen, Komplexität des Mentoringprogramms, ...) ab. Es gibt jedoch durchaus Beispiele von Mentoringprogrammen ab 10 Teilnehmenden, die einen Vorteil darin für sich gefunden haben. An dieser Stelle sei auch erwähnt, dass ein professionelles Mentoringportal auch ein Aushängeschild ist.

## 4.8 Fazit/Checkliste

| Fazit / Checkliste | |
|---|---|
| Betrachten Sie Digitalisierung als Chance. | ☐ |
| Fokussieren Sie sich zunächst auf Ihren Kernprozess. | ☐ |
| Achten Sie auf die Flexibilität der Lösung. | ☐ |
| Profitieren Sie von der Erfahrung anderer (Referenzen und Realisierungspartner). | ☐ |
| Setzen Sie bei der Lösung auf Professionalität. | ☐ |

# 5 Coaching ist Kommunikation: Welche zwischenmenschlichen Themen in der digitalen Ära für das Coaching immer wichtiger werden und worauf es bei virtueller Beratungskommunikation ankommt

Sebastian Pflügler

Der wichtigste Erfolgsfaktor im Coaching ist die Beziehung zwischen Coach und Coachee. Diese Beziehung beruht einerseits auf der Fähigkeit des Coaches den Klienten in seinem Anliegen zu unterstützen, indem er hilfreiche Denkangebote gibt, sowie andererseits auf der Belastbarkeit der Beziehungsebene, die auch kritische Reibung aushalten muss. Für den virtuellen Kontext gilt dies gleichermaßen. Doch was sind die Themenfelder, die für Geschäftsführer und Mitarbeiter von Unternehmen im digitalen Zeitalter immer wichtiger werden und welche Kompetenzen braucht es in Zukunft, um eine belastbare Beziehungstiefe auch im virtuellen Kontext sicherzustellen und digitales Coaching zum Erfolg zu führen? Darum soll es in diesem Beitrag gehen, der sich vor allem als Unterstützungsangebot für praktizierende Coaches und Berater versteht.

Der Text beinhaltet Auszüge aus Pflügler 2020

**Elektronisches Zusatzmaterial** Die elektronische Version dieses Kapitels enthält Zusatzmaterial, das berechtigten Benutzern zur Verfügung steht. https://doi.org/10.1007/978-3-658-33442-0_5

S. Pflügler (✉)
München, Deutschland
E-Mail: mail@sebastian-pfluegler.com



S. Pflaum und M. Schwalb (Hrsg.), *Der Kompass zum digitalen Mentoring & Coaching*,
https://doi.org/10.1007/978-3-658-33442-0_5

## 5.1 Die zukünftigen Themenfelder des Coachings

Coaching ist eine Individualleistung, d. h. die Anliegen der Klienten sind immer unterschiedlich und der Klärungsprozess maßgeschneidert. Insofern mutet es zunächst etwas seltsam an, zukünftig stärker nachgefragte Themenfelder identifizieren zu wollen. Und doch weiß jeder praktizierende Coach, dass Umbrüche neue Themenkomplexe hervorbringen, die die Menschen überfordern und so Gegenstand von Coaching werden. Die Digitalisierung, beschleunigt durch die Coronakrise, ist seit jeher einer dieser Umbrüche, der aus meiner Sicht vor allem vier Themenbereiche als Gegenstand von Coaching relevant werden lässt. Vielleicht ist nicht jedes Thema komplett neu, in seiner Brisanz und zukünftigen Relevanz aber durchaus beachtenswert.

## 5.2 Das Empfinden von Verbundenheit

„Bringing people closer together": Dieser Versprechen hat Facebook und viele andere soziale Netzwerke sowie Medien wie Smartphones zumindest in quantitativer Hinsicht eingelöst. Wir kommunizieren heute mehr denn je, über die verschiedensten Kanäle zu jeder Tages- oder Nachtzeit. Dieses mehr an Quantität und möglichen Verbindungen hat aber nicht zu einem Mehr an Qualität und Verbundenheit geführt. So schnellen die Zahlen der Menschen, die sich einsam fühlen, seit Jahren in allen Altersgruppen nach oben, besonders stark in jener der Generation Y (Mental Health Foundation 2010, S. 22). Dies liegt zum einen an der sehr oberflächlichen und stark sachorientierten Kommunikation über virtuelle Medien, sowie an der Verschlechterung der analogen Beziehungsqualität durch Technologie wie Smartphones. So fanden Wissenschaftler der Virginia State University heraus, die die Gesprächsqualität zwischen Probanden beobachteten, dass, sobald ein Handy auf dem Tisch lag, das Gespräch als oberflächlicher und weniger empathisch beschrieben wurde. Fremde, die sich das erste Mal trafen, führten ohne Handy bessere Gespräche als langjährige Freunde mit Smartphone auf dem Tisch! Die Wissenschaftler nannten das den „iPhone-Effekt" (Misra et al. 2014, S. 275–298). Auch im beruflichen Kontext braucht es einen sehr bewussten Digital Leader, damit sich alle in verteilt oder hybrid arbeitenden Teams verbunden fühlen. Denn Verbindung besteht immer, Verbundenheit ist harte Arbeit. Gerade die Reflexion dieser Frage, wie ein Gefühl von Nähe trotz virtueller oder räumlicher Distanz hergestellt werden kann, wird in Zukunft immer wichtiger werden. Dabei muss der Coach es selbst schaffen Nähe und Vertrautheit im virtuellen Kontext mit dem Coachee herzustellen, damit dieser die eigenen Fallstricke und Probleme offen kommuniziert. Denn der virtuelle Kontext wirkt immer als Lupe: Was eine Führungskraft oder ein Mitarbeiter im Analogen kaum hinbekommt, potenziert sich im virtuellen Raum in negativem Maße. Wer sich als Führender oder Teamkollege schon im analogen schwer tut Nähe zu anderen Menschen aufzubauen, wird diese Hürde im digitalen Kontext noch schwerer überwinden können. Die Fähigkeit zur Herstellung von Verbundenheit, die zu einem gewissen Maße in jedem Team vorhanden sein muss, wird in Zukunft also noch mehr Thema in digitalen Coachings.

## 5.3 Das Verhandeln von und Versehen mit Bedeutung

Wir leben im Zeitalter der Daten und des Information-Overloads. 90 % der Daten im Netz sind in den letzten zwei Jahren entstanden. Und das hauptsächlich durch User-generated Content. Nehmen wir YouTube: Jede Minute werden auf YouTube 500 h Videocontent hochgeladen. In der Werbung das gleiche Bild: Bis zu 100.500 Wörter prasseln jeden Tag auf uns ein, gemäß einer Studie der Universität Kalifornien (Bohn und Short 2012, S. 980). Wir haben also eine Unmenge an Daten tagtäglich zu verarbeiten. Diese Daten alleine bedeuten jedoch recht wenig, denn der Datenstrom alleine führt nicht zu Weisheit oder Erkenntnis und überfordert uns bisweilen. Stellen Sie sich vor, ich würde Ihnen die Aufgabenstellung geben, qualitativ hochwertige Seiten im Netz zum Thema „Coaching mit VR Brillen" zu finden. Sie würden also anfangen zu googeln und wahrscheinlich die ersten paar Treffer als die relevantesten und qualitativ besten benennen. Klar, Sie haben ja auch kein anderes Indiz, sofern Sie nicht von Berufs wegen bereits in immersiven Lernumgebungen coachen. Was will ich damit sagen? Die gefundenen Seiten sind voll mit Daten und Informationen. Das hilft Ihnen aber für ihre Bewertung überhaupt nichts. Welche Bedeutung, in diesem Sinne welche Qualität, die Seiten haben, können Sie rein anhand der Daten nicht einschätzen. Denn dazu fehlt Ihnen das Wissen. Das heißt, Daten alleine sind bedeutungslos. Erst durch Wissen und das in Kontext setzen mit bisherigen Erfahrungen, beispielsweise dem Aufsuchen anderer Websites, bekommen sie Bedeutung. Um Bedeutung aus Daten zu generieren, müssen wir uns mit ihnen in Beziehung setzen. Das braucht Zeit und nicht selten einen Gesprächspartner, der als Reflexionsspiegel dient. Hierfür ist digitales Coaching, das im besten Fall in kürzester Zeit zur Verfügung steht, prädestiniert. Nicht selten besteht der Mehrwert von Coaching darin, das Erlebte des Klienten im Prozess mit Bedeutung zu versehen oder die bisherige subjektive Bedeutung des Coachees kritisch zu durchleuchten. Im Zeitalter der Daten wird digitales Coaching die Insel der Bedeutung sein, die Wesentliches von Unwesentlichem zu trennen vermag.

## 5.4 Das Herstellen von Harmonie

Nicht nur wenn man auf gesellschaftliche Diskurse schaut ist unverkennbar, dass die Gräben und Spannungen zwischen Menschen und Gruppen zunehmen. Gemäß dem Pew Research Center ist die amerikanische Gesellschaft so gespalten wie nie (De Thier 2019). Und auch in Deutschland lassen sich sechs unterschiedliche Gesellschaftsgruppen identifizieren, die sich zum Teil diametral gegenüberstehen (dieandereteilung.

de 2021). Was im gesellschaftlichen Kontext erkennbar ist, kann man auch im Unternehmenskontext wahrnehmen. In Zeiten ständigen Wandels, dauerhafter Unsicherheit und immer komplexerer Zusammenhänge, nehmen die innerbetrieblichen Spannungen zu. Exemplarisch seien hier zwei Beispiele benannt.

Einerseits die Spannungen durch neue Organisationsformen, wie bspw. die Einführung von Holokratie. Erfunden wurde das Konzept von Brian Robertson, der das Organisationsprinzip 2007 erstmalig in seinem eigenen Unternehmen Ternary Software anwandte und 2010 das Manifest zur Holokratie verfasste. Holokratie möchte die klassische Top-down-Hierarchie abschaffen. Klassische Führungskräfte, starre Abteilungen, Positionen und Titel sollen in diesem Modell der Vergangenheit angehören und durch Kreise und Rollen ersetzt werden. Soweit die Theorie. Wie kann nun ein solches Modell die Spannungen zwischen Mitarbeitern erhöhen? Eine solche Form der Organisationsgestaltung braucht eine stark ausgeprägte persönliche und kommunikative Reife der Mitarbeiter. Je mehr klassische, äußere Strukturen wegfallen oder durch Strukturen ersetzt werden, die auf die Selbstverantwortung des Einzelnen setzen, desto mehr müssen innere Strukturen beim Mitarbeiter vorhanden sein oder nachreifen. Hier werden die meisten Mitarbeiter aber alleine gelassen, statt durch Weiterbildungsangebote unterstützt zu werden. Wenn dann noch die Führungskraft als Steuerungselement mittels Hierarchie und Positionsmacht beispielsweise zur Moderation von Konflikten wegfällt, desto mehr müssen Mitarbeiter gelernt haben, diese Konflikte selbst zu führen. Das können allerdings die wenigsten in dem Ausmaß, wie es für solche Organisationsformen erforderlich wäre. Denn Persönlichkeitsentwicklung lässt sich nicht durch Strukturentwicklung ersetzen. Die Spannungen zwischen den Anforderungen der Organisation und den Fähigkeiten der Mitarbeiter nimmt zu.

Andererseits entstehen Spannungen durch unterschiedliche und neue Arbeitsweisen in Unternehmen. Ambidextrie heißt hier das Zauberwort und beschreibt die Co-Existenz zweier unterschiedlicher Betriebssysteme in modernen Unternehmen. Agile Abteilungen versuchen mögliche Zukunftsszenarien vorauszuahnen und testen ihre Produkte in der Rohfassung, sogenannten Prototypen, direkt am Kunden, um sofort umsteuern zu können, wenn sich ein eingeschlagener Weg als Sackgasse erweist. Die planbasierten Abteilungen arbeiten hingegen meist nach einem festen Plan mit definierten Rollen und Prozessen. Sie versuchen ein Standardgeschäft möglichst effizient und stabil sowie mit qualitativer Exzellenz abzubilden. In der Praxis führt das insofern häufig zu Spannungen, da die Prototypen der agilen Abteilungen meist zu fehleranfällig oder noch nicht ausgereift genug sind für die planbasierten Departments, was dazu führt, dass diese sie nicht oder nur sehr wenig nutzen. Durch diese fehlende Nutzung bekommen agile Einheiten aber keine Rückmeldung über Verbesserungsmöglichkeiten. Durch die starke Co-Abhängigkeit bei gleichzeitig widersprüchlicher Eigenlogik, entstehen Spannungen. Gleiches kann man in hybriden oder verteilten Teams beobachten. Virtuelle Kommunikation hat ein größeres Potenzial für Missverständnisse, da wichtiger Wirkfaktoren der Kommunikation wie Körpersprache oder Stimme bei schriftlichen Medien ganz fehlen und in Videotelefonaten häufig eingeschränkt sind. Auch die Gefahr einer

„Zweiklassengesellschaft“ zwischen den Mitarbeitern vor Ort im Office und jenen im Home-Office ist eine nicht zu unterschätzende Herausforderung für Mitarbeiter und Führungskräfte.

Die Spannungen nehmen also zu, sodass das Unterstützungsangebot von digitalem Coaching die Herstellung von Harmonie sein kann. Und zwar sowohl innerpsychisch beim Klienten als auch zwischen Organisationsmitgliedern. Das Harmonisieren von Widersprüchen, die Förderung der Akzeptanz von Andersartigkeit und das Etablieren von Teamkohärenz werden in Zukunft immer wichtigere Themenfelder von Coaching werden.

## 5.5 Die Förderung der inneren Ruhe

Wir leben im Zeitalter der inneren Gehetztheit. Wir verringern unsere Pausen, packen immer mehr Aktivitäten in kürzere Zeitslots, sind ständig Reizen von außen ausgesetzt und verlieren dadurch immer mehr den Zugang zu uns selbst (Rosa 2005, S. 135 ff., 199 ff.). Langeweile ist mittlerweile ein Fremdwort für viele Menschen geworden. Diese fehlende Langeweile führt jedoch zu fehlender Selbstreflexion und Selbstverbundenheit. Wer sich ständig neuen äußeren Reizen aussetzt, macht sich selten Gedanken über sein Innenleben. Wenn wir stattdessen mit nichts anderem in Kontakt stehen, kommen wir mit uns selbst wieder in Kontakt. Wir fangen an, uns wieder selbst zu spüren, uns zu fragen, wie es uns wirklich geht und was uns wirklich gerade beschäftigt. Wir bekommen wieder Zugang zu unserem Bauchgefühl und unserer Intuition und dadurch auch einen besseren Zugang zu unserem Gegenüber. Während die vorherigen Abschnitte sehr konkrete Fragestellungen beleuchteten soll dieser Abschnitt abschließend die generelle Funktionalität von Coaching spezifizieren: Die Bereitstellung einer Reflexionsinsel und eines Raumes zum Durchatmen. Nicht selten erlebe ich, dass Klienten erst im analogen oder virtuellen Coachingraum das erste Mal zum Durchatmen kommen und den unerbittlichen Takt des Tages aufbrechen können. Und auch das ist eine nicht zu unterschätzende Funktion von Coaching: Den Raum bereiten für ein Ankommen. Bei sich selbst und bei den relevanten Fragen. Die Verbundenheit mit sich selbst, anderen und der Welt wieder zu spüren und dadurch Ruhe in das Innere zu bekommen. Auch dieses Thema wird in unserer Welt des Fast-Forward immer relevanter werden.

Durch den vorausgegangenen Abschnitt konnten Sie ein Gefühl bekommen, welche Fragestellung im Coaching der digitalen Ära noch relevanter werden. Es sind jene, bei denen wir einen menschlichen Gegenpart brauchen, der als Reflexionsspiegel, Reibungspunkt und auch Ruhepol dienen kann. All das kann künstliche Intelligenz nicht leisten, weil ihr das menschliche Bewusstsein und damit das Gefühl, was es heißt Mensch zu sein und als Mensch unter Menschen zu agieren, schlicht fehlt. Auch in einer durchdigitalisierten Welt wird virtuelles Coaching der Ort sein, an dem menschliche Verbindung und Reflexion menschliche Lösungen produziert.

## 5.6 Die Kompetenzen gelingender virtueller Kommunikation im Coaching

Damit diese menschliche Verbindung bestmöglich funktioniert, sollen im folgenden Abschnitt nun Kompetenzen aufgezeigt werden, die vor allem im virtuellen Kontext wesentlich sind und beachtet werden sollten, damit digitales Coaching erfolgreich ist.

### 5.6.1 Multidimensionale Klarheit

Im virtuellen Kontext ist Klarheit und Bewusstheit entscheidend, die sich auf verschiedene Bereiche bezieht. Der erste Bereich ist jener der Medienklarheit. Der Coach und sein Coachee sollten ein beidseitiges Verständnis davon haben, welcher Kanal für welche Art von Kommunikation genutzt werden sollte und welcher auch nicht. Da digitales Coaching noch mehr als analoges als dauerhafter Prozessbegleiter angelegt werden kann (bspw. durch eine kurze Whatsapp des Klienten, der einen schnellen Impuls benötigt), muss eben auch festgelegt sein, wie dieser Prozess gestaltet sein sollte. Ist es okay, wenn ihr Klient Ihnen eine Whatsapp schreibt, oder nicht? Welche Themen möchten Sie lieber in einem Videocall besprechen und gibt es vielleicht auch welche, bei denen sie sich analog treffen wollen, weil es dem Prozess zuträglich ist? Innerhalb welches Zeitraumes ist mit einer Antwort zu rechnen und wann sollte ggf. nochmal nachgehakt werden, um sicherzugehen, dass die Nachricht nicht untergegangen ist? Wie sollte auf den einzelnen Kanälen miteinander kommuniziert werden? Ist Ihnen eine Ansprache wichtig, oder kann der Klient auch einfach eine Frage stellen oder das Thema sogar nur in den Betreff schreiben? Mit einem Geschäftsführer habe ich bspw. die Absprache, dass er mir Themen, die wir im nächsten Videocall besprechen sollen, einfach als Betreff in eine E-Mail setzt. Es gibt keine Anrede, keine Ausführungen, sondern lediglich das Thema. Dieses Thema muss ich in diesem Fall noch nicht mal verstanden haben, denn wir besprechen es ja eh noch. Schickt er mir hingegen eine Sprachnachricht oder auch eine längere Mail, dann weiß ich, dass er sich schnell Hilfe wünscht und ich bei Unklarheit also sofort nachfrage. Derartige Absprachen können etwas kleinlich wirken, sind aber in der Praxis Gold wert. Denn überall, wo im virtuellen Kontext die Klarheit fehlt, ist das Frustrationspotenzial groß, weil der Gegenüber meist nicht sofort greifbar ist, um Dinge zu klären oder richtigzustellen. Falls Sie sich unklar sind, welcher Kommunikationskanal der richtige ist, halten Sie sich an die „Komplex-Persönlich-Relation“: Je komplexer der Inhalt, desto persönlicher sollte der Kanal sein. Je mehr Elemente der Stimme und Körpersprache Sie als Coach zur Interpretation zur Verfügung haben, umso besser können Sie den Sachverhalt und häufig die Einstellung des Klienten zum Gesagten deuten. Das heißt nach absteigender Komplexität: persönliches Gespräch, Videotelefonat, normales Telefonat, Sprachnachricht, Textnachricht (E-Mail, Whatsapp).

Der zweite Bereich ist jener der Inhaltsklarheit. Gerade im virtuellen Kontext ist Explizitheit das Motto der Stunde. Da Interpretationshilfen wie Stimme oder Körpersprache bei stetigen Medien wie E-Mail oder Whatsapp fehlen, muss die Absicht explizit gemacht werden. Das Einbetten von Fragen ist eine Möglichkeit. Im analogen Coaching erkennt der Klient an meiner Tonlage, wie ich etwas gemeint habe. Im schriftlichen fehlt das. Deshalb muss ich hier klarmachen, warum ich etwas frage oder auch was ich nicht bezwecken möchte (Technik des Kontrastierens). Stellen Sie sich vor Sie haben einen Geschäftsführer als Klienten, der Ihnen nach dem Meeting mit seinen Abteilungsleitern eine lange E-Mail schreibt, in der er sich darüber beschwert, dass von seinem Team kaum innovative Ideen kommen und jegliche kreativen Impulse von ihm ausgehen. Nehmen wir an, dieses Thema war schon mal ähnlich Teil einer Coachingsession, so könnten Sie mit leicht provokantem Unterton fragen: „Woher kommt es denn, dass die Mitarbeiter das Gefühl haben ihrer Kreativität nicht freien Lauf lassen zu dürfen?“. An der Reaktion des Klienten können Sie nun sehen, ob dadurch ein produktiver Denkprozess angestoßen wird oder ob er sich düpiert fühlt. Je nachdem können Sie entsprechend nachsteuern. Das können Sie im virtuellen E-Mailkontext nicht (und auch in Videocalls könnte die Bildqualität derart eingeschränkt sein, dass auch hier Einbetten oder Kontrastieren helfen kann). Statt also einfach die Frage zu stellen, könnten Sie in der E-Mail die Frage einbetten: „Lieber Klaus, erinnerst Du dich noch an unsere gemeinsame Session, als es darum ging, dass bei der Erarbeitung neuer Führungswerte die meisten Ideen von Dir kamen. Damals hatten wir herausgearbeitet, dass sich Menschen auch nur so viel einbringen können, wie Ihnen Spielraum von der Gegenseite zur Verfügung gestellt wird. Deshalb die Frage: Woher kommt es denn, dass die Mitarbeiter das Gefühl haben ihrer Kreativität nicht freien Lauf lassen zu dürfen?“. Es wäre auch möglich zu kontrastieren, also zu sagen was man möchte und was man nicht möchte: „Klaus, ich möchte nicht, dass du Dich durch meine Frage vor dem Kopf gestoßen fühlst, sondern dass du dein eigenes Tun einfach nochmal kritisch beleuchtest: Woher kommt es denn, dass die Mitarbeiter das Gefühl haben ihrer Kreativität nicht freien Lauf lassen zu dürfen?“. Wie Sie sehen kommt es im virtuellen Kontext sehr stark darauf an, das eigene Tun und die eigene Absicht zu explizieren. Zusammengefasst: Damit digitales Coaching funktioniert braucht es ein hohes Maß an Klarheit bezüglich der Zusammenarbeit, den Medienkanälen sowie bezüglich der eigenen Inhalte und auch Interventionen.

### 5.6.2 Das Herstellen von emotionaler Nähe trotz virtueller Distanz

Wie oben bereits beschrieben, ist die Beziehung zwischen Coach und Klient für den Erfolg der Interventionen entscheidend. Damit die positiven Irritationen des Coachings auf fruchtbaren Boden fallen, muss ein Gefühl der Nähe und Vertrautheit zwischen den Beteiligten entstehen, auch wenn sie medial voneinander getrennt sind. Da die Irritation bisheriger Sicht- oder Handlungsweisen durch den Coach beim Klienten Unsicherheit auslösen, ist es zentral, dass der Coach ein psychologisch sicheres Umfeld schafft, in dem kritische Beiträge als konstruktive Beiträge zum Weiterdenken und -fühlen verstanden werden. Um sich von sich selbst distanzieren zu können, braucht es die starke

Verbindung zu einem Selbst und diese kann durch eine wohlwollende Verbindung durch Außen gestärkt werden. Wie kann diese virtuelle Beziehungstiefe nun hergestellt werden?

### 5.6.3 Nähe entsteht durch Blickkontakt

Es klingt banal, aber die wichtigste Voraussetzung für ein Gefühl von Nähe, Sicherheit und Verbundenheit ist ein verbunden sein durch den Blickkontakt. Wer angesehen wird, fühlt sich auch angesprochen. Wer die Verbindung im Außen spürt, kann die allzu starre Verbindung mit den eigenen Glaubenssätzen behutsam loslassen. Im virtuellen Kontext bedeutet das: Nicht den Coachee ansehen, sondern in die Kamera blicken. Verbindung über ein Medium entsteht, indem wir in dieses Medium sprechen. Schieben Sie sich dafür am besten die Liveaufnahme ihres Klienten unter ihre Webcam, so können Sie sowohl die Signale des Coachees sehen und deuten sowie ihn dennoch direkt anschauen.

### 5.6.4 Nähe entsteht durch die gleiche rhetorische Zeitdimension

Wer hätte gedacht, dass uns Aristoteles beim Thema digitales Coaching weiterhelfen könnte. Da aber gerade im digitalen Raum die kommunikativen Zeitstrukturen entscheidend sind und sich Aristoteles intensiv mit diesen Zeiten in der Rhetorik beschäftigt hat, kann er uns hier als guter Wegweiser dienen. Aristoteles unterscheidet die forensische, demonstrative und deliberative Rhetorik (Heinrichs 2020). Die forensische Rhetorik ist vergangenheitsbezogen, d. h. es geht darum was passiert ist, häufig auch gekoppelt an die Frage „Wer ist schuld". Da Schuld ein einfaches, unterkomplexes Konstrukt ist (Ich bin schuldig – Du bist unschuldig. Ich entschuldige mich. Du nimmst im besten Fall barmherzig an.), spreche ich im Coaching lieber von Beiträgen. Also was hat jede Seite beigetragen, dass die Situation so entstanden ist, wie sie entstanden ist. In der demonstrativen Rhetorik geht es um die Gegenwart, darum wie Menschen zu einem Sachverhalt stehen und was er in ihnen auslöst. Hier geht es um Einstellungen, Werte, Gefühle und auch um Gemeinsamkeiten und Unterschiede zwischen Personen. In der deliberativen Rhetorik geht es um die Zukunft, um Wahlmöglichkeiten, Entscheidungen und Lösungen. So weit die Theorie. Doch was hat das nun mit virtuellem Coaching zu tun. Kommunikation in virtuellen Settings, zu denen auch digitales Coaching gehört, ist stark von Effizienz getrieben, von einem hohen Austausch an Informationen, von einem Suchen nach der besten Lösung in kürzester Zeit (Koch und Oesterreicher 1985, S. 23). Dieses Setting kann den ungeübten digitalen Coach dazu verleiten, sehr schnell von der Problemschilderung des Klienten zum Lösungsprozess zu wechseln. Nähe in der Kommunikation entsteht aber immer durch die Akzeptanz und Sättigung der Zeitebene des Gegenübers. Was heißt das? Wenn der Klient aufgewühlt von seiner subjektiven Wahrnehmung des Problems berichtet, dann verweilen Sie ebenfalls in der zeitlichen Dimension der forensischen

Rhetorik. Nehmen Sie bewusst die Effizienz aus dem digitalen Prozess und verweilen Sie so lange beim Problem, bis der Klient sich langsam für die Lösung öffnet. Das ist doch klar, werden Sie als erfahrener Coach einwerfen. Zu häufig habe ich aber bei digitalen Supervisionen das Gegenteil erlebt. Aus meiner Erfahrung kann man durchaus von der forensischen Rhetorik in die demonstrative wechseln, also vom Problem des Klienten zur Bewertung dieses Problems. Ein zu schnelles Wechseln von der forensischen in die deliberative Rhetorik kommt aber häufig zu abrupt, weshalb dann auch die erarbeiteten Lösungen wenig tragbar oder nachhaltig sind. Befreien Sie sich also vom Effizienzdiktat des virtuellen Kontextes, um wirklich Nähe herstellen zu können. Und dazu noch ein letzter Tipp: Kürzen Sie digitale Coachings nicht. Klienten neigen gerne dazu, die üblichen 1,5 h auf eine Stunde zu kürzen, weil sich das so schön in den Tageskalender einfügt. Dadurch trimmen Sie den Coachingprozess aber automatisch auf Effizienz, noch bevor er richtig begonnen hat. Das kann für das eine oder andere Thema auch passen, bei einigen jedoch nicht. Bleiben Sie also bei ihrer analogen Zeitstruktur und wenn sie früher fertig werden, dann haben Sie beide etwas Zeit zum Durchschnaufen gewonnen. Apropos Zeit zum Durchschnaufen: Machen Sie sich auch bewusst, dass ihr Klient in virtuellen Settings für gewöhnlich ein paar Minuten länger braucht, um anzukommen. Hat er im analogen Setting vielleicht die Fahrzeit zu Ihnen genutzt, um die bisherigen Erlebnisse des Tages zu verdauen oder Sie sind mit einem gemeinsamen Kaffee in den Büroräumen des Klienten in das Coaching gestartet, so arbeiten die Klienten aus meiner Erfahrung meist bis zur letzten Minute, bevor Sie sich in den virtuellen Raum einwählen. Planen Sie also auch hier genug Zeit für ein gegenseitiges Synchronisieren ein, dass jenseits des gleich zu Besprechenden ist.

### 5.6.5 Das Verständnis von digitalem Coaching als (gemeinschaftlichen) Prozess

Wie bei jedem digitalen Lernprozess steckt das Geheimnis im letzten Wort: Prozess. So ist digitales Coaching mehr noch als analoges als Prozessbegleitung zu verstehen. Nie war es einfacher den Klienten mit weiterführenden Tests, Videos, Apps oder eigens produziertem Material zu unterstützen. Genauso wie im digitalen Trainingsbereich eine saubere Learning Journey mit synchronen und asynchronen Elementen konzipiert werden muss, um maximalen Lernerfolg zu gewährleisten, genauso muss digitales Coaching in diesen beiden Kategorien gedacht werden. Stellen Sie sich als Coach also stets die Frage: Was möchte ich mit meinem Klienten wirklich synchron, sprich live virtuell besprechen (synchrone Elemente)? Und was kann er davor bereits tun (asynchrone Elemente)? Stellen Sie ihm diese asynchronen Elemente mit einem strukturierten Plan zur Umsetzung beispielsweise in MS Teams, mit einem One-Drive Link oder einer anderen Cloud-Lösung zur Verfügung. Dies kann der Coachee sowohl zur Vor- als auch Nachbereitung nutzen. Prozesshaftigkeit bedeutet auch schnelle Verfügbarkeit. Das Credo im digitalen Raum lautet: „Don't make me wait for it!". D. h. bieten

Sie ihren Klienten bestenfalls schnelle On-Demand Verfügbarkeit. Mit bestimmten Klienten habe ich beispielsweise ein Coachingformat gewählt, bei dem sie Zugriff auf meinen Kalender haben via einer App, bei der ich innerhalb von zwei Stunden zu- oder absagen kann. So bleibe ich selbstbestimmt, gleichzeitig bekommen die Klienten schnell die Unterstützungsleistung, die sie sich wünschen.

Das zweite Wort in der Überschrift ist ebenso wichtig: Gemeinschaftlich. Digitalität bedeutet Kollektivität und Konnektivität. Nie war es einfacher Personen mit demselben Anliegen miteinander zu verbinden. Was im Analogen auch schon stark mit Formaten wie „Working Out Loud" versucht wird, wird im digitalen noch einfacher. Im digitalen Raum steht der Community-Gedanke im Mittelpunkt. Ich veranstalte beispielsweise einmal im Monat einen Round Table zum Thema „Remote Leadership". Dort lade ich Vertreter und Geschäftsführer unterschiedlicher Unternehmen ein und wir tauschen uns zu einzelnen Praxisfällen, neuen Studien und Best Practices aus. Zudem präsentiert abwechselnd jeder sein Unternehmen. So entsteht eine Learning Community, die sich gegenseitig unterstützen kann und wächst. Machen Sie sich frei davon, dass Sie der Coach sind. Jeder kann zu jeder Zeit als Coach wirken. Lassen Sie dieses Potenzial nicht ungenutzt. Das Credo, das sich hier im Digitalen wiederspiegelt ist: „Don't make me do it alone."

## 5.7 Ein abschließendes Resümee

Ganzheitliches, systemisches Denken, Kontextbildung und Beobachtung zweiter Ordnung werden in einer VUCA-Welt für Mitarbeiter wie Führungskräfte immer wichtiger. Das sind die Metakompetenzen, die sich Menschen durch ein Coaching erhoffen zu erwerben oder doch zumindest mit dem Coach gemeinsam reflektieren wollen. Konkret werden, wie in diesem Beitrag gezeigt, vor allem folgende Themen an Relevanz gewinnen: Das Empfinden von Verbundenheit, das Verhandeln von und Versehen mit Bedeutung, das Herstellen von Harmonie und die Förderung der inneren Ruhe. Denn all diese Themen sind in der digitalen Ära voraussetzungsvoller als noch vor ein paar Jahrzehnten. Als Coach sollte man in diesen Bereichen profundes Wissen besitzen, um als gehaltvoller Reflexionspartner dienen zu können. Gleichzeitig sollte ein digitaler Coach den virtuellen Kontext bestmöglich nutzen können. Das bedeutet konkret, er sollte es schaffen Klarheit in Bezug auf den Inhalt, das Medium und den Prozess herzustellen, da Virtualität ein höheres Potenzial an Missverständnissen bietet und ein schnelles Nachjustieren häufig nicht möglich ist. Der Coach sollte es ebenfalls schaffen emotionale Nähe trotz virtueller Distanz herzustellen, indem er Blickkontakt durch das Medium aufbaut, die Zeitdimension des Gegenübers akzeptiert, dort lang genug verweilt und nicht – getrieben durch den Effizienzgedanken des Virtuellen – zu schnell zu einer Lösung kommt. Schließlich sollte sich ein digitaler Coach als Prozessbegleiter verstehen, der synchrone und asynchrone Elemente für den Klienten so vereint, dass für ihn ein maximaler Lernerfolg entsteht. Zudem befördert die Digitalität auch den Community Gedanken, weshalb der Coach seinem Klienten auch Möglichkeiten aufzeigen sollte, wie dieser Teil einer entsprechenden Learning Community werden kann. Digitales Coaching ist ein Segen, wenn man die Besonderheiten des virtuellen Kontexts beachtet und seine Vorteile clever nutzt. Dann kann Coaching noch mehr als jemals zuvor zu einer allumfassenden Unterstützungsleistung werden, die den Klienten dabei unterstützt, sein volles Potenzial zu entfalten.

## 5.8 Checkliste dieses Beitrages

| Checkliste | |
|---|---|
| Eignen Sie sich profundes Wissen zu den Themen „Empfinden von Verbundenheit", „Verhandeln von und Versehen mit Bedeutung", „Herstellen von Harmonie" und „Förderung der inneren Ruhe", um ein gehaltvoller Ansprechpartner zu sein. | ☐ |
| Überlegen Sie sich stets, wie die digitale Ära die Themen ihres Klienten beeinflusst. | ☐ |
| Sprechen Sie klar ab, wie der Kommunikationsprozess gestaltet werden soll und wann welche Medien für welche Art von Austausch sinnvoll sind. | ☐ |
| Seien Sie gerade bei Medien mit hohem Missverständnispotenzial inhaltlich klar, indem Sie das Gesagte einbetten oder auch kontrastieren. | ☐ |
| Stellen Sie Verbindung her, indem Sie in die Kamera blicken. Schieben Sie sich das Bild ihres Klienten unter die Kamera. So haben Sie sein emotionales Erleben im Blick und er fühlt sich durch ihren Blickkontakt auch wirklich angesehen. | ☐ |
| Widerstehen Sie dem virtuellen Diktat von Effizienz und Versachlichung. Stellen Sie emotionale Nähe her, indem Sie lange genug in der Zeitdimension des Klienten verweilen und erst zur Lösungssuche überwechseln, wenn dieser bereit ist. | ☐ |
| Verstehen Sie digitales Coaching als Prozess. Bieten Sie dem Klienten synchrone und asynchrone Elemente zur Persönlichkeitsentwicklung an und stärken Sie den Community Gedanken, indem Sie ihm Zugang zu einer Gemeinschaft der Gleichgesinnten ermöglichen. | ☐ |
| Sehen Sie Digitales als Bereicherung, nicht als Gefahr ☺. | ☐ |

## Literatur

Bohn, R. & Short, J. (2012): „Measuring Consumer Information“, in: International Journal of Communication 6(1), S. 980.

De Thier, P. (2019): Amerikanische Gesellschaft so gespalten wie noch nie. https://www.hz.de/politik/amerikanische-gesellschaft-so-gespalten-wie-noch-nie-40265215. Html

Heinrichs, J.(2020): Thank you for arguing. What Cicero, Shakespeare, and the Simpsons can teach us about the Art of Persuasion.

Koch, P., Oesterreicher, W. (1985): Sprache der Nähe – Sprache der Distanz. Mündlichkeit und Schriftlichkeit im Spannungsfeld von Sprachtheorie und Sprachgeschichte. In: Romanistisches Jahrbuch 36, 15–43., hier S. 23.

Krause, L.-K. et al. (2021): More in Common – Die andere deutsche Teilung. https://www.dieandereteilung.de/ zuletzt 31.01.2021

Mental Health Foundation (2010): https://www.mentalhealth.org.uk/sites/default/files/the_lonely_society_report.pdf, S. 22.

Misra, S. et al. (2014): „The iPhone Effect: The Quality of In-Person Social Interactions in the Presence of Mobile Devices“, in: Environment and Behavior 48(2), S. 275–298.

Pflügler, Sebastian (2020): Kommunikation für die digitale Ära: Wie wir heute miteinander reden – und was dabei immer noch wichtig ist. München: Redline.

Rosa, H. (2005): Beschleunigung. Die Veränderung der Zeitstrukturen in der Moderne, S. 135 ff. und 199 ff.

# 6 Tools & Gestaltungsmethoden für wertvolles Mentoring und Coaching im virtuellen Umfeld

Lothar Wüst

Zweifelsohne hat die Corona-Pandemie maßgeblich zur Verbreitung digitaler Lernformate in Organisationen beigetragen. Kein anderer Trend, kein anderer Appell konnte bisher eine solche Dynamik entfachen. Pointierter als in diesem Spruch, der durch die sozialen Medien geisterte, lässt es sich nicht darstellen: „Wer treibt in Ihrem Unternehmen die Digitalisierung: a) CEO b) CTO oder c) Corona?" Wahrheitsgemäß hätten viele Unternehmen wohl mit C antworten müssen. Tatsächlich wurden nun Dinge in kürzester Zeit möglich gemacht, die jahrelang unmöglich erschienen. Was vorher teils in Jahren geplant war, wurde in Monaten fertig, Tasks die in Monaten angelegt waren, sind plötzlich in Tagen fertiggestellt worden.

Schon lange vor Corona gab es im Bildungs-Coaching und Mentoring-Bereich Rufe, dass diese Angebote bald nur noch digital stattfinden würden. Ich erinnere mich an einen Besuch auf der LEARNTEC, der führenden Messe zu digitalen Bildungsformaten im D-A-CH Raum, im Jahr 2004. Dort wurde vollmundig verkündet, dass es in 10 Jahren keine Präsenzseminare mehr geben würde. 2014 war davon jedoch nichts zu merken. 2020 hingegen schon.

Gerade international agierende Großkonzerne stellten sehr schnell ihre Lern-, Coaching- und Mentoring-Formate vollends auf online um. Dies erfolgte zum einen aus Fürsorge gegenüber den Mitarbeiter*innen, aber auch zur Abwendung etwaiger Reputationsverluste und zur Minimierung operativer Risiken, die durch eine schnelle Verbreitung des Corona-Virus innerhalb der Belegschaft gegeben gewesen wären.

L. Wüst (✉)
München, Deutschland
E-Mail: lothar.wuest@cormens.com



S. Pflaum und M. Schwalb (Hrsg.), *Der Kompass zum digitalen Mentoring & Coaching*,
https://doi.org/10.1007/978-3-658-33442-0_6

In diesem Beitrag möchte ich Ihnen zunächst darstellen, welche Technologien sich für Coaching- und Mentoring-Formate durchgesetzt haben, was die jeweiligen Besonderheiten dabei sind und welche Chancen und Limitierungen die dargestellten Tools bieten.

Doch egal wie gut die heute nutzbaren Technologien auch sein mögen, eine Beschränkung bleibt: im virtuellen Raum sind wir immer auf unsere auditive und visuelle Wahrnehmung reduziert. Dadurch können wichtige Aspekte in einem Mentoring-Gespräch verloren gehen.

Deshalb stelle ich Ihnen im zweiten Teil ein im Coaching-Bereich bereits sehr etabliertes Modell vor, das sich ebenso auf Mentoring-Gespräche übertragen lässt und für virtuelle Sitzungen als sehr hilfreich erwiesen hat: Die 8 Leitprozesse der Psychodynamik aus der Metatheorie der Veränderung von Klaus Eidenschink.

Dieses Modell kann den Mentor sehr gut bei einer umfassenden Betrachtung der Person und der Situation des Mentees unterstützen, sowie dabei helfen, seine Wahrnehmung zu fokussieren und das Mentoring-Gespräch entsprechend zu strukturieren.

## 6.1 Überblick über eingesetzte digitale Coaching-/Mentoring-Plattformen

Lassen Sie uns nun zunächst betrachten, welche Technologien sich bezüglich digitaler Lern-, Coaching- und Mentoringformate durchgesetzt haben. Nicht berücksichtigt werden hierbei Tools, deren Fokus in erster Linie die Vermittlung von Wissen ist. Darunter fallen beispielsweise aufgezeichnete Videos, Slideshows oder Multiple Choice Tests.

Stattdessen möchten wir uns hier auf Formate fokussieren, bei denen das Begreifen, Kennenlernen und Wachsenlassen der eigenen Persönlichkeit im Fokus stehen.

Zur Unterstützung dieser Prozesse haben sich im Wesentlichen zwei Technologien mit sehr unterschiedlichem Verbreitungsgrad durchgesetzt.

1. Avatar-basierte 3D Lernwelten (geringerer Verbreitungsgrad)
2. Video-basierte Kommunikationsplattformen (hoher Verbreitungsgrad)

Im Folgenden werden die Charakteristiken der beiden Formate dargestellt:

### 6.1.1 Avatar-basierte Lernformate (geringerer Verbreitungsgrad)

Dieses Prinzip erinnert an das Online-Spiel „Second Life". In einer virtuellen Welt können sich Menschen mittels eines selbst gewählten Avatars begegnen und dort gemeinsam Neues schaffen, wie z. B. Städte errichten oder miteinander in den Dialog treten.

In den entsprechenden Lernplattformen werden dabei meist Seminar-Locations nachgebildet. Diese verfügen über einen Eingangsbereich, von dem aus man dann in den Seminarraum, die Gruppenräume, zu Freiflächen, Kaffeeinseln und auch in Coachingräume gelangen kann.

Zu Beginn konfiguriert jeder Teilnehmer seinen persönlichen Avatar und steuert diesen dann per Maus oder Tastatur. Das akustische Empfinden ist dabei in der Regel sehr realitätsnah abgebildet. Steht ein anderer Avatar nahe bei mir, höre ich ihn gut, ist er weiter weg, ist er nicht mehr zu verstehen. Die Räume verfügen wie echte Seminarräume auch über alle möglichen Visualisierungsmedien. So lassen sich Flipcharts beschreiben, Präsentationen einblenden und Pinnwände beschriften. Dies ermöglicht beispielsweise auch ein Arbeiten in Kleingruppen und simuliert den Ablauf eines Seminares sehr realistisch.

Bei einigen dieser Plattformen kann man die Gebäude auch verlassen und sich dann in einem Park oder einer anderen ansprechenden Landschaft aufhalten.

Solcherlei Lernplattformen werden meistens für Gruppensettings, also Seminare oder Workshops verwendet. Alle bisherigen Erfahrungen zeigen, dass die Teilnehmer verblüfft sind, wie „echt" es sich anfühlt und wie sehr sie sich mit ihrem Avatar verbunden fühlen. Steht beispielsweise ein Avatar zu nahe neben einem, verändert man reflexartig die Position und spürt tatsächlich körperlich, dass es einem selbst zu eng wird.

Immersion ist hier das Stichwort. Diese drückt aus, wie sehr ich mich in das Geschehen hineingezogen und beteiligt fühle, was wiederum maßgeblich dazu beiträgt, eine emotionale Aktivierung in der betreffenden Person auszulösen. Und genau diese Emotionen sind es, die das Lernen selbst erst ermöglichen, da nur so die entsprechenden Prozesse in unserem Gehirn aktiviert werden, die das Verarbeiten und Speichern neuer Informationen und Verhaltensweisen erst ermöglichen. Ohne Emotion kein neues Wissen!

Doch auch im digitalen Mentoring und Coaching können diese Plattformen sehr sinnvoll genutzt werden. So bieten beispielsweise die Coachingräume eine entspannte Atmosphäre an, in der man mittels der beiden Avatare entspannt in das Gespräch kommen kann. Die vorhandenen Medien machen es zudem möglich Zusammenhänge zu visualisieren, Inhalte teilen zu können und Erreichtes auf einem virtuellen Flipchart zu dokumentieren. Teils lassen sich auch Gegenstände bewegen, sodass sich beispielsweise Nähe und Distanzverhältnisse zwischen beteiligten Personen im Raum hervorragend darstellen lassen.

**Avatar als Hilfsmittel um sich zu öffnen**

Die größte Besonderheit dieser Plattformen liegt jedoch in der Kommunikation über den Avatar statt einer face-to-face oder einer videobasierten Kommunikation.

Die Begegnung zwischen Mentor und Mentee beinhaltet immer auch eine leicht hierarchische Komponente. Dabei kann es um die tatsächliche Hierarchie innerhalb einer Organisation gehen, oder aber der Mentor hat möglicherweise einfach mehr Lebenserfahrung, eine Expertise in einem speziellen Feld und/oder eine beeindruckende

Karriere hingelegt. Abhängig davon, wie sehr der Mentor dies nun im Kontakt zum Mentee in den Vordergrund stellt und wiederum abhängig davon, wie sehr der Mentee a priori auf diese Dimensionen reagiert, kann dies Auswirkung auf die Mentoring-Beziehung im Generellen und somit auch auf die Atmosphäre in den jeweiligen Gesprächen haben.

Mentees haben berichtet, dass es ihnen leichter fiel, sensible Themen durch den Avatar anzusprechen und glaubten, dass sie diese Dinge nicht so offen im persönlichen Gespräch eingebracht hätten. Für sie hat der Avatar die Schwelle, unangenehme Situationen oder persönliche Befindlichkeiten direkt anzusprechen, deutlich gesenkt.

An dieser Stelle kann man natürlich auch der Frage nachgehen, was der Mentor selbst dazu beitragen kann, dass sich die Gesprächsatmosphäre gleichermaßen in einem realen Gespräch entspannt. Aber nicht alles liegt im Einflussbereich des Mentors, sondern ganz maßgeblich auch in der inneren Dynamik des Mentees begründet. Wenn sich durch diese Form der technischen Unterstützung also räumliche und auch emotionale Distanzen leichter überwinden lassen, sollten gerade Mentoren sich aktiv mit diesen Möglichkeiten beschäftigen und an passender Stelle auch bewusst zum Einsatz bringen. Etliche Avatar-basierte Plattformen (wie zum Beispiel „TriCAT“) können mittlerweile ohne lokale Installationen direkt online verwendet werden, Kosten fallen nur für die Nutzungsdauer an.

Wesentlich stärker verbreitet jedoch sind heute videobasierte Plattformen, die im Weiteren näher beleuchtet werden sollen.

### 6.1.2 Video-basierte Kommunikationsplattformen (hoher Verbreitungsgrad)

In den meisten Unternehmen gehören Kommunikationsplattformen wie Microsoft Teams, Webex, Zoom, GoToMeeting und auslaufende Technologien wie Skype for Business zum kommunikativen Alltag. Daher werden diese auch im Coaching und Mentoring bereits verwendet und sind mittlerweile so bekannt, dass deren Funktionsweisen hier nicht näher beschrieben werden.

Dennoch gibt und gab es bei einigen Menschen eine Reihe von Vorbehalten, sensiblere und persönlichere Gespräche über diese Kanäle zu führen. Gleichzeitig gibt es eine große Anhängerschaft, die gerade diese Form der wechselseitigen Kommunikation sehr schätzt.

Dabei kann, wie Eidenschink (2020) schreibt, das Problem entstehen, dass Menschen aus ungünstigen Gründen Gefallen an dieser neuen Form der Kommunikation finden:

„Endlich kein Zwang zu Nähe und Befindlichkeiten, endlich Arbeiten an der Sache, an nötigen Abstimmungsprozessen, endlich mit einem Klick auf die Stummschaltung Befreiung vom Smalltalk. Ihnen fehlt es an nichts. Sie waren vorher ohne wesentliche Resonanz auf andere Menschen und haben Zwischenmenschliches in Kauf genommen, um keine schlechten Ergebnisse in Mitarbeiterbefragungen zu erhalten. Es sind Menschen, die ergebnisorientiert sind und Angst vor Nähe haben."

Doch selbst diese Personen haben nach Monaten im Homeoffice mittlerweile realisiert, dass Menschen auch in virtuellen Welten ein Bedürfnis nach Nähe haben und sehr phantasiereich sind, diese herzustellen. Ausdruck davon sind die online-basierten Kaffeeformate, virtuelle Betriebsausflüge, Escape Rooms, Remote-Feierabendbier-Veranstaltungen etc. Dabei mag es große Unterschiede geben, wie viel Nähe dann tatsächlich entsteht, aber die Sehnsucht der meisten Menschen danach ist spürbar.

Für die Durchführung von Mentoring- und Coachinggesprächen eignen sich videobasierte Systeme im Sinne einer zweitbesten Lösung sehr gut.

Die Intensität von Präsenzgesprächen und das damit verbundene emotionale Empfinden, welches aus den multiplen Formen der Wahrnehmung und der Kommunikation unter Anwesenden entsteht, ist immer höher als im virtuellen Raum, der auf den auditiven und visuellen Kanal reduziert ist. Interessant wird sein, welche Auswirkungen auf das emotionale Empfinden zukünftige Hologramm Technologien haben werden, bei denen das Hologramm des Gesprächspartners in 3D in den Raum des anderen projiziert werden kann.

Eindrucksvoll kann man die Verwendung dieser Technologie in youtube-Videos von Wahlkampfveranstaltungen des französischen Politikers Jean-Luc Mélenchon aus dem Jahre 2017 studieren. Dieser hielt eine Rede in persona in Lyon und ließ sein Hologramm parallel dazu in einer vollen Halle in Paris sprechen.

**Voraussetzungen für erfolgreiche videobasierte Sitzungen**

Gut geführte Coaching- und Mentoringgespräche über Videoplattformen können hoch wirkungsvoll und emotional aktivierend sein. Auch wenn es banal erscheinen mag, die Voraussetzung hierfür ist eine entsprechende technische Ausrüstung:

- Eine Ringleuchte oder ähnliche Beleuchtung, die das Gesicht und den Oberkörper anstrahlt. Dies ist die Voraussetzung für das Gegenüber, um Gestik und Mimik überhaupt wahrnehmen zu können.
- Eine separate hochwertige Webcam, die das gut ausgeleuchtete Bild entsprechend aufzeichnen und übertragen kann.
- Headsets, externe Mikrofone oder In-Ear-Kopfhörer, um akustische negative Rückkopplungen zu vermeiden und um auch die Stimme des anderen entsprechend wahrnehmen zu können.

Diese Technik gilt es natürlich zu beherrschen und es braucht eine innere und äußere Sicherheit, um sich so medial bestmöglich zu präsentieren.

Besonders wichtig für die empfundene emotionale Qualität und das Maß an Verbundenheit in einem Gespräch (egal ob in Präsenz oder per Videokommunikation) ist der empfundene Blickkontakt zwischen den Gesprächsteilnehmern.

In aufwendigen Untersuchungen wurde über verschiedene Messgrößen auf körperlicher und neuronaler Ebene sowie durch Rückmeldungen der Teilnehmer erhoben, wie sehr sie sich emotional mit dem Gesprächspartner verbunden fühlten. Immer dann, wenn das Gefühl eines tatsächlichen Blickkontakts entstand, gab es ein entsprechendes Resonanzempfinden bei den Teilnehmern. Um gefühlt echten Blickkontakt in videobasierter Kommunikation zu ermöglichen, darf der jeweilige Sprecher weder sein eigenes Bild, noch das des anderen auf dem Bildschirm ansehen, sondern sollte möglichst direkt in die Kameralinse oder zumindest leicht unterhalb dieser blicken. In Gesprächen zu zweit lässt sich dies gut dadurch lösen, dass man das Videobild des anderen möglichst nahe an die eigene Kamera schiebt.

Berücksichtig man diese Empfehlungen, dann lassen sich Mentoring-Gespräche grundsätzlich sehr gut per videobasierter Kommunikation durchführen.

**Risiko falsche Fokussierung**
Gleichzeitig besteht aber in der rein videobasierten Kommunikation das Risiko, dass eine hoch wertvolle Dimension des Mentoring aufgrund der reduzierten Wahrnehmungsmöglichkeiten verloren geht, nämlich das gemeinsame Arbeiten an der Person und dem Selbstkonzept des Mentees.

An anderer Stelle dieses Buches und auch in Pflaum und Wüst (2018) wird ausführlich dargestellt, dass es sehr unterschiedliche Verständnisse von Mentoring und damit verbunden auch verschiedenste Rollenverständnisse des Mentors gibt. Vereinfacht skizziert: an einem Pol des Verständnisses mag sich der Mentor als Experte und Ratgeber sehen, der dem Mentee Ideen und Tipps mitteilt, am anderen Pol als reiner Coach, der sich inhaltlich und in seiner Expertise nahezu in Gänze zurücknimmt. Mentoring ist kein klassisches Coaching, daher wäre es schade, wenn ein Mentor ausschließlich aus der Rolle eines Coaches agieren würde und weniger seine eigenen Erfahrungen mit seinem Mentee teilen würde.

Ebenso schade wäre jedoch, wenn sich ein Mentor rein auf seine Expertenrolle fokussieren würde. Die große Mehrheit der Mentoren, die ich in den letzten 15 Jahren in Mentoring-Projekten kennen lernen durfte, haben ein großes Interesse an ihrem Gegenüber und agieren daher nicht nur aus der Expertenrolle heraus, sondern stellen sehr wertvolle Fragen, mit der sie die Selbstreflexion des Mentees anregen. Ich erlebe bei Mentoren eine hohe Bereitschaft, sich mit Coaching-Literatur auseinander zu setzen und etliche Mentoren haben selbst einen Coaching-Hintergrund.

Befragungen von Mentees haben ergeben, dass gerade die Erkenntnisse zur eigenen Person im Mentoring als hoch wertvoll und noch bedeutsamer empfunden wurden, als Themenblöcke wie zum Beispiel die konkrete Karriereplanung. Daher sollte dieser Aspekt auch in der videobasierten Form des Mentorings aus meiner Sicht Bestand haben. Die Wenigsten würde dem wohl widersprechen, worin liegt jedoch das Risiko?

In der videobasierten Kommunikation, die rein auf auditiver und visueller Wahrnehmung beruht, lassen sich grundsätzlich schwerer und auch gerade, wenn man darin nicht geübt ist, Diskrepanzen zwischen dem *was* gesagt wird und *wie* es gesagt wird bemerken.

Ein Mentee kann beispielsweise vordergründig durch die Wahl seiner Worte sehr plausibel begründen, warum er einen bestimmten Weg einschlagen will oder eben nicht. Seine Körperhaltung und die gesamte Ausstrahlung sagen jedoch vielleicht etwas ganz anderes aus. Genau aus dieser teils unbewusst wahrgenommenen Diskrepanz ziehen wir als Gesprächspartner jedoch wichtige Informationen, es entsteht ein Bauchgefühl, dass etwas nicht passt und oftmals spontan schießen uns Fragen oder Kommentare in den Kopf, die wir in einem Gespräch dann teilen.

Dies passiert bei einigen Menschen ganz intuitiv. Bei anderen, gerade wenn sie eine ernstzunehmende Coachingausbildung durchlaufen haben, ist dieser innere Abgleich mit dem, was man im Außen wahrnimmt und die bewusste Auswertung dessen, integraler Bestandteil in der zwischenmenschlichen Kommunikation.

Gerade wenn aufgrund des virtuellen Settings diese sehr intuitive Wahrnehmung schwerer möglich ist und man noch dazu darin ohnehin weniger geschult ist, können bestimmte Modelle dabei behilflich sein, die Wahrnehmung zu fokussieren und das Gehörte *daran* zu überprüfen.

Dazu will ich Ihnen hier ein wohl elaboriertes Modell vorstellen, dessen Ursprung im therapeutischen bzw. im Coaching-Kontext liegt.

Es ist überflüssig zu betonen, dass Mentoring weder Therapie noch ausschließlich reines Coaching ist. Dennoch ist es enorm hilfreich, die zugrunde liegenden Prinzipien zu verstehen und diese dann auf das Mentoring zu übertragen. Es hilft auch, (kritisch) zu überprüfen, wie plausibel, wie kongruent das Erzählte auf Sie als Mentor wirkt. So kann das Modell Ihnen helfen, Ihre eigene Aufmerksamkeit als Mentor zu erhöhen und Sie dabei unterstützen, den Mentee mit all seinen Fragen, Wünschen und Motiven umfassender begreifen zu können.

## 6.2 Wie tickt die Seele? – Zum Verständnis seelischer Veränderung

Ich möchte Ihnen wesentliche Grundannahmen eines integrativen psychologischen Modells vorstellen, das sich für das Verständnis anderer Menschen als auch für die Verbesserung der Mentorenrolle ausgesprochen gut eignet.

Zunächst erkläre ich die wichtigsten Aspekte und anschließend die praktische Relevanz für das Mentoring. Das Modell heißt „Metatheorie der Veränderung“, wobei ich mich hier auf den Bereich der Psyche – also die Psychodynamik – beschränke.

Im Titel Psycho*dynamik* wird schon etwas Wesentliches deutlich. Es wird davon ausgegangen, dass es kein dauerhaft stabiles und statisches Selbst gibt. Damit läuft dieses Modell auch konträr zu Ideen, die propagieren, dass man sein Selbst nur finden muss und dann den Gral des Glücks auf Lebzeiten gefunden hat.

Vielmehr herrscht hier die Annahme, dass unser Selbst sehr facettenreich und kontextabhängig ist, wodurch es sich eben auch ständig verändert.

Was ich von mir preisgebe und welches Bild ich von mir erzeugen will, hängt häufig stark davon ab, was ich glaube, was meiner Meinung nach von mir erwartet wird. Diese vorweggenommenen Erwartungen anderer lösen dann wiederum in uns etwas aus und wir bilden Überzeugungen, was das entsprechend adäquate Verhalten oder die gewünschte Meinung wäre. Sicherlich haben Sie schon erlebt, dass die gleiche Person sich je nach Situation ganz anders gibt.

Dagegen ist nichts einzuwenden und dies ist vielmehr eine wichtige Voraussetzung, um in unterschiedlichen Rollen und Situationen, kompetent agieren zu können.

Unser gezeigtes und wahrgenommenes Selbst mag also teils sehr unterschiedlich sein, aber all diese Facetten gehören zu dem gleichen Selbst. Damit ist das Selbst nicht statisch, sondern ein dauerhafter Prozess.

Außerdem führen wir alle eine Reihe von tief verankerten, teils unbewussten Überzeugungen mit, die wir unseren Entscheidungen zugrunde legen. Je nachdem, welche Überzeugung dies ist und wieso wir diese verinnerlicht haben (Sozialisation, vermeintliche Erwartung der Eltern, des Chefs, eigenes Konzept eines professionellen Verhaltens im Job) zeigen wir andere Teile von uns selbst. Schließlich können wir alle sehr schlüssig verplausibilisieren, warum eine Situation so ist, wie sie ist, „warum man da nichts machen kann und warum gewisse Verhaltensweisen anderer Leute so gar nicht gehen".

Mentoring stiftet dann einen hohen Wert, wenn dadurch neue Erkenntnisse beim Mentee entstehen, zum Beispiel darüber, was er wiederum selbst zu einer bestehenden Situation beigetragen hat oder könnte und wie sein bisheriges Denken und Handeln funktional oder dysfunktional zu seiner geplanten Entwicklung beitragen. Ein weiterer Mehrwert liegt darin, dass der Mentee seine eigenen Reaktionen auf das Verhalten anderer besser verstehen kann.

Aus diesen Erkenntnissen lassen sich dann wiederum erste relevante Schritte zur persönlichen Entwicklung ableiten.

Was gilt es daher in wirkungsvollen Mentoringgesprächen zu tun?

Der Mentor kann dem Mentee zunächst mal spiegeln, wenn er bei dem Mentee wahrnimmt, dass sich etwas in der Körperhaltung, in der Stimme oder in seiner Sprache ändert. Dies sind meist Indikatoren, dass hier ein anderer Teil des Selbst das Ruder übernimmt und es ist spannend zu explorieren, warum dies geschieht oder „wer" im Mentee da gerade spricht. Außerdem gilt es die teils unreflektierten Überzeugungen, die einer Bewertung vorausgehen, transparent zu machen. Dies eröffnet für den Mentee neue Perspektiven bei der Betrachtung der Situation.

Der Mentee bemerkt diese dadurch womöglich erstmals und kann Zugang zu den inneren Dialogen und den (limitierenden) Überzeugungen bekommen, die zu dem beobachtbaren Verhalten, der wahrgenommenen Unsicherheit oder der Schwierigkeit bei der Entscheidungsfindung führen.

Gelingt es solche Prozesse im Mentoring anzustoßen, werden wichtige berufliche und private Entscheidungen, die der Mentee gerne mit seinem Mentor bearbeiten will, auf einer wesentlich fundierteren Basis getroffen.

Erstaunlicherweise lassen sich Entscheidungen dann sogar relativ leicht treffen, wenn diese vorangegangene Klärung stattgefunden hat.

### 6.2.1 Gestaltung des Selbst

Doch wie kann man nun diesen kontinuierlichen Prozess wahrnehmen oder gar gestalten? Dies ist ohne eine Struktur, auf der der Mentor sich beziehen kann, enorm voraussetzungsreich.

Es ist eben wichtig zu verstehen, wie der Mentee zu seiner Selbsteinschätzung und -beschreibung kommt und damit letztlich sein Selbst gestaltet.

Dazu hilft es, das Seelenleben in acht Leitunterscheidungen oder Leitprozesse aufzugliedern, die gesteuert, reguliert und entschieden werden müssen.

Warum ist es sinnvoll anhand des Phänomens „Entscheidungen" das Seelenleben zu betrachten?

Jeder Mensch hat tagtäglich eine Unzahl von Entscheidungen zu treffen. Bleibe ich noch liegen oder stehe ich gleich auf? Was ziehe ich heute an? Mache ich heute noch vor Arbeitsbeginn Sport? etc. Darüber hinaus treffen wir jeden Tag noch viel mehr Entscheidungen, ohne dass wir diese wirklich als Entscheidungen wahrnehmen, was außerordentlich wichtig für unser Überleben ist. Würden wir mit dem Öffnen der Augen bereits jede Entscheidung bewusst treffen und abwägen, kämen wir wahrscheinlich nicht einmal mehr bis zum Frühstückstisch. Wir würden zu viel Zeit beispielsweise damit verlieren zu entscheiden, mit welcher Hand wir heute in welcher Abfolge das Zähneputzen durchführen wollen.

Hier handelt es sich ja zunächst um Entscheidungen, die mehr Bezug zum Außen haben. Gleiches gilt jedoch ebenso für unsere Psyche. Auch dort werden nonstop Entscheidungen getroffen. Nur aufgrund von Entscheidungen kann ein Ereignis für einen kurzen Moment etwas Dauerhaftes und damit Wahrnehmbares bekommen. Erst wenn meine schlechte Laune körpersprachlich sichtbar wird und das was und wie ich es sage entsprechend dazu passt, wird diese zum Ereignis und damit beobachtbar.

Es wird deutlich, dass der Entscheidungsbegriff nicht unbedingt der alltagssprachlichen Verwendung entspricht. Es geht hier weniger um eine bewusste und vorsätzliche Wahl, die nach Abwägung aller Vor- und Nachteile getroffen wird. Es geht vielmehr um die sehr schnellen und affektiven Pfade, die wir bzw. unsere Psyche einschlägt, um sich temporär so zu konstituieren, wie sie es tut.

Der Entscheidungsgedanke verdeutlicht aber auch, dass es eben nicht automatisch so sein *muss*. Ich muss nicht zwangsläufig so oder so als Mentee auf meinen Professor, den Chef oder den Kollegen reagieren. Ich muss nicht immer sofort auf vermeintlichen Druck von außen reagieren. Vielmehr ist es grundsätzlich möglich, Situationen völlig anders zu bewerten, einen anderen Umgang damit zu finden oder diese selbst aktiv zu gestalten.

Mentees dabei zu unterstützen, kann einen sehr nachhaltigen Einfluss auf diese haben.

Die meisten Menschen können relativ plausibel darstellen, warum etwas so ist wie es ist, warum es dazu keine Wahl gibt und oder warum sie manchmal vermeintlich absolut keine Ahnung haben, wie sie etwas lösen sollen.

Gelingt es jedoch genau diese innere Logik und ihre deterministischen Selbstbeschreibungen zu verändern, kann der ganze Mensch sich verändern. Dazu ist es wichtig erst einmal zu begreifen, wie er seine psychischen Muster erschafft oder umgangssprachlicher, wie er „tickt", um dann zu überlegen, wie Entwicklung geschehen kann.

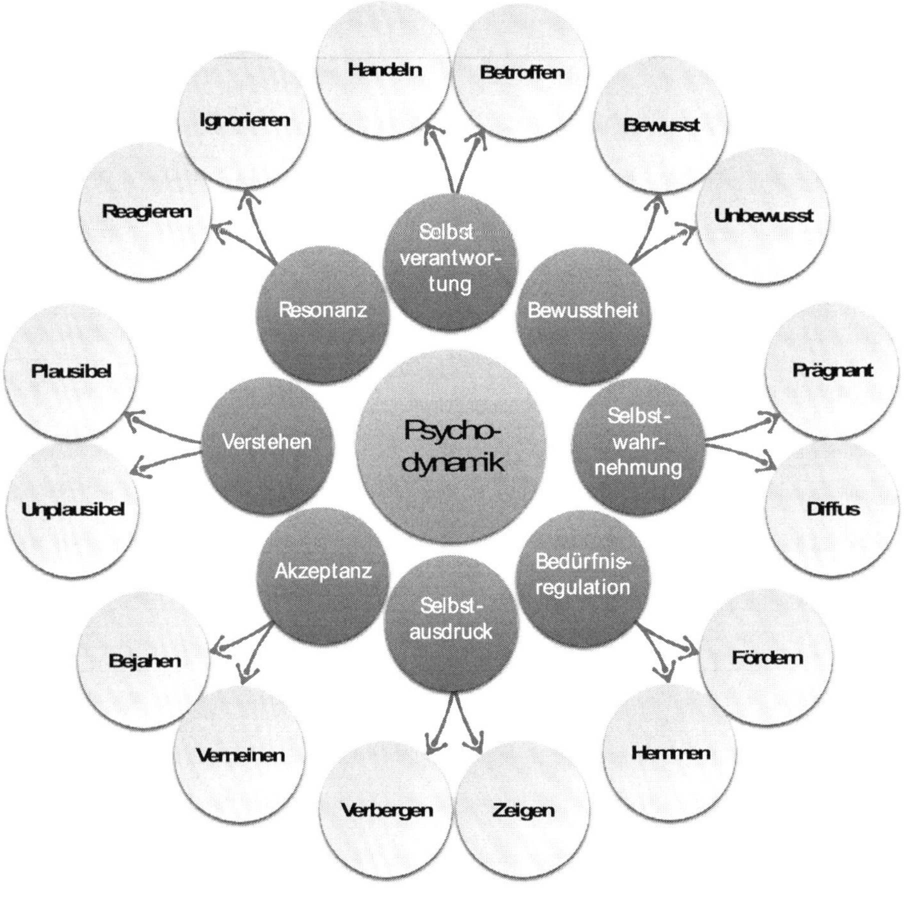


Lassen Sie uns nun einen detaillierten Blick auf diese acht Leitprozesse werfen.

## 6.2.2 Die 8 Leitprozesse der Psychodynamik

Jeder dieser Leitprozesse umfasst dabei zwei Pole. Keiner der beiden Pole ist besser oder schlechter als der andere und eine einseitige, gar normative Fixierung auf einen der Pole ist hier nicht im Sinne des Modells. Es geht vielmehr darum festzustellen, welcher der beiden Pole im Moment für die jeweilige Person dominant ist und ob dies für den betreffenden Menschen in seinem jeweiligen Kontext und mit seiner individuellen Historie eher funktional oder dysfunktional, eher hilfreich oder hinderlich ist.

Als Mentor geht es also darum, sich zunächst ein Bild zu machen, welcher Pol im jeweiligen Leitprozess gerade besonders in den Vordergrund kommt, ob das Sprechen darüber als stimmig wahrgenommen wird und wo es vielleicht gerade für die Entwicklung der eigenen Person von großer Bedeutung wäre, einmal den genau anderen Pol stärker zur Geltung kommen zu lassen.

### 6.2.2.1 Leitprozess Selbstverantwortung

Dieser Leitprozess besteht aus den Polen „handeln" oder „betroffen".

- Die Leitfrage lautet: Nehme ich Einfluss oder nicht?

Jeder Mensch entscheidet kontinuierlich darüber, wie er die Welt konstruiert und welche Bedeutung er dem Erlebten gibt. Sieht er dies als gestaltbar an oder sieht er sich als ausschließlich Betroffener an, der in dieser Welt irgendwie zurechtkommen muss?

Klar ist, dass die Wahl des jeweiligen Pols große Auswirkung auf den Blick auf das Leben und auf Fragen im Mentoring hat. Um es nochmal zu unterstreichen: keiner der beiden Pole ist per se besser als der andere. Es mag Mentees geben, die sich stets auf dem Handlungspol sehen und sich damit für alles verantwortlich fühlen und so oft große Schwierigkeiten haben, mit Dingen klar zu kommen, die nicht in ihrem Verantwortungs- oder Einflussbereich liegen. Auf der anderen Seite gibt es Mentees, die sich stets als Betroffene empfinden, zur Opferhaltung neigen, sich oft über Umstände beschweren und daher wenig Gestaltungsspielraum für ihren eigenen Lebensweg sehen.

### 6.2.2.2 Leitprozess Bewusstsein

Dieser Leitprozess besteht aus den Polen „bewusst" und „unbewusst".

- Die Leitfrage lautet: Was weiß ich von mir und was nicht?

Bewusstsein über das eigene Fühlen, Denken und Handeln wird hier als Voraussetzung zur Selbststeuerung gesehen. Nur was mir zugänglich ist und was ich von mir weiß, kann ich auch selbst aktiv gestalten. Wäre dem Mentee wiederum stets alles bewusst und würde dies dauernd kognitiv überprüft, kann es zum Dauergrübeln und zur Lähmung führen.

Interessant ist daher im Mentoring zu prüfen, was der Mentee wirklich über sich weiß, was ihm zugänglich ist und was für ihn vielleicht noch im Verborgenen liegt, der Mentor aber schon wahrgenommen hat.

#### 6.2.2.3 Leitprozess Selbstwahrnehmung

Dieser Leitprozess besteht aus den Polen „prägnant" und „diffus".

> Die Leitfrage lautet: Wie spüre ich oder eben nicht?

Sämtliche Leitprozesse haben Querbezüge und Abhängigkeiten zueinander. Dies sei exemplarisch an dem Leitprozess Selbstwahrnehmung verdeutlicht. Nur wenn ich etwas in mir wahrnehme, kann ich ein Bewusstsein dafür entwickeln und damit auch zum Beispiel verstehen, warum ich reagiere wie ich reagiere.

Ohne Selbstwahrnehmung ist Erkenntnisgewinn und die Veränderung von Verhalten unmöglich. Hierbei ist auch die Prägnanz des Empfindens von Bedeutung. Es ist erforderlich, dass ich etwas *prägnant* in mir spüre, um dem nachzugehen und ihm Bedeutung zu geben. Empfinde ich etwas nur sehr diffus, wird es mir schwerfallen, daraus Erkenntnisse zu ziehen oder Entscheidungen zu treffen. Ziel ist nicht, ständig alles zu spüren, das würde uns völlig überlasten und doch ist gleichzeitig eine situationsgerechte Selbstwahrnehmung der zentrale Startpunkt bei persönlicher Veränderung.

Als Mentor empfiehlt es sich daher den Mentee immer wieder zu fragen, was er denn in sich spürt, was er wahrnimmt, während er etwas mitteilt oder eine Entscheidungsfrage erörtert. Der Zugang zu diesen Empfindungen und der Austausch darüber führen meist zu neuen und hoch relevanten Informationen in einem Gespräch. So werden oftmals Dinge transparent, die man im „ersten Wurf" nicht von sich preisgeben will oder die einfach nicht dem Selbstkonzept entsprechen, dass man dem Mentor im ersten Eindruck vermitteln will.

#### 6.2.2.4 Leitprozess Selbstausdruck

Dieser Leitprozess besteht aus den Polen „zeigen" und „verbergen".

> Die Leitfrage lautet: Was zeige ich und was zeige ich nicht?

Die Wahlmöglichkeit zu haben, was man von sich zeigen will und was nicht, ist Teil einer funktionalen Psychodynamik. Für berufliche und soziale Rollen ist es von hoher Bedeutung, dass man ein Stück weit steuern kann, was man von sich preisgeben will und was nicht. Es lassen sich jedoch nur bewusste Impulse verbergen, alles andere zeigen wir durch unsere Körpersprache und unsere Stimme ständig.

Einiges wirkt dadurch sehr stimmig, anderes weniger überzeugend und deutet somit meist darauf hin, dass es da noch etwas Wichtiges im Mentee gibt, das noch nicht Teil des Gespräches ist. Dem Mentee diese Diskrepanz als Empfindung und als Feedback zur Verfügung zu stellen, ist daher eine hoch wirksame Form des Mentorings, aus der viel entstehen kann.

Dabei ist es nicht erforderlich, sondern sogar eher schädlich, wenn der Mentor versucht, die Diskrepanz inhaltlich zu deuten oder herzuleiten. Das alleinige Mitteilen der Diskrepanz, das Teilen der Wahrnehmung kann hier schon viel bewirken. Oftmals sind sich Mentees, wie die meisten anderen Menschen auch, ihres Selbstausdrucks gar nicht bewusst und werden sich ihrer Empfindungen erst auf Basis solcher Rückmeldungen wirklich klar.

#### 6.2.2.5 Leitprozess Bedürfnisregulation

Dieser Leitprozess besteht aus den Polen „fördern“ oder „hemmen“.

▶ Die Leitfrage lautet: Was will ich und was nicht?

Bedürfnisse können nur erfüllt werden, wann man sie zunächst wahrnimmt und dann entsprechend fördert. So erwächst aus einem Bedürfnis heraus eine Motivation zur Handlung. Nur wenn ich diesem Impuls nachgehe, entsteht überhaupt die Möglichkeit der Erfüllung. Gleichzeitig ist es in keinem sozialen System, in keiner Beziehung, in keinem Unternehmen immer möglich, dass sämtliche Bedürfnisse aller gleichzeitig erfüllt werden. Das heißt man muss damit rechnen, dass die eigenen Bedürfnisse möglicherweise nicht zur Erfüllung gelangen und daher ist es auch eine wichtige Fähigkeit der Selbstregulation zu entscheiden, ob man das jeweilige Bedürfnis hemmt oder fördert.

Dieser Leitprozess hat im Mentoring ebenfalls eine sehr zentrale Rolle. Nur wenn ein Mentee Zugang zu seinen Bedürfnissen hat, kann er für sich eine sinnvolle und tragfähige Entscheidung treffen, welche zur Wahl stehende Alternative (Karrierewege, potenzielle Arbeitgeber, Partnerschaft, Zukunftsplanung) für ihn wirklich Sinn macht.

Gerade bei jüngeren Mentees erlebt man, dass diese bei relevanten Fragen häufig eher „Konzepte“ im Kopf haben, wie man sich zu verhalten habe, welchen Weg man einzuschlagen hätte, welcher Beruf der Richtige oder welcher Karriereweg der einzig Sinnvolle sei.

Als Mentor versuche ich dann zunächst zu verstehen, was hinter dem jeweiligen Konzept tatsächlich steht. Sind es vielleicht einfach vorgefertigte Schablonen, die auf einen selbst übertragen werden? Hat der Mentee überhaupt Zugang zu seinen eigenen Bedürfnissen?

Es lassen sich keine weitreichenden tragfähigen Entscheidungen treffen, wenn man nicht exploriert, was einem Menschen warum wichtig ist, welches Bedürfnis ihn treibt und wo er einem Bedürfnis gar keine Geltung gibt.

#### 6.2.2.6 Leitprozess Akzeptanz

Dieser Leitprozess besteht aus den Polen „bejahen“ oder „verneinen“.

▶ Die Leitfrage lautet: In welcher Form bewerte ich?

Jeder Mensch erinnert sich an Dinge, zu denen er in seiner eigenen Biografie „Ja“ sagen kann und es gibt bestimmte unangenehme Aspekte, die man ablehnen, vergessen oder verdrängen möchte. Je klarer ein Mentee weiß, zu was er uneingeschränkt „Ja" sagen kann, desto mehr reduziert das die Komplexität und erhöht seine eigene Handlungsfähigkeit.

Je mehr ich mich aber auch mit den Dingen auseinandersetze, die ich in meiner Biographie als eher unangenehm betrachte, umso weniger Energie muss ich dafür aufbringen, diese auszublenden und zu verdrängen. Dabei geht es um eine Akzeptanz dessen, was ist. Um Missverständnisse zu vermeiden, geht es nicht darum, alles was einem widerfahren ist, gut zu heißen, sondern schlichtweg darum, es nicht zu leugnen.

Hierbei kann der Mentor ebenfalls ein wertvoller Gesprächspartner sein, indem er mit dem Mentee in wertschätzender Art und Weise auch über die Eigenschaften und Verhaltensweisen in den Dialog kommt, die der Mentee nicht an sich mag. Gerade durch einen wertschätzenden und akzeptierenden Umgang damit kann Veränderung erst entstehen.

#### 6.2.2.7 Leitprozess Resonanz

Dieser Leitprozess besteht aus den Polen „reagieren" und „ignorieren".

- Die Leitfrage lautet: Worauf reagiere ich und worauf nicht?

Jeden Augenblick in unserem Leben können wir auf andere Menschen, Eindrücke und die Atmosphäre reagieren und in Resonanz gehen. Täten wir dies jedoch immerzu, wären wir völlig überfordert. Daher muss auch hier wieder eine Wahl getroffen und manche Dinge ignoriert werden.

Dies passiert in der Regel sehr unbewusst und allein meist kaum auflösbar. Ein Mentor wiederum kann dem Mentee hier jedoch spiegeln, wie er ihn wahrnimmt und ihm zeigen, dass er bei einigen Themen eine richtige Begeisterung erkannt hat, andere Aspekte aber scheinbar ganz ausgeblendet werden bzw. kein Echo darauf wahrnehmbar wurde. Die Markierung dieses Unterschieds ist wiederum sehr wichtig für den Mentee, um sich darüber klar zu werden, was in ihm vorgeht.

#### 6.2.2.8 Leitprozess Verstehen

Dieser Leitprozess besteht aus den Polen „plausibel" und „unplausibel".

- Die Leitfrage lautet: Was verstehe ich und was nicht?

Jeder Mensch ordnet seine Eindrücke, Erlebnisse und Begegnungen, indem er Zusammenhänge herstellt, Ursache-Wirkungserklärungen für sich findet und daraus einen Sinn ableitet. Auch die Verhaltensweisen anderer versucht man zu verplausibilisieren.

Gelingt dies nicht, ist es meistens schwer, schnell angemessen in Situationen zu reagieren.

Nicht alles im eigenen Verhalten muss plausibel erscheinen und verstanden werden. Dies würde Spontanität hemmen.

Hier kann der Mentor wieder wichtige Unterstützung für den Mentee leisten. Oftmals kann man die eigene Biografie nämlich auch ganz anders betrachten, so lassen sich zum Beispiel die Vor- und Nachteile von Jobangeboten völlig unterschiedlich beleuchten, die Sinnkonstruktionen anderer können auch ganz anders verstanden werden. Vermeintlich Selbstverständliches und Eindeutiges wieder auf und offen zu stellen, ermöglicht eine völlig neue Betrachtung der Situation und damit auch ein ganz anderes Verstehen. Dies wird von Mentees oft als einer der größten Mehrwerte von Mentoring-Programmen gesehen.

Wie Sie sehen, kann die Methode der 8 Leitprozesse also in jedem Mentoring wirkungsvoll die inneren Vorgänge des Mentees näher beleuchten, dem Mentor zu einem tieferen Einblick verhelfen und so ein funktionables Werkzeug darstellen, um den Mentee in seinem Entwicklungsprozess noch besser zu unterstützen. Gerade jedoch beim Mentoring oder Coaching im virtuellen Umfeld hat sich die Anwendung dieser Methode erfolgreich bewährt, um die auf auditive und visuelle Signale begrenzte Wahrnehmung massiv zu erweitern und damit noch näher an ein Real-Life-Setting mit dem Mentee oder Coachee zu gelangen.

## 6.3 Fazit

Wertvolles, zielführendes und persönliches Mentoring und Coaching im virtuellen Raum ist möglich. Auch wenn die neuen Technologien wichtige Bestandteile einer face-to-face Situation niemals komplett ersetzen können, so lässt sich doch mit entsprechendem technischen Know-How und Equipment sowie sinnvollen inhaltlichen Methoden wie den hier vorgestellten 8 Leitprozessen der Psychodynamik aus der Metatheorie der Veränderung ein nahes und kraftvolles Miteinander im Prozess gestalten.

## Literatur

Eidenschink, Klaus (2020): Virtuelle Begegnungen? Hinweise zur Psychologie des Kontakts via Bildschirm. https://metatheorie-der-veraenderung.info/2020/04/09/virtuelle-begegnung/, zuletzt am 13.04.2021.

Pflaum, Stephan; Wüst. Lothar (2018): Der Mentoring Kompass für Unternehmen und Mentoren. Berlin: Springer.

# Digitale Services an der LMU München in der Career Community

# 7

Stephan Pflaum

Die Ludwig-Maximilians-Universität München ist mit mehr als 50.000 Studierenden und einer über 500-jährigen Tradition eine der weltweit führenden Universitäten. Student und Arbeitsmarkt (www.s-a.lmu.de) ist der zentrale Career Service der LMU. Die Organisation unterstützt Studierende mit zahlreichen Angeboten dabei, ihren Berufseinstieg vorzubereiten, ihre sozialen Kompetenzen auszubauen, ihr fachliches Profil zu schärfen und bringt sie mit potenziellen Arbeitgebern in Kontakt. Die LMU Career Community ist das soziale Netzwerk des Career Service aus Unternehmen, Alumni, Studierenden und Promovierenden der LMU. Zu den Leistungen der Community zählen:

- Career Mentoring von Studierenden durch erfahrene Akademiker,
- Persönliches Karrierecoaching für Studierende,
- Coaching für Alumni,
- Karrieresprechstunden,
- Beratung zu den Themen Auslandspraktika und Stipendien,
- Career Events,
- Seminare zur Erweiterung der persönlichen, sozialen und fachlichen Kompetenzen,

---

**Elektronisches Zusatzmaterial** Die elektronische Version dieses Kapitels enthält Zusatzmaterial, das berechtigten Benutzern zur Verfügung steht. https://doi.org/10.1007/978-3-658-33442-0_7

---

S. Pflaum (✉)
Career Service der LMU, Ludwig Maximilian University, München, Deutschland
E-Mail: stephan.pflaum@lmu.de



S. Pflaum und M. Schwalb (Hrsg.), *Der Kompass zum digitalen Mentoring & Coaching,*
https://doi.org/10.1007/978-3-658-33442-0_7

- Micro-Mentoring und Networking,
- Virtuelle Jobmessen,
- CV und Bewerbungsmappen-Check.

Dieser Beitrag skizziert die Herausforderungen und Erfahrungen, welche die Digitalisierung der Services mit sich brachte. Unfreiwillig, aber dennoch erfolgreich beschleunigt wurden diese Prozesse des digitalen Wandels durch die Corona-Krise im Jahr 2020. Neben dem Einblick in die einzelnen digitalen Services wird die in diesem Jahr eingeführte App der LMU Career Community beschrieben.

## 7.1 Der inhaltliche Rahmen: Die Career Community der LMU wird digital

Die Career Community ist der organisatorische Rahmen, unter dem die Dienstleistungen des Career Service der LMU zusammengefasst sind. In erster Linie dient die Community den Studierenden und Promovierenden der Hochschule. Bei der Entwicklung neuer Services sowie bei der Erweiterung des Netzwerkes z. B. um neue Unternehmenspartner stehen der Nutzen und die Interessen der Studierenden im Mittelpunkt der Überlegungen. Darüber hinaus bietet sie auch Leistungen und Angebote für Alumni und Partnerunternehmen der LMU:

- Über das Mentoringprogramm werden Studierende mit berufserfahrenen Akademikerinnen (oft Alumni) vernetzt.
- Über Events und eine virtuelle Jobmesse werden Studierende mit Unternehmen aus unterschiedlichen Branchen vernetzt.
- An kulturellen und sportlichen Events können Studierende, Alumni und Unternehmensvertreter teilnehmen und sich vernetzen.

Die Community wird aktuell von mehr als 2000 Studierenden und 800 Alumni genutzt und wächst seit 2020 um etwa 150 Mitglieder pro Monat. Zwischen 30 und 50 Unternehmen aus unterschiedlichen Branchen bilden das Partnernetzwerk mit konkreten Karrierechancen exklusiv für die Mitlieder der Community. Zum Management des Mentoringprogramms sowie der Eventteilnahme wurde 2018 eine webbasierte Datenbank eingeführt, bei der sich die Nutzer ein persönliches Profil anlegen, dieses selbst verwalten und sich zu den Angeboten des Career Service anmelden können.

Auch wenn die Digitalisierung beim Management der wachsenden Datenmenge vor allem mit Blick auf den Datenschutz, z. B. auf die Einhaltung von Löschfristen gemäß DSGVO hilfreich ist, bleibt die persönliche Beratung, der persönliche Austausch und die individuelle Vernetzung von Mitgliedern und Unternehmen der Career Community der Kern der Philosophie.

Alle Prozesse sind daher nur teilautomatisiert. Algorithmen helfen den Beratern der LMU und Mitgliedern der Community z. B. dabei, eine Vorauswahl an Mentoren zu identifizieren oder auf passende Stellenangebote aufmerksam zu machen. Die letzten Eingrenzungen, Entscheidungen und Vermittlungen finden aber stets im Rahmen eines persönlichen Beratungsgesprächs – online und/oder vor Ort – mit den beteiligten Personen statt.

| **Career Community** | |
|---|---|
| Schnelle und einfache Vernetzung ermöglichen von<br>- Studierenden<br>- Alumni<br>- Anderen berufserfahrenen Akademikern<br>- Unternehmen | ☐ |
| Angebot für Studierende<br>- in allen Phasen des Studiums<br>- mit allen Abschlussarten<br>- Ziel der interdisziplinären Vernetzung<br>- Guter Mix an Unternehmen, der Einstiegs- und Karrierechancen für alle Fachbereiche bietet | ☐ |
| Angebot für Unternehmen<br>- aus unterschiedlichen Branchen,<br>- insgesamt überschaubar bleibende Anzahl an Partnern (z.B. 50)<br>- Kontakt zur passenden Zielgruppe | ☐ |
| Angebot für Alumni und berufserfahrene Akademiker<br>- Gemeinsame Veranstaltungen im kulturellen und sportlichen Bereich<br>- gemeinsame Veranstaltungen von Alumni / berufserfahrenen Akademikern und Studierenden zur branchen- und fächerübergreifenden Vernetzung | ☐ |

## 7.2 Digitale persönliche Beratungsangebote

Das Mentoringprogramm der LMU gibt es bereits seit 2001. Berufserfahrene Akademiker, häufig Alumni der Hochschule, begleiten als ehrenamtliche Mentoren bis zu drei Mentees parallel auf deren Weg ins Berufsleben. Heute begleiten mehr als 750 Mentoren aus allen Branchen und Berufen ca. 1000 Mentees aus allen Fakultäten.

### 7.2.1 Blended Mentoring als Chance

Die meisten Mentoren engagieren sich ehrenamtlich, unabhängig von ihrem aktuellen Arbeitgeber. Ein stetig wachsender Anteil der jährlich neu hinzukommenden Mentoren war zuvor selbst Mentee. Nach erfolgreichem Abschluss und einigen Jahren an Berufserfahrung melden sie sich im Programm an. Sie haben in der Regel drei oder mehr Jahre Berufserfahrung im Beruf oder in der Branche, in die der Mentee später selbst einsteigen will. Daneben hinaus gibt es Unternehmen, die das Programm mit mehreren aus ihren Reihen entsandten Mentoren unterstützen.

Das Mentoring steht allen Studierenden der LMU vom Erstsemester bis zum Doktoranden offen. In erster Linie zielt das Programm auf die Persönlichkeitsentwicklung der Mentees. Der Mentor bestärkt die Studierenden mit seinem Feedback in ihren Plänen, vermittelt ihnen Selbstvertrauen und unterstützt sie beim Selbstmanagement im Studium, bei Bewerbungen oder bei der Wahl der richtigen Praktika. Mehr als 60 % der Mentees finden direkt oder indirekt über ihren Mentor ein Praktikum und/oder den ersten Job.

Der Einstieg ins Mentoringprogramm ist für Mentoren und Mentees jederzeit möglich. Über die Online-Plattform kann man sich über das Web/über die App anmelden, seine Daten verwalten sowie einen Termin zur Matching-Beratung vereinbaren:

1. Studierende/Mentoren legen sich ein Profil in der App an. Unter anderem werden dabei folgende Daten für das spätere Matching erfasst:
   - Name und Adressdaten sowie ein Profilfoto
   - Mentee: Geplanter Abschluss/Mentor: Gemachter Abschluss
   - Fachrichtungen
   - Auswahl von bis zu drei Zielbranchen
   - Abfrage der Motivation zur Teilnahme
   - Unternehmensgröße Mentee: gewünschte/Mentor: aktuelle
   - Berufserfahrung Mentee: gewünschte/Mentor vorhandene
   - CV und ggf. weitere zielführende Dokumente
   - Ggf. gewünschtes Geschlecht des Tandempartners
   - Inhalte des Mentoringangebot Mentee: gewünschte/Mentor: angebotene Inhalte

2. Der Mentee wählt in einem Online Kalender einen persönlichen oder einen Online-Beratungstermin über Zoom zum Matching aus. Bei diesem Termin bespricht ein Mitarbeiter des LMU-Teams die Angaben des Mentees mit ihm und ergänzt diese ggf. um weitere für ein gutes Matching relevante Informationen.
3. Der in der Software hinterlegte Algorithmus matcht potenziell passende Tandempartner nach den in (1) genannten Kriterien.
4. Ein Mitarbeiter des Mentoringprogramms sichtet das Matching Ergebnis und reduziert die Auswahl an Mentoren für den Mentee auf fünf Vorschläge.
5. Aus diesen fünf Vorschlägen wählt der Mentee zwei bis drei potenzielle Tandempartner aus. Dabei kann er ein anonymisiertes Kurzprofil mit den Daten aus (1) der Mentoren einsehen.
6. Die ausgewählten Mentoren werden vom System benachrichtigt, dass die Wahl auf sie gefallen ist und können das anonymisierte Profil des Mentees ebenfalls einsehen. Sie entscheiden, ob sie sich ein Tandem vorstellen können.
7. Bestätigen einer oder mehrere Mentoren die Wahl des Mentees wird der Mentee darüber informiert, erhält die Kontaktdaten der entsprechenden Mentoren und kann Kontakt zu diesen aufnehmen.
8. Mentee und Mentor/en vereinbaren ein erstes persönliches Treffen vor Ort und/oder über Zoom. Im Anschluss des Gesprächs entscheiden beide Seiten, ob sie ein Tandem eingehen wollen oder nicht.

Durch Covid-19 wurden die Online-Elemente im Prozess wichtiger. Auch wenn persönliche Treffen vor Ort für eine dauerhaft funktionierende Mentoringbeziehung von enormer Bedeutung sind, haben sich die Onlineberatung in Schritt (2) und das erste Kennenlernen in Schritt (8) als zielführend erwiesen. Zudem ist der organisatorische und zeitliche Aufwand bei Online-Treffen deutlich geringer.

Zur inhaltlichen Gestaltung des Mentoringtandems macht die LMU keine festen Vorgaben. Bei den persönlichen Erwartungen an das Mentoring können Mentor und Mentee im Matching-Tool Angaben dazu machen, auf was sie beim Mentoring Wert legen:

- Bewerbungscoaching
- Berufliche Orientierung
- Organisation des Studiums
- Hilfe bei der Praktika-/Jobsuche
- Aufbau eines Karrierenetzwerks
- Hintergrundinfos zu Branchen und Berufen

Die LMU unterstützt die Mentoren und Mentees bei Bedarf mit einem optionalen Angebot:

- Eintägiges Einführungs- und Networking-Seminar für Mentoren, zweimal im Jahr.
- Online Seminar zur Zielfindung im Mentoring

- Online Seminar zum Thema digitales Mentoring
- Mentoring-Forum (einmal im Jahr) als Networking Veranstaltung für alle Mentees und Mentoren

Die meisten Mentoringtandems laufen zwischen sechs und 18 Monaten. Oft gehen die Tandems nach Abschluss in eine dauerhafte Freundschaft zwischen Mentor und Mentee über. Ebenso häufig findet ein Mentee direkt oder indirekt über seinen Mentor ein Praktikum oder nach Abschluss des Studiums eine feste Stelle.

Auch vor der COVID 19-Situation war das Mentoring blended. Das heißt, Mentoren und Mentees hielten zwar auch über E-Mail und Telefon Kontakt. Im Zentrum aber standen die persönlichen Treffen im Tandem, z. B. in einem Café oder im Unternehmen des Mentors. Inzwischen finden das erste sowie folgende Treffen überwiegend online über Zoom, Teams, Skype, … statt. Es ist davon auszugehen, dass dies auch nach der Pandemie so bleiben wird und die One-to-One-Online-Session eine wichtige Rolle spielen wird. Der Vorteil liegt in der einfacheren Vereinbarung und Umsetzung von gemeinsamen Terminen. Nichtsdestotrotz wird die Bedeutung der persönlichen Treffen nach COVID 19 wieder zunehmen. Denn nichts Digitales kann den persönlichen Kontakt bei einer Tasse Kaffee oder bei einem Treffen im Arbeitsumfeld des Mentors ersetzen.

### 7.2.2 Karriere Coaching: erste Hilfe in der digitalen Sprechstunde

Ergänzend zum Career Mentoring bietet die LMU München den Studierenden ein persönliches Karrierecoaching an. Mögliche Beratungsthemen sind:

- Berufszielfindung
- Perspektiven nach dem Abschluss
- Fragen zum Berufseinstieg
- Bewerbungsfragen
- Chancen und Möglichkeiten auf dem Arbeitsmarkt

Die Studierenden melden sich hierzu über die Career Community App der LMU an. Dazu laden sie neben Daten zu ihrem Studiengang einen aktuellen Lebenslauf und ihre Immatrikulationsbescheinigung hoch. Zudem beschreiben sie ihr Anliegen, ihre Fragen in einigen Stichpunkten an das Beraterteam. Anhand dieser Angaben entscheidet das Team im Vorfeld, ob der Career Service der LMU der richtige Ansprechpartner und ob ein persönliches Coaching die richtige Methode ist. In etwa 80 % der Anfragen haben einen rein administrativen Hintergrund zum Studium und können schnell per E-Mail beantwortet oder ggf. an eine andere zuständige Stelle der Hochschule weitervermittelt werden. Die übrigen 20 % beziehen sich auf die oben genannten Themen und werden in einem ca. 60-minütigen persönlichen Beratungsgespräch mit dem Studenten besprochen.

Vor der COVID-19-Pandemie fanden diese Beratungsgespräche ausschließlich persönlich und vor Ort in einem Vier-Augen-Setting statt. Inzwischen findet die Beratung als One-to-One-Video-Konferenz statt. An der LMU haben alle Studierenden einen kostenlosen Pro-Zoom-Zugang, über den auch der Vorlesungsbetrieb stattfindet. Für das Beratungsgespräch erhält der Studierende einen Zoom-Einladungslink mit Terminvorschlag zur Beratung.

Diese Umstellung wird von den Studierenden sehr gut angenommen und die Nachfrage nach persönlicher Beratung ist nicht nur aufgrund der außergewöhnlichen Situation stark gestiegen. Gegenwärtig überwiegen Fragen zu den Folgen des Lockdowns auf die berufsbezogene Gestaltung des Studiums, auf Praktika sowie auf den Berufseinstieg zum Inhalt. Auch wenn nach der Pandemie die persönliche Vor-Ort-Beratung wieder öffnet, soll das Online-Angebot auf jeden Fall als Alternative auch nach der Pandemie für die Studierenden erhalten bleiben. So können es z. B. auch Studierende aus dem Ausland oder während der Semesterferien von einem abweichenden Heimatort aus nutzen.

Die Dauer einer persönlichen Beratung wird mit einer Stunde angegeben. Während persönliche Beratungsgespräche vor Ort länger als 60 min dauern können, ist bei Onlineberatungen mehr Zeitdisziplin und die Einhaltung der vorgegebenen Stunde gefragt. Hintergrund ist der, dass Onlineberatungen über Tools wie Zoom ungleich mehr Konzentration erfordern und für Berater und Ratsuchenden anstrengender sind. Empfehlenswert ist es auch für den Berater, nicht mehr als zwei bis drei solcher Beratungsgespräche an einem Tag zu führen.

### 7.2.3 Karriere Coaching für Alumni

Das Beratungsangebot wurde 2019 um ein entsprechendes Angebot für Alumni der LMU erweitert. Anders als das einstündige und kostenfreie Angebot für Studierende ist der Service für Alumni kostenpflichtig und kann sich auf mehrere Sitzungen erstrecken. Die Beratung ist systemisch orientiert. Die Themen sind unter anderem:

- Entscheidungsfindung
- Berufliche (Neu-)Orientierung
- Einschätzung der eigenen Kompetenzen und Ressourcen
- Umgang mit aktuellen Herausforderungen
- Entwicklung von Perspektiven für die weitere persönliche oder berufliche Entwicklung

Nutzen können den Service Alumni der LMU mit bis zu zehn Jahren an Berufserfahrung. Inzwischen können die Sitzungen per Videokonferenz und/oder vor Ort stattfinden.

### 7.2.4 Beratung zum Auslandspraktikum und zu Stipendien

Auch und vor allem in Zeiten von Corona will die LMU den Studierenden eine umfassende Beratung zum Thema Auslandsaufenthalte und damit verbundene Stipendien bieten. Dabei geht es nicht nur darum, den Studierenden Mut zu machen, nach der Pandemie Auslandsaufenthalte zu machen, sondern es gibt inzwischen auch Studierende, die ein Auslandspraktikum online aus dem Homeoffice heraus absolvieren. Weiter berät die LMU auf diesem Weg auch Studierende, die im Ausland gestrandet oder zwischen den Phasen der Lockdowns ein Praktikum bereits begonnen haben. Ganz unabhängig von COVID 19 bietet die Webseite der LMU zahlreiche Praktikumsberichte von Studierenden aus aller Welt, die Orientierung bei der Entscheidung bieten.

### 7.2.5 Offene Karrieresprechstunde

Einmal wöchentlich bietet der Career Service eine Online Sprechstunde rund um die Bewerbung und Karriere an. Studierende und Promovierende der LMU können sich über Zoom in eine offene Konferenz einloggen. Die Anmeldung erfolgt über die Community App und lässt bis zu 20 Teilnehmer zu. In erster Linie geht es bei den Fragen um formale und technische Fragen rund um die Bewerbung. Oft geht es auch nur darum, den Studenten Mut zu machen, sich statt lange zu überlegen einfach zu bewerben. Denn mehr als eine Zusage oder eine freundliche Absage des Unternehmens kann nicht passieren. Und bei mehreren Bewerbungen wird eine mit Sicherheit erfolgreich sein.

### 7.2.6 CV Check

Ein weiterer digitaler Beratungsservice der Community ist der digitale Check der Bewerbungsunterlagen der Mitglieder. Das hilft den Studierenden zum einen bei Bewerbungen im Allgemeinen. Zum anderen spielt der CV auch in der Community eine wichtige Rolle. Da dieser vor jedem Event oder bei einer Bewerbung über die Community an die entsprechenden Unternehmen weitergeleitet wird. Dabei werden die Unterlagen vom Berater-Team nach einem standardisierten Schema und ergänzt um die Erfahrung des jeweiligen Beraters geprüft. Der individuelle Charakter einer jeden Bewerbung bleibt jedoch erhalten.

### 7.2.7 Checkliste Digitale Beratungsangebote

| Beratung | |
|---|---|
| Niedrigschwelliger Zugang, z.B. über eine App und/oder eine Webanmeldeplattform. | ☐ |
| Schnelle (automatische) Antwort per E-Mail mit der Bitte, das Anliegen zu in einigen Stichpunkten zu konkretisieren. | ☐ |
| Darin enthalten: Zusicherung der Vertraulichkeit der Angaben. Die eingereichten Fragen werden nach Abschluss der Beratung automatisch gelöscht. | ☐ |
| Entscheidung im Vorfeld, ob eine persönliche Karriereberatung die richtige Methode ist. Ggf. Verweis an eine andere Stelle, z.B. wenn es sich um rein administrative Fragen oder tiefergehende psycho-soziale Probleme handelt, die über eine Karriereberatung hinausgehen. | ☐ |
| Einladung, z.B. mit Zoom-Einladungs-Link mit Meeting ID und Passwort. | ☐ |
| Ca. eine Stunde vor Beginn der Beratung einen friendly reminder (mit Link und Zugangsdaten) senden.<br>- Den Studierenden dabei bitten, einen Stift und einen Zettel bereit zu legen, sowie die folgenden Punkte zu beachten, die sowohl für den Berater als auch für den Klienten gelten:<br>- Sicherstellung einer guten Internetverbindung.<br>- Testen von Lautsprechern, Kamera und Mikrofon.<br>- Rückzug in einen geschützten Raum, in dem man für die Beratungsstunde ungestört ist.<br>- Andere Medien wie Telefon, Smartphone, Benachrichtigungstöne am PC durch andere Anwendungen ausstellen.<br>- Neutralen oder seriösen virtuellen Hintergrund auswählen.<br>- Einwahl etwa fünf Minuten vor Beginn der Session.<br>- Ggf. Bereitlegen / Öffnen von digitalen Inhalten, die über Screen-Sharing geteilt werden sollen.<br>- Hinweis, dass keine Aufzeichnung des Gesprächs stattfindet. | ☐ |

| | |
|---|---|
| Für den Berater:<br>- z.B. Weiterführende Links und Hilfestellungen über den Chat und/oder eine E-Mail im Nachgang des Gesprächs teilen.<br>- Thematische Grenzen klar ziehen – Es handelt sich um eine einstündige Karriereberatung, nicht um eine psycho-soziale Beratung. | ☐ |
| **Mentoring** | |
| Für das erste Treffen ist ein Online-Treffen sehr gut geeignet<br>- Abklärung im Mentoring, ob man inhaltlich und persönlich als Tandem zusammenpasst.<br>- Einfache Terminvereinbarung und -durchführung.<br>- Ortsunabhängigkeit.<br>- Weniger Zeitaufwand. | ☐ |
| Durch die Pandemie sind Mentoren und Mentees inzwischen geübt im Umgang mit Zoom, Teams, Skype und co. | ☐ |
| Anders als bei Online Business Meetings kann man als Mentor/Mentee auch persönliche Einblicke gewähren:<br>- Bücherwand<br>- Bilder<br>- Arbeitsumgebung<br>Das kann eine vertraute Gesprächssituation fördern. | ☐ |
| Anforderungen an den Mentor<br>- mind. 2 Jahre relevante Berufserfahrung<br>- akademischer oder vergleichbarer Abschluss<br>- Bereitschaft, sich ca. zweimal pro halbem Jahr mit dem Mentee zu treffen<br>- Freude am Austausch mit jungen Menschen | ☐ |
| Anforderungen an den Mentee<br>- An der LMU immatrikuliert<br>- Bereitschaft, sich ca. zweimal pro halbem Jahr mit dem Mentor zu treffen<br>- Zuverlässigkeit | ☐ |

| | |
|---|---|
| Digitale können persönliche Treffen im Mentoring nicht vollständig ersetzen.<br>- Guter Mix aus persönlichen und digitalen Treffen<br>- Durch die digitalen Meetings kann man sich öfter als zweimal pro Halbjahr treffen | ☐ |

## 7.3 Digitale Events und Seminare

Eine weitere wichtige Säule der Career Community sind die Career Events und Seminare.

### 7.3.1 Events – Funktion einer flankierenden Beratung I

Markenzeichen der Veranstaltungen ist der individuelle, verbindliche und nachhaltige Charakter. Im gegenteiligen Sinne inspiriert ist das Konzept von den großen Jobmessen, wo zehntausende Studierende im Messeambiente auf hunderte Unternehmen treffen. Hier setzt die Career Community bewusst andere Akzente:

- In einem Jahr nimmt die Community der LMU maximal 50 Unternehmen auf.
- Die Unternehmen stammen aus unterschiedlichen Branchen.
- Ethische Überlegungen spielen bei der Auswahl der Unternehmen eine Rolle: keine Formen aus der Tabak-, Alkohol- oder Waffenindustrie.
- Es handelt sich um einen Mix aus Startups, Mittelständlern und großen Unternehmen.
- Die Firmen bieten verschiedene Karrierechancen für unterschiedliche Fachbereiche. Unterm Strich werden Studierende aller Fachbereiche in der Career Community fündig.
- Die Unternehmen bieten bei jedem Event konkrete Einstiegsmöglichkeiten und die teilnehmenden Studierenden können sich bei der Bewerbung auf die Community und ihre Events beziehen.

Das Netzwerk von Unternehmenspartnern ist seit 2012 sukzessive gewachsen. Viele der teilnehmenden Unternehmen wurden Mitglied auf Empfehlung von Alumni, z. B. aus dem Mentoring-Netzwerk (s. o.). Für die Unternehmen und Studierenden bieten die Events so folgende Vorteile:

- Gemeinsam mit der LMU definieren die Unternehmen ihre Zielgruppe unter den Studierenden nach Studienfächern, nach Phase des Studiums sowie nach angestrebtem Abschluss.
- Die Studierenden hinterlegen in der Community-App ein Profil mit ihren Karriere-zielen (nach Branche und Berufsfeld), einem aktuellen CV sowie ggf. einem aktuellen Notenspiegel. Diese Dokumente können die Studierenden mit den Unternehmen auf

Wunsch teilen. Im Vorfeld aller Events erhalten die Unternehmen neben einer Liste der teilnehmenden Studierenden deren CVs zugesandt.

- In der App können Studierende die Unternehmen an einem digitalen Messestand besuchen und sich über Karrieremöglichkeiten – gefiltert nach Übereinstimmung mit den Recruiting-Profilen der Unternehmen – informieren.
- Die Karriereberater der LMU haben die Profile der angemeldeten Unternehmen und die Suchprofile der Unternehmen permanent im Blick. Sie sprechen Studierende direkt auf passende Stellen an und/oder machen Unternehmen auf Studierende mit passendem Profil aufmerksam.
- Das Matching zwischen Unternehmen und Studierenden wird durch die Datenbank bzw. die App unterstützt. Am Ende handelt es sich aber dennoch um persönliche Empfehlungen. Die Studierenden, die an der Career Community und den Events teilnehmen, nutzen auch die anderen Angebote wie das Mentoring, die Beratung oder den CV Check. So haben die Berater der LMU ein gutes Bild davon, welche Unternehmen ggf. zu den Zielen der Studierenden passen.

Die Career Community bietet drei Formen von Events für Unternehmen und Studierende an:

1. Meet & Greet
   An einem Abend präsentiert sich jeweils ein Unternehmen der Career Community in einer ca. 45-minütigen Keynote den Studierenden. Dabei stellt sich das Unternehmen mit einem aktuellen Thema aus seiner Branche, präsentiert von Mitarbeitern auf unterschiedlichen Stufen der Karriereleiter: Praktikanten, Werkstudenten, Junior-Level, Senior-Level. Hintergrund ist, dass sich die Studierenden umfassend angesprochen fühlen sollen. So können sie von einem Praktikanten aus erster Hand erfahren, wie die Bewerbung und der Einstieg ins Unternehmen gelingt und vom Senior-Mitarbeiter hören sie, wohin die Karriere führen kann.
   Mit Blick auf die Corona-Einschränkungen gibt es seit 2020 das Meet & Greet als Präsenz- und als Online-Event.
   Präsenz-Form: Nach dem Vortrag gibt es für die Teilnehmerinnen ein Networking-Buffet, bei dem sich Unternehmen und Studierende informell austauschen und wichtige Kontakte knüpfen können. Parallel können die Recruiter Studierende mit besonders gut passenden Profilen in einem separaten Raum zu einem Einzelgespräch einladen.
   Online-Form: Nach dem Vortrag gibt es eine offene Frage- und Antwort-Runde, die natürlich kein Buffet ersetzen kann, von den Teilnehmern aber dennoch sehr gut angenommen wird.
2. Career Talk/Career Week
   Am Vormittag findet eine Podiumsdiskussion zu einem relevanten Karrierethema statt (z. B. „Auf die Persönlichkeit kommt es an! Wirklich?!“). Es diskutieren junge und erfahrene Fach- und Führungskräfte aus verschiedenen Branchen mit Studierenden aller Fachbereiche.

Mit Blick auf die Corona-Einschränkungen wird es künftig auch hier neben der Präsenzvariante eine Online-Version des Career Talk geben:
Präsenz-Form: Am Nachmittag haben die Unternehmen Gelegenheit, Einzelgespräche mit von ihnen ausgewählten Studierenden zu führen. Es nehmen maximal 15 Unternehmen teil. Die Studierenden (max. 150 werden zugelassen) bewerben sich auf eine Teilnahme und entsprechen dem Suchprofil der teilnehmenden Unternehmen. Neben den Einzelinterviews können sich die Studierenden auch ohne Termin für ein Einzelgespräch an den Infoständen der Unternehmen informieren.
Online-Form: Während der Career Talk an einem Tag stattfindet, verteilt sich die Career Week auf eine Woche. Es nehmen maximal fünf Unternehmen teil und präsentieren sich an fünf aufeinanderfolgenden Wochentagen mit einem karriererelevanten Thema aus ihrer Branche und entsprechenden Einstiegsmöglichkeiten. Die Unternehmen erhalten die Profile der angemeldeten Studierenden im Vorfeld des Events und können mit interessanten Kandidaten im Nachgang des Events One-to-one-Online-Interviews vereinbaren.
3. Business Case Event
Auch beim Business Case Event gibt es eine Präsenz- und eine Online-Variante.
Präsenz-Form: Am Vormittag lösen die Unternehmen gemeinsam mit einem Studierenden-Team eine möglichst realitätsnahe Fallstudie aus dem Unternehmen. Am Nachmittag laden die Unternehmen die Studierenden zu Einzelgesprächen ein. Es nehmen maximal 12 Unternehmen teil. Die Studierenden (max. 120 werden zugelassen) bewerben sich auf eine Teilnahme und entsprechen dem Suchprofil der teilnehmenden Unternehmen.
Online-Form: Wie beim Career Talk wird das Format zeitlich von einem Tag auf eine Woche ausgeweitet. Die teilnehmenden fünf Unternehmen lösen mit einem Team von ca. 15 Studierenden Online eine Fallstudie. Auch hier erhalten die Unternehmen die Profile der Studierenden vorab und können im Nachgang One-to-One-Sessions mit den Teilnehmern vereinbaren.

### 7.3.2 Seminare – Funktion einer flankierenden Beratung II

Anders als in den Wirtschaftswissenschaften zweifeln Studierende anderer Fächer, inklusive der MINT-Fächer häufiger daran, ob sie mit ihrem Studium adäquat auf den Arbeitsmarkt vorbereitet sind. Aber auch angehende Wirtschaftswissenschaftlerinnen sind sich z. B. mit Blick auf soziale, personale oder IT-Kompetenzen oft nicht sicher. Das Beratungsangebot des Career Service der LMU wird daher flankiert von einem umfassenden Seminarprogramm zu fachlichen, methodischen, sozialen und personalen Kompetenzen. Das Programm erfreut sich einer hohen Nachfrage, da Studierende mit der Teilnahme und entsprechenden Zertifikaten ihr fachübergreifendes Interesse unterstreichen. Unter anderem werden folgende Themen angeboten:

- Microsoft Office Grundlagen
- Excel Grundkurs/für Fortgeschrittene/VBA Programmierung
- Grundlagen der BWL
- Marketing
- Personalmanagement
- Personalentwicklung in Unternehmen
- Public Relations
- Arbeitsrecht (Arbeitsvertrag/Arbeitszeugnisse)
- Business English
- Project Management in English
- Präsentation und Rhetorik
- Vital Presentation and Rhetorical Skills
- Job Application Training in English
- Bewerbungstraining
- Verhandlungen nach Harvard
- Kommunikation: vertrauensvolle und produktive Gesprächsführung
- Selbstmanagement und digitale Produktivitätssystem

Vor COVID-19 waren alle Seminare noch als Präsenzkurse organisiert. In 2020 stellte die LMU das Seminarangebot dann auf Online-Formate um. Insbesondere bei den Kursen zu sozialen und personalen Kompetenzen gab es zunächst Zweifel daran, ob Online-Kurse ähnlich gut angenommen und auch gut umgesetzt werden können. Nach den ersten Versuchen stellte sich schnell heraus, das gute Trainer auch gut über digitale Medien mit ihren Teilnehmern arbeiten können.

Dennoch ist bei der Umstellung von Präsenz auf Digital einiges zu beachten, da eine inhaltliche Eins-zu-eins-Umstellung nicht möglich ist.

### 7.3.3 Checkliste Digitale Events & Seminare

| Career Events | |
|---|---|
| Relevantes Thema, das die Studierenden anspricht, sprechender Titel | ☐ |
| Bewerbung des Events in beruflichen Netzwerken wie XING und LinkedIn. | ☐ |
| Begrenzung der Teilnehmerzahl auf 50. | ☐ |
| Mehrere Reminder<br>- Einladung eine Woche vor dem Event an die angemeldeten Teilnehmer.<br>- Weitere Einladung einen Tag vor dem Event.<br>- Einwahllink eine Stunde vor Beginn noch einmal senden.<br>- Teilnehmer stets darauf hinweisen, dass die Verbindlichkeit bei Online-Events genauso wichtig ist, wie bei Präsenzevents.<br>Die Non-Show-Up-Quote ist bei Online Events deutlich höher, bis zu 50 Prozent | ☐ |
| Passende Zusammensetzung der Referenten:<br>- Praktikant / Werkstudent, der von seinen Erfahrungen als Student im Unternehmen erzählt.<br>- Mitarbeiter auf Junior-Level, der von seiner Bewerbung und seinem Einstieg im Unternehmen erzählt.<br>- Mitarbeiter auf Senior-Level, der von Karrierepfaden berichtet.<br>- Recruiter, der praktische Tipps für die Bewerbung gibt. | ☐ |
| Straffung der Inhalte auf 90 Minuten:<br>- Die Aufmerksamkeitsspanne ist bei digitalen Formaten deutlich geringer.<br>- Kein Frontalvortrag länger als 15 Minuten.<br>- 45 Minuten Vortrag.<br>- 45 Minuten Fragen und Antworten. | ☐ |
| Zeitpunkt, z.B.<br>- 17.00 bis 18.30 Uhr, um Überschneidungen mit Vorlesungen zu minimieren.<br>- Idealerweise wochentags, Mi – Do.<br>- Ob während oder zwischen den Semestern spielt bei ortsunabhängigen Online Events eine geringere Rolle. | ☐ |

| | |
|---|---|
| Einbindung interaktiver Elemente, z.B.<br>- Körperliche Auflockerungsübung zu Beginn<br>- Mentimeter (Abfrage von Stimmung, Einholen von Feedback, Ideensammlung),<br>- Breakout-Sessions,<br>- Wichtig: Die einfache Handhabung der Tools ist sehr wichtig, um keine Teilnehmer zu verlieren.<br>- Wichtig: Einsatz von Filmen möglichst vermeiden. Diese können sich Studierende im Nachgang ansehen.<br>Die interaktiven Elemente nicht überstrapazieren: Die Hemmung der interaktiven Zusammenarbeit ist höher und z.B. in den Breakout-Sessions sind die Eingriffsmöglichkeiten des Moderators nicht vorhanden.<br>- Klare Anweisungen für die Breakout-Sessions sind daher sehr wichtig.<br>- Keine Breakout-Session länger als 5 bis 10 Minuten. | ☐ |
| Einblicke in die Arbeitsumgebung geben:<br>- Kameraschwenk ins Büro<br>- Einblick ins Homeoffice<br>- Ggf. Mitarbeiter von verschiedenen Standorten zeigen | ☐ |
| Studierende vorab über Regeln informieren:<br>- Regeln vor Beginn der Vorträge wiederholen.<br>- In welcher Sprache findet das Event statt?<br>- Kameras an oder aus: obligatorisch bei Referenten / optional bei Studierenden.<br>- Mikrofone beim Eintritt für die Studenten stummschalten, aber die Möglichkeit geben, zu sprechen oder über den Chat zu kommunizieren.<br>- Welches Tool (Zoom, WebEx, Teams, eigenes, ...) wird verwendet, technische Voraussetzungen klar kommunizieren. Idealerweise: keine zusätzlichen Installationen erforderlich.<br>- Teilnehmerfragen über Chat und/oder über Mikrofon zulassen.<br>- Studenten sollen auf ihre Umgebung (Hintergrund, Geräusche, Störungen) achten. | ☐ |

| | |
|---|---|
| Kontaktmöglichkeiten anbieten<br>- der Referenten / des Recruiting | ☐ |
| Studenten können sich bei einer Bewerbung auf das Event beziehen. | ☐ |
| **Seminare** | |
| Guter Themenmix, organisiert nach<br>- Fachkompetenzen (z.B. Grundlagen der BWL für nicht-WiWis)<br>- Methodenkompetenzen (z.B. IT-Skills, Projektmanagement)<br>- Sozialkompetenzen (z.B. Moderationstechniken)<br>- Personalkompetenzen (z.B. Selbstbewusst kommunizieren) | ☐ |
| Mehr als 120 Minuten (inkl. 15 Minuten Pause) sind nicht empfehlenswert mit Blick auf die geringere Aufmerksamkeitsspanne. | ☐ |
| Ganztägige Präsenzseminare auf mehrere Online-Einheiten auf mehrere Tage verteilen. | ☐ |
| In einem Kursprogramm eine einheitliche Plattform verwenden, z.B. nur Zoom oder nur Teams. | ☐ |
| Körperliche Lockerungsübungen einbauen, zu Beginn, nach den Pausen. | ☐ |
| Unterlagen zur Vor- und Nacharbeit bereitstellen. | ☐ |
| Breakout-Sessions<br>- Genaue Arbeitsaufträge.<br>- Kleine Aufträge für 5 – 10 Minuten Dauer. | ☐ |
| Einbindung analoger Elemente<br>- z.B. Flipchart im Hintergrund des Trainers<br>Begrenzte Teilnehmerzahl von 15-20. | ☐<br>☐ |
| Regeln<br>- Kamera für alle Teilnehmer immer an.<br>- Mikrofon bei Bedarf an.<br>- Kommunikationsregeln kommunizieren – Chat und/oder über Mikrofon. | ☐ |
| In IT-Kursen – allen Teilnehmern ermöglichen, ihren Bildschirm zu teilen. | ☐ |

## 7.4 Digitales Networking

Weitere Medien der digitalen Vernetzung von Studierenden sind der digitale Messestand und das Micro Mentoring.

### 7.4.1 Virtueller Messestand für Unternehmen

Über den Zeitpunkt der Events hinaus können sich Unternehmen hier den Studierenden an einem digitalen Messestand in der Career Community App präsentieren. Die Unternehmen stellen sich selbst in einem Kurzprofil vor. Besonders wichtig ist es, dass der digitale Messestand wie ein Präsenzstand einfache Möglichkeiten der Information und Kontaktaufnahme bietet. Dazu gehört die Übersendung der eigenen Unterlagen mit einem Klick sowie die Nennung eines direkten Ansprechpartners (keine allgemeine E-Mail-Adresse). Die Unternehmen profitieren zudem von der gegenseitigen Verlinkung der eigenen Webseite mit der suchstarken LMU-Seite im eigenen Suchmaschinen-Ranking.

### 7.4.2 Micro Mentoring & Networking

Die Career Community ist für Studierende und Alumni ein gutes Networking-Instrument. Über das Mentoring, die Events und die Seminare vernetzt die LMU so auf unkomplizierte und niedrigschwellige Weise Studierende untereinander und Studierende mit Berufserfahrenen. Immer wieder kommt es vor, dass Studierende eine Frage zu einem bestimmten Beruf, einer bestimmten Branche und/oder einem bestimmten Unternehmen haben. Sie stellen diese Frage entweder durch direkte Kontaktaufnahme mit dem Beraterteam der LMU oder sie kommt im Rahmen einer persönlichen Beratung auf. Über die Datenbank hat das Beraterteam schnellen Zugriff auf entsprechende Daten und kann einen geeigneten Ansprechpartner heraussuchen. Der LMU-Berater stellt dann über die App einen direkten Kontakt zwischen dem Studierenden und dem Experten aus dem gewünschten Bereich her und die beiden nehmen telefonisch oder über eine Videokonferenztool Kontakt miteinander auf. Meist geht es um Fragen rund um den Bewerbungsprozess in einem bestimmten Bereich oder darum, dem Studierenden Mut zur Bewerbung zu machen sowie ihm den einen oder anderen Tipp mit auf dem Weg zu geben. Bewirbt sich der Student erfolgreich beim Unternehmen, hat er zugleich schon einen ersten informellen Kontakt dorthin.

### 7.4.3 Checkliste Digitaler Messestand, Micro Mentoring und Networking

| Digitaler Messestand | |
|---|---|
| Kurzpräsentation des Unternehmens in wenigen Sätzen<br>- Logo,<br>- Vision und Mission,<br>Promotion Video / Bilder. | ☐ |
| Recruiting-Profil des Unternehmens<br>- Gesuchte Studienfächer,<br>- Gesuchte Abschlüsse,<br>Stellenprofile: Praktika / Werkstudentenstellen / Traineeprogramme / Direkteinstieg. | ☐ |
| Hinweis auf anstehende Events des Unternehmens. | ☐ |
| Unternehmensbroschüre als Download. | ☐ |
| Kontakt-Möglichkeiten<br>- Studierende können mit einem Click Ihr Profil und CV übermitteln,<br>- Ein direkter persönlicher Ansprechpartner im Recruiting ist genannt,<br>Unternehmen kennen das Portal und die Career Community → Chancenplus. | ☐ |
| Wichtig: Es gibt einen persönlichen Ansprechpartner des Unternehmens, kein Systempostfach, Kontaktformular oder Portal. | ☐ |
| **Digitales Micro Mentoring & Networking** | |
| Schnelle Herstellung eines Kontaktes in eine bestimmte Branche / ein bestimmtes Unternehmen. | ☐ |
| Ein Student hat eine oder einige spezifische Fragen, z.B. über den Bewerbungsprozess oder die Anforderungen. | ☐ |
| Niedrigschwelliger, schneller Zugang über die App- oder Web-Anwendung der Career Community | ☐ |
| Bereitschaft der Mentoren, sich für eine einmalige Session zu treffen | ☐ |
| Studierender und Micro-Mentor treffen sich einmalig, um sich über spezifische Fragen auszutauschen. | ☐ |

| | |
|---|---|
| Optional: Bei beiderseitigem Interesse können Studierende und Ansprechpartner sich entscheiden, gemeinsam eine längerfristige Mentoringbeziehung einzugehen. | ☐ |
| Wichtig: Der Kontakt wird digital hergestellt. Aber die Auswahl, welcher Ansprechpartner der passende für den Studierenden ist, wird vom Berater getroffen. | ☐ |
| Die Matching-Datenbank unterstützt dabei, potenzielle Ansprechpartner nach<br>- Branche<br>- Berufserfahrung<br>- Studienfächern<br>zu identifizieren. | ☐ |

## 7.5 Social Media & Career Network Management

Mit Blick auf das Social Media Management und das Überangebot an „Trending Apps“ ist die bewusste Entscheidung für ein Weniger definitiv ein Mehr.

### 7.5.1 Instagram, Facebook, Twitter & Co

Bei den sozialen Medien entschied sich die Career Community der LMU für Instagram. Zuvor gab es auch einen Facebook und Twitter-Account. Allerdings ist der Zeitaufwand, diese Medien vernünftig, also regelmäßig und zielführend zu bespielen nicht zu unterschätzen. Daher fiel die Entscheidung auf das eine Medium Instagram (www.instagram.com/career_service_lmu). Die Strategie zielt auf ein langfristiges, stetiges, organisches Wachstum, ohne bezahlte Werbung. Auch wenn die LMU eine nicht-kommerzielle öffentliche Einrichtung ist, müssen der Account und seine Posts als Werbung gekennzeichnet werden. Über das Netzwerk macht die Career Community regelmäßig auf Ihre Angebote aufmerksam. In 2020 erzielte die Instagram-Seite ca. 200.000 Impressionen und Interaktionen. Über das digitale Medium erreicht der Career Service Studierende deutlich besser als über lokale Aushänge und Plakate, vor allem in Zeiten der Pandemie, in der die Gänge der Hochschule verwaist sind.

### 7.5.2 LinkedIn und XING

Bei den beruflichen Netzwerken fiel die Entscheidung auf LinkedIn. Zwar ist XING in der DACH-Region nach wie vor der Marktführer. Da die Career Community auch internationale Studierende anspricht, fiel die Entscheidung auf den Konkurrenten. Inzwischen haben wohl auch die meisten beruflichen Netzwerker Accounts in beiden Communities.

Obwohl mit 750 Mentoren alle Branchen und Berufe vertreten sind, suchen Studierende immer wieder einen Kontakt zu einem bestimmten Unternehmen oder Berufsfeld, das noch nicht vertreten ist oder wo aktuell kein Mentor frei ist. Daher findet das Mentoringprogramm unter anderem über die Alumni-Suchfunktion neue Mentoren.

Weiter informiert die Community über eine Fokusseite Studierende und Alumni über anstehende Events, Seminare oder Netzwerkveranstaltungen.

### 7.5.3 Die Community App

Dreh- und Angelpunkt der digitalen Career Services ist die „LMU Career Community"-App. Über diese können Studierende, Alumni und Mentoren unter Beachtung aller Datenschutzregelungen persönliche Karriereprofile erstellen.

Teil des Profils sind Dokumente wie der CV, ein Notenspiegel und/oder Zertifikate. Studierende, Mentoren und Unternehmen legen in der App fest, welche Branchen und Fachrichtungen sie interessieren bzw. bedienen. Mit Blick auf das Mentoring und ein gutes Matching wird zudem angegeben, bei welchen Themen der Studierende Unterstützung wünscht. Auf der Gegenseite gibt der Mentor an, wo er Support bieten kann.

Über die App können sich alle Mitglieder zu Events, Seminaren und persönlichen Beratungsangeboten anmelden.

### 7.5.4 Datenschutz

Auch der Datenschutz und der damit verbundene enorme manuelle Arbeitsaufwand war ein Grund, eine App bzw. eine Webanwendung einzuführen. In jedem Jahr melden sich zwischen 1500 und 2000 Teilnehmer an und etwa 500 scheiden z. B. wegen Abschluss oder Abbruch des Studiums aus. Um Datengräber zu vermeiden, muss sich jeder Teilnehmer alle zwölf Monate mindestens einmal anmelden. Andernfalls wird nach zwei Remindern der Datensatz gelöscht.

### 7.5.5 Checkliste Social Media und Datenschutz

| Social Media und App | |
|---|---|
| Alle Medien wirkungsvoll zu bespielen ist sehr zeitaufwendig. Es ist besser, sich für eines oder wenige zu entscheiden.<br>- Z.B. Instagram (Social Media)<br>- Und LinkedIn (Professional Network) | ☐ |
| Konzept zur Nutzung erarbeiten<br>- Wer ist die Zielgruppe?<br>- Welche Inhalte sollen gepostet werden?<br>- Welche Teile der Netzwerke sollen genutzt werden<br>  ○ Z.B. LinkedIn: Gruppe oder Fokusseite<br>  ○ Z.B. Instagram: Stories ja oder nein<br>- Corporate / wiedererkennbares Design entwerfen und einhalten | ☐ |
| Gutes Social Media Management: ca. 5 Stunden pro Woche pro eingesetztem Medium. | ☐ |
| Verweise auf Datenschutz und Impressum auch in sozialen Medien. | ☐ |
| **Datenschutz (kein Anspruch auf Vollständigkeit, rechtliche Beratung sinnvoll)** | |
| Kontaktinformationen | ☐ |
| Impressum (idealerweise mit einem Klick von der Hauptseite erreichbar) | ☐ |
| Allgemeine Informationen zur Datenverarbeitung und Datenspeicherung, gemäß DSGVO<br>- Umfang der Daten<br>- Zweck der Datenverarbeitung<br>- Löschfristen<br>- Verarbeitung bei Daten z.B. bei Netzwerkpartnern<br>- Verwaltungs- / Löschmöglichkeit der eigenen Daten<br>- Hinweis auf Rechte an den eigenen Daten<br>- ... | ☐ |
| User müssen bei der App den Datenschutzbestimmungen aktiv zustimmen | ☐ |

## 7.6 Best of Both Worlds: Zusammenspiel Digitaler Services im Career Service der LMU

Die Corona-Pandemie beschleunigte zunächst unfreiwillig und dann doch willkommen die Digitalisierung der Career Services an der LMU. Unter Berücksichtigung der Besonderheiten digitaler Medien wurden so die meisten Services ins Netz verlagert. Auch wenn nicht alles online eins zu eins wie in der analogen Welt umgesetzt werden konnte. So ist es doch gelungen, ein umfassendes Angebot and Beratung, Seminaren und Events auf die Beine zu stellen. Aber nichts kann online z. B. die informellen und für erfolgreiches Netzwerken so wichtigen Gespräche beim Buffet in den Pausen und/oder nach den Veranstaltungen ersetzen. Auch eine Beratung vis-à-vis kann mehr leisten, gehen bei Videokonferenzen wichtige Momente der Mimik und Gestik leichter unter. Mit Sicherheit werden die Services nach der Pandemie daher wieder in analogen Settings angeboten. Gleichwohl bleiben die digitalen Angebote als sinnvolle Ergänzung erhalten. Bei der Rückkehr zur Normalität gilt es, in einem Konzept zu überdenken und genau zu definieren, welche Angebote wie weit online umgesetzt werden können und wo der persönliche Kontakt unverzichtbar bleibt. Sowohl in der digitalen als auch in der analogen Umsetzung sind der individuelle und persönliche Charakter der Beratung und die auf die zielgruppengerecht gestalteten Events und Seminare der Markenkern der Career Community. Die Online-Services und die Community-App sind zwar nicht mehr wegzudenken und werden in Zukunft auch weiter auf- und ausgebaut. Im Mittelpunkt aber werden aber immer die Menschen stehen, aufseiten der Berater sowie auch auf Seiten derer, die Rat suchen.

# 8 Persönlichkeitsentwicklung digital – echt jetzt? Erfahrungen aus dem Seminarprogramm des Lern- und Prüfungscoachings an der TU München

Bettina Hafner

Der 13. März 2020 wird uns allen in Erinnerung bleiben – an diesem Tag verkündete die Bundesregierung, dass alle Schulen, Universitäten, Vereine, Museen, Theater, Geschäfte, Restaurants schließen mussten – auf unbestimmte Zeit.

## 8.1 Ein Tag, der in Erinnerung bleiben wird

Wer an diesem Tag aus seinem Büro lief, hatte das Gefühl, die Welt würde stehen bleiben, menschenleer, eine seltsame Schwere in der Atmosphäre rings herum. Etwas Derartiges hatten wir alle noch nicht erlebt. Eine kollektive Erfahrung, die auf kein Erfahrungswissen aufbauen konnte. Ein bisschen wir im luftleeren Raum.

Die Trainerinnen und Trainer im Bereich Lern- und Prüfungscoaching an der TU München traf es nicht zwar nicht völlig unvorbereitet: in Teammeetings hatten wir schon besprochen, was zu tun wäre, wenn keine Studierenden mehr in die Uni kommen dürften. Aber Erfahrung in Online-Coachings oder virtuellen Workshops im Bereich Persönlichkeitsentwicklung hatte zu diesem Zeitpunkt kaum jemand von den Trainerinnen und Trainern. Und diejenigen mit etwas Online-Erfahrung hatten diese meist auf Vorträgen oder Kursen gesammelt, in denen die Wissensvermittlung klar im Fokus stand. Wir waren alle reichlich unsicher, wie man mit Coaching und Persönlichkeitsentwicklung im Online-Format umgehen sollte.

Das gesamte Kursprogramm „Erfolgreich durchs Studium – Selbstkompetenzen stärken" einfach mal so über Nacht in die digitale Welt übertragen? Einem ersten Reflex

B. Hafner (✉)
München, Deutschland
E-Mail: bettina.hafner@muenchner-coaches.de



S. Pflaum und M. Schwalb (Hrsg.), *Der Kompass zum digitalen Mentoring & Coaching*,
https://doi.org/10.1007/978-3-658-33442-0_8

„Ne, das kann nicht gehen!" folgte die klare Überzeugung, dass gerade das Coaching-Team die Studierenden in dieser außergewöhnlichen und belastenden Situation nicht alleine lassen durfte. Und so machten wir uns auf den Weg ins digitale Abenteuer. Um es gleich vorweg zu nehmen: es hat besser funktioniert, als wir geglaubt hatten. Es war die richtige Entscheidung alle Workshops und Coachings digital anzubieten. Auch wenn wir uns alle wieder Menschen in Fleisch und Blut vor uns wünschen, hoffen, eines Tages wieder in Beratungs- und Seminarräumen zu sein und auch den Studierenden im Online-Universitätsalltag manchmal die Luft ausgeht: Die digitalen Formate helfen uns, in Kontakt zu bleiben, Methoden und Tipps anzubieten und die Verbindung zu den Studierenden und ihren Sorgen nicht zu verlieren.

Alles, was wir über zwei digitale Semester hinweg gelernt haben, bietet uns die Chance, auch in Zukunft, Kombinationen zwischen Präsenz und Online-Formaten anzubieten und damit die Vorteile beider Welten zu nutzen.

## 8.2 Zur Zielsetzung des Programms „Selbstkompetenzen stärken"

Um ein Studium zu bewältigen, braucht es neben Intelligenz und Begabung auch ein gut ausgeprägtes Set an Selbstkompetenzen. Studierende müssen sich motivieren können, über lange Zeit auf Prüfungen zu lernen und sich durch schwierige Inhalte zu kämpfen. Sie müssen Planungsfähigkeit entwickeln, Initiative aufbringen und ihre Absichten umsetzen können oder einfach gesagt: das auch tun, was sie sich vorgenommen haben. Genauso gehört es dazu, nach einer nicht bestandenen Klausur den Misserfolg relativ schnell zu verarbeiten und wieder handlungsfähig zu werden. Sie müssen mit Druck und Belastung umgehen. Dafür hilfreich ist ein gutes Selbstgespür, das ihnen erlaubt, die Anforderungen von außen mit ihren eigenen Zielen und Motiven abzugleichen und in Einklang zu bringen. Ziel des Trainings von Selbstkompetenzen ist es deshalb, die Selbstregulation von Studierenden zu verbessern, um ihr Studium und ihr Leben möglichst so zu meistern, dass sie gesund und leistungsfähig bleiben. Das Seminarprogramm „Selbstkompetenz stärken" wurde im Jahr an der damaligen Carl von Linde-Akademie (TU München) ins Leben gerufen; die ersten Pilotseminare starteten im Jahr 2010 – unter anderem das Seminar „Entspannt Prüfungen bestehen", das zu einem Klassiker avanciert ist, der unterschiedliche Methoden aus den Bereichen Lernplanung, Motivation und Willenskraft kombiniert. Selbstreflexion und Austausch untereinander bilden das Zentrum all unserer Kurse. In den Seminarräumen herrscht bei Kaffee und Keksen eine lockere und entspannte Stimmung, der Stuhlkreis ist dort eine Selbstverständlichkeit.

Im Lern- und Prüfungscoaching geht es bei allem, was wir tun und anbieten, immer darum, die Studierenden so gut durch den Unialltag zu begleiten, dass sie leistungsfähig bleiben, den Lernstoff gut bewältigen und die Prüfungen bestehen können. Das Thema der Balance zwischen Lernen und Freizeit ist im Fokus all unserer Bemühungen. Unsere große Herausforderung im Sommersemester 2020 bestand darin, die persönliche und angenehme Atmosphäre aus unseren Seminarräumen in den digitalen Raum zu überführen. Welche Ideen und Lösungen wir für unser virtuelles Seminarhaus entwickelt haben, zeigen die folgenden 7 Goldenen Regeln und der anschließende Ausblick.

## 8.3 Goldene Regel Nr. 1: Lass die Teilnehmenden ankommen

In jedem Workshop stellt sich die Frage neu: Wie steigt man am besten ein? Wie fesselt man die Teilnehmenden, gewinnt sie für das Thema, für sich als Trainerin oder Trainer? Das gilt selbstverständlich auch für den digitalen Workshop-Raum. Aber eines kommt dazu: Die Menschen haben keine Zeit, in diesem Raum anzukommen, sich umzusehen, ihre Kleidung auszuziehen, die anderen erstmal ruhig zu beobachten – alles mal auf sich wirken zu lassen. Als Trainerin oder Trainer drückt man auf den Knopf „Maria Müller im Warteraum einlassen" und schon ist sie da. Wie in den Raum gespült. Vielleicht kommt sie gerade aus einem anderen Online-Meeting, vielleicht ist sie völlig gehetzt durch die Wohnung gerannt und hat ihre Bluse gesucht, mit der sie nun hinter ihrer kleinen Kachel erscheint… wir wissen es nicht, was unsere Teilnehmenden gerade gemacht haben. Eines ist sicher: diese oft gemütliche Zeit zum Ankommen im Raum in Präsenztrainings fällt hier weg. Und auch wenn als Teilnehmender früh schon im Meeting ankommt, kann man sich nicht entspannt zurücklehnen und mal umschauen. Denn irgendwie ist dieses Warten auf den Startschuss hinter kleinen Kacheln immer irgendwie unangenehm, alle fühlen sich ein wenig beobachtet.

Umso wichtiger ist es, den Teilnehmenden die Möglichkeit zu geben, erstmal so richtig mit Geist und Körper anzukommen – sei es, indem man eine kurze Entspannung anleitet oder ein Musikstück einspielt. Es geht darum alles, was eben noch auf dem Bildschirm flackerte, hinter sich zu lassen, wirklich offen für das neue Thema zu werden, aufnahmebereit zu sein. In Zeiten, in denen wir sehr viel digitale Termine jeden Tag wahrnehmen, ist dieses „Zentrieren" der Teilnehmenden ein Muss. So kann die Workshopleitung schneller mit voller Aufmerksamkeit rechnen: Alle sind schneller bereit zu sprechen und sich einzubringen, Informationen werden leichter aufgenommen – denn die Teilnehmenden sind relativ entspannt, es hat sich eine angenehme, ruhige Atmosphäre entwickelt.

In einem unserer Workshops über sechs Wochen war es wie ein Ritual: immer zu Anfang gab es eine kurze Geschichte zum Nachdenken, Mut machende Worte, Wellenrauschen am Strand, leise Musik und schöne Bilder, einen Bodyscan oder ähnliche Übungen. Und auch wenn einige anfangs überrascht aus ihren Kacheln schauten…dieser Start entwickelte sich zu einer Gewohnheit, die alle dankbar annahmen.

Da es im Kursprogramm „Selbstkompetenz stärken" letztlich immer um die Frage geht, sich selbst gut durch Zeiten von hohem Druck und Belastung zu steuern, ist ein solcher Einstieg auch auf einer Metaebene wertvoll. Denn auch dabei geht es um Selbstfürsorge, um einen kurzen „digital reset", um mal bei sich anzukommen. Solche kleinen Pausen dann auch in den Lern- oder Arbeitsalltag einzubauen, könnte so für die Teilnehmenden ein kleines persönliches Vorhaben sein.

Natürlich haben Warm-ups und Spiele auch im Online-Seminar ihren Platz. Auf einfache Art und Weise kann man über die Teilnehmenden etwas Persönliches erfahren: Wirf einen Blick aus dem Fenster und erzähle, was du siehst. Oder man bietet ein schönes Bild an und fragt die Teilnehmenden, welche Assoziationen sie dazu haben. Die langweilige Vorstellungsrunde, die schon in Präsenz oft eine Qual ist, sollte im Online-Seminar noch weniger genutzt werden. Denn vor dem Bildschirm ist die Aufmerksamkeitsspanne der Teilnehmenden noch kürzer. Ein bisschen Kreativität für den Einstieg ist hier gefragt.

Kleine Bewegungsspiele, die eine angenehme Pause zum vielen konzentrierten Schauen auf den Bildschirm darstellen, lassen durchschnaufen und fördern die Konzentration. Weil man die Teilnehmenden nicht einfach durch den Raum laufen lassen kann und viele ein Headset aufhaben, reicht es auch mal, mit den Fingern eine Geschicklichkeitsübung zu machen, die Schultern zu kreisen, eine Augenübung anzubieten oder kleine Bewegungen im Raum. Alles, was das gleichförmige Sitzen und Schauen auf den Bildschirm unterbricht, fördert die Aufmerksamkeit und verbindet die Teilnehmenden über Spaß und Lachen.

## 8.4 Goldene Regel Nr. 2: Halte die synchronen Phasen kurz

Viel Inhalt, wenig Zeit – können wir wirklich ein Präsenzseminar 1:1 in den digitalen Raum überführen? Natürlich gibt es auch Online-Seminare mit den üblichen Trainingszeiten von 9–17 Uhr. Grundsätzlich ist es aus meiner Sicht das Mittel der Wahl, die synchronen Phasen klein und übersichtlich zu halten. Zeiteinheiten zwischen 1,5 bis 3 h sind optimal. Wenn der Workshop insgesamt interaktiv gestaltet wird, mit Phasen von Input, Gruppenarbeit, Einzelarbeiten – bei denen dann ruhig auch mal die Kamera ausgeschaltet werden kann – darf die Phase des synchronen Arbeitens ruhig ein bisschen länger sein.

Wenn man die asynchronen Phasen des Workshops dazu nutzt, dass die Teilnehmenden konsequent an bestimmten Fragestellungen arbeiten und dafür gut aufbereitetes Material zur Verfügung haben, kann man als Trainerin und Trainer ein wenig loslassen vom Gefühl immer da sein zu müssen. Man darf ein bisschen mehr Verantwortung an die Teilnehmenden abgeben. Das bedeutet auch, dass die Vorbereitungszeiten eines Online-Trainings deutlich über dem eines Präsenztrainings liegen. Denn neben gut gestalteten Folien und Unterlagen sollten wir das Spektrum weiterer digitaler Vermittlungsformen ausnutzen: beispielsweise tauschen sich die Teilnehmenden unter der Woche auf einer digitalen Pinwand zu bestimmten Themen aus, hören einen Podcast oder schauen ein vom Trainer gedrehtes Video an. All das muss vorbereitet und in eine Choreografie gebracht werden. Womit beschäftigt man sich im Onlineraum gemeinsam? Was erarbeiten sich die Teilnehmenden mit welchem Medium eigenständig? Wie stellt man außerhalb des digitalen Workshopraums eine Verbindung zwischen der Gruppe her? Wie ermöglicht man Teamarbeit? All diese Fragen müssen vor allen geplanten Online-Sessions geklärt sein.

## 8.5 Goldene Regel Nr. 3: Gestalte synchrone und asynchrone Phasen überlegt und strategisch

Wenn sich asynchrone und synchrone Phasen abwechseln, bleibt noch die Frage, wie genau sie das tun. Eine Strategie könnte sein, dass die Inhalte asynchron über Videos, Podcasts und schriftliche Materialien vermittelt werden, während die Webinare zum Austausch, zum Vertiefen oder Anwenden bestimmter Übungen dienen. Genau diesem Muster folgt ein Kurs im Bereich des Lern- und Prüfungscoaching, den wir erstmals im Wintersemester 2020/2021 angeboten haben. Die Studierenden erhalten wöchentlich den Zugang zu einem Video eines Coaches zu einem bestimmten Thema wie Lernplanung, Motivation, Umgang mit Stress etc. Diese Videos sind entweder thematisch in kleine Abschnitte unterteilt, sodass man sich auch nur mal zehn Minuten einem Unterthema widmen kann. Insgesamt dauert der Input zwischen 30 und 40 min. Die Studierenden haben eine Woche Zeit, sich die Filme anzusehen – ganz selbstgesteuert zu dem Zeitpunkt, zu dem es für sie passt. Auf einer Lernplattform finden sie dann auch noch Anleitungen für Übungen zur Selbstreflexion und können über ein Forum direkt in Kontakt mit dem jeweiligen Coach treten. Darüber hinaus findet wöchentlich ein einstündiges Webinar statt: dort steht der Austausch untereinander, das Weiterdenken über verschiedene thematische Aspekte und die praktische Übung im Vordergrund. Der Coach leitet Übungen an, die thematisch zum Wochenthema passen und die alleine zu Hause schwer ausführbar sind.

Dieses Format kombiniert die Vorteile des selbstgesteuerten asynchronen Lernens mit dem persönlichen Kontakt im Webinar. Die Vermittlung von Inhalten nimmt in der Live-Veranstaltung einen sehr kleinen Raum ein.

Insgesamt gilt: als Coach müssen wir uns im Vorfeld einer mehrwöchigen Online-Veranstaltungsreihe überlegen, wie wir die asynchronen und synchronen Anteile gut verbinden und auf eine logische Kette fädeln. Wir nehmen dabei eine andere Rolle als im Präsenzkurs ein, denn wir haben in den Lernfortschritt unserer Teilnehmenden weniger Einblick, wir leiten nicht alle Lernaktivitäten an, sondern stellen wie ein Koch auf einem Buffet Materialien zur Verfügung, die die Lernenden selbstgesteuert nutzen. Wenn es wichtig ist sicherzustellen, dass die Lernenden Lehrinhalte beherrschen und anwenden können – weil man etwa am Ende der Veranstaltung eine Prüfung schreibt – können wir auf Angebote wie ein Quiz zurückgreifen, das die Teilnehmenden selbstständig bearbeiten. Ein Punktesystem gibt dann automatisch Feedback über den Lernstand. Das Webinar kann auch als Möglichkeit genutzt werden, Fragen zu stellen und die Möglichkeit zum Austausch mit dem Lehrenden zu bieten.

## 8.6 Goldene Regel Nr. 4: Ermögliche viel Austausch und Kontakt

Der Kontakt zwischen den Teilnehmenden ergibt sich im digitalen Raum nicht so selbstverständlich wie in einem Seminarraum. Man lehnt sich nicht mal kurz zu seinem Sitznachbarn und wechselt ein paar Worte, die Kaffeepause wird nicht gemeinsam verbracht und lädt zum Austausch ein. Im digitalen Raum kann nur immer eine Person sprechen. Meist muss man gut darauf achten, ob jemand sich zu Wort melden möchte und wann man selbst dran ist. Das macht das gesamte Geschehen im Webinar verhaltener – oder man könnte auch sagen unnatürlicher. Auch die Mimik der einzelnen Personen ist je nach Bildqualität der Kamera nicht gleichermaßen brillant wie in der Realität. Da kann es schon mal passieren, dass man nicht erkennt, ob jemand gerade die Augen verdreht, zustimmend blinzelt oder sogar Tränen in den Augen hat.

Da sich der Kontakt zwischen den Teilnehmenden nicht selbstverständlich einstellt, müssen wir als Coaches und Dozenten aktiv dafür sorgen. Und auch das können wir im Webinar und über die Lernplattform oder Tools wie einen Chat oder ein digitales Whiteboard. Neben fachlichen Diskussionen, die man mit diesen Werkzeugen anregen kann, sollten auch persönliche Fragen mit einfließen: Was war dein bestes Erlebnis letzte Woche? Welches Urlaubsland würdest du gerne mal besuchen? Was wolltest du werden, als du 5 Jahre alt warst? Locker formulierte Fragen auf der Lernplattform erleichtern es, auch unverfängliche persönliche Details von den anderen zu erfahren und sich so besser kennenzulernen.

Das Gespräch in Kleingruppen bildet eine der wichtigsten Möglichkeiten, die Teilnehmenden untereinander ins Gespräch kommen zu lassen. Nicht alle Videokonferenztools bieten diese Funktion an. Aber mit etwas Vorbereitung kann man unterschiedliche Sessions anlegen, in denen sich dann Arbeitsgruppen zusammenfinden. Ergänzt durch ein virtuelles Whiteboard, auf dem alle ihr Ideen zusammentragen, wird die Gruppenarbeit in Präsenz in ähnlicher Qualität auch im Webinar abgebildet.

So kann über mehrere Sessions hinweg auch im virtuellen Raum Gruppengefühl und Zusammengehörigkeit entstehen – und der Wunsch, über den Workshop hinaus in Kontakt zu bleiben. Das ist dann ein Zeichen, wirklich gute Arbeit geleistet zu haben.

## 8.7 Goldene Regel Nr. 5: Halte die Anzahl der genutzten Tools überschaubar

Der Markt an virtuellen Werkzeugen ist groß. Man findet einfache und hoch komplexe Arbeitsmittel. Es gibt Whiteboards und Kollaborationswerkzeuge, die außerhalb des Webinars laufen, Kanbans, Chats und Messenger. Da kann man schnell das Gefühl bekommen, je mehr man davon nutzt, umso besser. Um der drohenden Langeweile hinter der Kachel vorzubeugen, um die Teilnehmenden bei Laune zu halten, die möglicherweise schon viele Stunden digital unterwegs sind und allmählich „schlecht" sehen, wechselt man von einem Tool zum anderen. Das wird schnell unübersichtlich – sowohl für die Trainierenden als auch die Teilnehmenden.

Es bietet sich an, sich für eine sehr begrenzte Anzahl an Werkzeugen zu entscheiden und sich zunächst die Frage zu stellen: „Welche Aktivitäten will ich im Kurs einsetzen?" Input, Gruppenarbeit, Einzelarbeit…diese zentralen Aktivitäten kann man ohne weitere Tools realisieren. Wenn man dann noch ein digitales Whiteboard zur Verfügung stellt, die Möglichkeit sich zwischen den Webinaren in einem Chat auszutauschen und eine Lernplattform anbietet, auf der die Materialien zu finden sind – reicht das völlig. Oft nutzen Teilnehmende meiner Erfahrung nach für persönliche Fragen lieber eine E-Mail und treten so direkt mit dem Dozenten in Kontakt. Über das klassische E-Mail kann man auch in einem gewissen Maße in einem Coachingprozess begleiten und beraten.

Bei mehrteiligen Workshops hat es sich als günstig herausgestellt, eine gewisse Kontinuität bei wenigen ausgewählten technischen Methoden zu etablieren. Gruppenarbeiten finden dann immer in Kombination mit einem Whiteboard statt, die Frage der Woche findet man stets an derselben Stelle auf der Lernplattform und die persönlichen Informationen werden im Chat ausgetauscht. Weniger ist mehr und gibt den Teilnehmenden schneller das Gefühl, mit der virtuellen Workshopwelt vertraut zu sein. Darüber entsteht Kontinuität und Verlässlichkeit – wichtige Faktoren in Seminaren, welche die eigene persönliche Entwicklung und die Selbstreflexion zum Ziel haben.

## 8.8 Goldene Regel Nr. 6: Sei kreativ und mutig beim Übertragen gewohnter Methoden ins Online-Format

Als Präsenztrainer fällt es uns zunächst schwer uns vorzustellen, dass all diese wunderbaren Methoden im Raum, bei denen die Teilnehmenden sich auf Karten oder Matten, sich zwischen Stühlen bewegen oder sich Bilder aussuchen, in ein Online-Format zu übertragen. Wir spüren die Menschen weniger stark im virtuellen Raum, wir können uns nicht einfach so von der Kamera wegbewegen oder spontan einem Teilnehmenden über die Schulter schauen. Und trotzdem: die meisten Methoden können auch im virtuellen Raum Anwendung finden. Manchmal ist es dafür notwendig, die Kamera auszuschalten. So bietet es sich bei Entspannungsübungen an, dass die Teilnehmenden sich einen gemütlichen Platz oder eine angenehme Körperhaltung suchen, die Kamera ausschalten und so ganz ungestört für sich der Übung folgen können. Als Workshopleitung muss man dann darauf vertrauen, dass die Teilnehmenden an der Übung teilnehmen und ihr konzentriert folgen. Aber Hand aufs Herz: auch im Präsenztraining kann der eine oder die andere mal „abdriften" und die Übung auslassen – und das auch bisweilen, ohne dass es die anderen bemerken. Die Kamera hin und wieder auch auszuschalten und nur noch mit Ton zu arbeiten, bietet den Teilnehmenden zwischendurch einen Rückzugsraum und ein kurzes Abschalten von der digitalen Präsenz.

- Kamera aus bei Entspannungsübungen! Die Workshopleitung erklärt die Übung, lädt dann alle ein, ihre Kamera auszumachen. Sie leitet nur noch über Ton an. Die Übung wird beendet, indem die Kamera der Workshopleitung wieder angeht mit dem Satz: „Und jetzt könnt ihr in eurem Tempo zurückkehren, wenn es für euch in Ordnung ist". So wird Anschalten der Kamera des Coaches zum Zeichen für alle, langsam in ihrem Tempo in den Gruppenraum zurückzukommen. Sehr elegant, ohne viel zu sprechen und die Entspannung zu stören.

- Kamer aus bei Stuhlarbeiten! Wenn Klienten zwischen Stühlen oder Positionen im Raum wandern, kann man nach einer ausführlichen Erklärung des Übungsablaufes meist auch die Kamera ausschalten. Das erleichtert dem Klienten oft, sich auf die Übung voll und ganz einzulassen, ohne sich beobachtet zu fühlen.
- Kamera aus bei Einzelarbeiten! Vor allem in Workshops, in denen die Persönlichkeitsentwicklung im Vordergrund steht, ist es hilfreich, den Teilnehmenden kleine Selbstreflexionen zum Nachdenken über das eigene Verhalten und die eigenen Denkstrukturen anzubieten. Dies ohne den Blick der anderen zu tun, ist für viele leichter. So sind die Teilnehmenden wirklich ungestört in ihrem Denkprozess, können sich möglicherweise auch an einen anderen Tisch setzen, sich etwas zu trinken holen oder ein paar Schritte durch die Wohnung machen. Auch hier kann das Anschalten der Kamera der Workshopleitung ein unaufdringliches Zeichen sein, die Übung allmählich zu beenden.

Im virtuellen Raum sind die allermeisten Übungen, die auch in Präsenz angeboten werden, durchaus machbar. Es kostet oft ein wenig Kreativität und Anpassung – und vor allem muss man sehr genau den Ablauf durchdenken, in welcher Reihenfolge man welche Materialien anbietet – und über welchen Kanal: stelle ich die Materialien über die Lernplattform zur Verfügung, maile ich das eine oder andere Arbeitsblatt, stelle ich es über den Chat zur Verfügung oder zeige ich ein paar anleitende Fragen direkt in der Videokonferenz? Welche Unterlagen brauchen die Teilnehmenden nur punktuell? Welche Arbeitsblätter sollten Sie dauerhaft bei sich behalten? Beschreibbare PDF-Dokumente können hilfreich sein, damit selbst erstellte Materialien nicht verändert werden und trotzdem leicht zu bearbeiten sind.

Gemeinsam nutzbare virtuelle Pinnwände können als Foto oder PDF abgespeichert und zur Verfügung gestellt werden. Hilfreich für die Teilnehmenden ist dabei, wenn die Materialien ein einheitliches Layout und eine nachvollziehbare Nummerierung haben. Denn so können sie sich bei Bedarf ihr Kursmaterial selbst auf den Rechner speichern oder auch ausdrucken.

Einige klassische Methoden wir das Zürcher Ressourcen Modell werden mittlerweile auch in einer Online-Variante angeboten. Es lohnt sich immer auch zu recherchieren, was sich so tut. In den vergangenen Monaten sind insgesamt viele kreative Lösungen für Online-Seminare entwickelt worden.

## 8.9 Goldene Regel Nr. 7: Mach dir die Kamera zur Freundin

Gleich mal zur Beruhigung vorneweg: Kein Trainer muss im Online-Seminar zum Fernsehstar werden. Es reicht, ein paar schlichte Regeln zu beachten und schon gelingt der professionelle Auftritt. Das, woran wir uns alle gewöhnen müssen, ist der permanente Blick in die Kamera, mit dem alleine wir sicherstellen können, dass sich die Teilnehmenden angeschaut fühlen. Das ist besonders wichtig, wenn einzelne Personen auf eine Frage antworten oder von sich erzählen. Natürlich wollen wir auch mitbekommen, was die restlichen Teilnehmenden hinter ihren Kameras so tun, wie sie schauen – ob man womöglich Reaktionen aus ihren Gesichtszügen ablesen kann. Hier dürfen wir uns über weite Strecken auf unsere periphere Wahrnehmung verlassen und müssen nur ab und zu wirklich den Blick durch die Reihen wandern lassen. Vor allem in Einzelgesprächen mit Klienten ist es extrem wichtig, diesen Blickkontakt zu halten, der zunächst verunsichernd ist, weil man eben in die kalte Linse der Kamera blickt und keine Resonanz erhält.

Und wie im Seminarraum gilt auch hier: Lächeln baut Verbindung auf. Gerade vor der Kamera, die ein wenig wie ein Vergrößerungsglas wirkt, müssen wir genau auf unsere Mimik achten. Sie sollte nicht zu extrem sein, ruhig und freundlich. Sobald man die Teilnehmenden in den virtuellen Seminarraum einlässt, sollte man ein Lächeln auf den Lippen haben, denn ob uns der eine oder die andere Teilnehmerin schon sehen können, wissen wir nicht. Manchmal hilft es meiner Erfahrung nach, eine innere Verbindung zu den Teilnehmenden aufzubauen und sich vorzustellen, man würde sie direkt anschauen und anlächeln. Das fühlt sich zwar vor der Kamera ganz anders an als im Seminarraum, wirkt für die Gruppe aber angenehm und einladend.

Am meisten Präsenz im virtuellen Seminarraum erhält man, wenn man relativ nah an der Kamera sitzt und über dem Kopf nicht zu viel „Headspace" – also Raum zwischen dem Kopf und dem oberen Rand unseres Bildschirmfensters – zu sehen ist. Natürlich kann man mit diesem Abstand auch spielen, aber wenn wir im Gespräch mit unseren Teilnehmenden sind, ist diese Nähe das Mittel der Wahl. Wenn wir mit Flipchart oder Pinwand im Hintergrund arbeiten, dürfen wir auch mal stehen und weiter weg sein. Dann stellt sich eher die Frage, ob wir mit diesem Abstand noch gut zu hören sind.

Was die Kleidung angeht, gelten die gleichen Regeln wie bei Filmaufnahmen generell: man entscheidet sich am besten für einfarbige Kleidung, am besten schwarz, dunkelgrau oder schwarz. Frauen sollten nicht zu viel Schmuck, Schals oder Tücher tragen. Am besten wirkt ein kleiner V-Ausschnitt oder ein halsfernes T-Shirt, damit optisch das Gesicht im Vordergrund steht. Karos und Blumenmuster lenken leicht ab und flackern manchmal auf dem Bild. Damit das Gesicht nicht glänzt, kann man ein wenig Puder auf Nase und Stirn auftragen – Trainerinnen, die sich üblicherweise im Training schminken, dürfen vor der Kamera ruhig ein wenig mehr ins Make-up greifen, denn die Kamera verträgt mehr Schminke – das Rouge darf dicker aufgetragen, auch die Lippen deutlicher geschminkt sein. Im Zweifelsfall bietet es sich an, einen kurzen Check mit einem Freund oder einer Freundin zu machen, um die eigene Wirkung zu überprüfen.

Und natürlich steht und fällt alles mit der richtigen Beleuchtung. Viele Trainerinnen und Trainer arbeiten mit Ringleuchten, andere mit Tageslichtlampen. Wichtig ist, dass das Gesicht gut ausgeleuchtet ist und der Hintergrund professionell und ruhig wirkt. Wenn man das in den eigenen vier Wänden oder im Büro nicht realisieren kann, tut es auch ein virtueller Hintergrund – doch Achtung: ohne Greenscreen verschwimmen wir bei schnellen Bewegungen. Wenn wir diesen irritierenden Effekt nicht möchten, dann vielleicht doch vor die schlichte Schrankwand setzen und das Setting ein wenig umbauen.

Und noch ein Wort zum Ton: Sobald wir vor einer Kamera sitzen, sind wir in der Regel ängstlicher als im echten Raum, was unser Aussehen angeht, unsere Wirkung. Die allermeisten Teilnehmenden sind es nicht gewohnt, permanent über eine Kamera und ein Mikrophon zu agieren und zu sprechen. Unsere Wirkung scheint uns weniger unter unserer Kontrolle: zwar sehen wir uns selbst auf dem Bildschirm, aber wir wissen nie hundertprozentig, wie unser Bild übertragen wird. Auch unser Ton bleibt in gewisser Weise ein „blinder" Fleck – und allzu oft wollen wir die Frage auch nicht stellen: „Können Sie mich hören? Ist der Ton in Ordnung?". Nach dem ersten Technikcheck haben wir das Gefühl, die Teilnehmenden damit nicht dauernd stören zu wollen. Und doch empfiehlt es sich nach jeder längeren Pause, diesen kleinen Technikcheck anzubieten – denn oftmals reagieren Teilnehmende sehr verzögert auf technische Probleme, trauen sich nicht den Fluss des Trainings zu unterbrechen.

Gemeinsam mit ein paar Kolleginnen oder Kollegen einen Probelauf einzuplanen, ist hilfreich, solange man nicht so viel Erfahrung vor der Kamera hat. So kann man die eigene Wirkung überprüfen und Effekte wie Licht und Ton entsprechend anpassen. Mit einem externen Mikro zu arbeiten, bietet viele Vorteile. Denn je weniger wir am Kopf mit Technik belastet sind, umso natürlicher wirkt unser Auftritt.

Alles in allem braucht es also ein wenig Übung, gutes Licht und guten Ton – und schon kann es losgehen!

## 8.10 Unser Fazit: Wie haben die Studierenden auf unsere Angebote reagiert?

Inzwischen haben wir zwei Semester lang Erfahrung gesammelt mit Online-Seminaren im Lern- und Prüfungscoaching. Und die Studierenden haben uns Rückmeldung gegeben, wie es Ihnen erging. Aus unserer Sicht haben wir auch virtuell erreichen können, dass unsere Teilnehmenden es besser schaffen, über das Semester hinweg kontinuierlich am Ball zu bleiben und entspannter in die Prüfungsphase zu gehen. Gerade in den Zeiten, in denen das Studium komplett virtuell abläuft, ist es unglaublich hilfreich für sie eine feste Struktur und gut eingespielte Lern- und Lebensgewohnheiten zu haben.

Im Online-Seminar gelingt es in der Regel ebenfalls eine vertraute und angenehme Atmosphäre aufzubauen. Als Mensch und Individuum im Kurs wahrgenommen zu werden und nicht wie in einer Massenvorlesung hinter einer schwarzen Kachel zu verschwinden, wird im Feedback der Studierenden an uns immer wieder als großer Pluspunkt erwähnt. Sie genießen es auch, andere Studierende zu treffen, mit ihnen zu sprechen, sich über die ihre Probleme auszutauschen und gemeinsam Lösungen zu entwickeln. Manche bleiben über den Kurs hinaus in Kontakt: sie treffen sich beispielsweise online, um miteinander zu lernen – auch manchmal mit Stummschaltung und Bildschirm an, um einfach nur das Gefühl zu haben, sich nicht alleine durch den Stoff quälen zu müssen.

Die Studierenden schätzen den Wechsel von asynchronen und synchronen Lehrangeboten: fachlicher Input über Themen wie Motivation oder Willensstrategien können über Videos vermittelt werden, die sie sich jederzeit anschauen können. Wenn man dazu noch Reflexionsfragen oder kleine Übungen anbietet, können die Teilnehmenden ihren Lernprozess autonom steuern. Die Anbindung über kürzere Live-Webinare bietet dann den persönlichen Austausch und motiviert, das Gelernte im Alltag umzusetzen.

Viele der Teilnehmenden schätzen es, dass wir auch als Ansprechpartnerinnen und Ansprechpartner über das Webinar hinaus zur Verfügung stehen. Daraus ergibt sich oft ein Kontakt über E-Mail oder eben auch ein Online-Einzelcoaching.

## 8.11 Ausblick: Wohin geht es in Zukunft?

Im Moment wissen wir alle nicht, wie lange der virtuelle Alltag an deutschen Hochschulen dominieren wird. Und so gut die Technik inzwischen eingespielt ist, so sehr wünschen sich die Studierenden und Dozenten doch endlich wieder Begegnungen in Hörsälen und Seminarräumen.

Wenn wir zuversichtlich davon ausgehen, dass sich der Unicampus irgendwann wieder füllen wird mit Studierenden und Lehrenden, dann sind die Online-Formate eine Option neben der Präsenz. Das Team im Lern- und Prüfungscoaching möchte in Zukunft die Vorteile beider Lösungen optimal nutzen. Die Online-Formate geben uns die Möglichkeit, unabhängig vom Ort und möglichen langen Anfahrtswegen Teilnehmende in unsere Seminare zu holen. Deshalb wird es sicher auch in Zukunft so sein, dass wir Coachinggespräche in Präsenz, über Telefon und Videokonferenz anbieten werden. So bleiben wir auch mit dem Studierenden in Kontakt, der gerade im Auslandssemester in England ist oder seine Eltern in Russland besucht.

Daneben können wir uns für den Seminarbereich eine gut durchdachte Kombination aus Online- und Präsenzphasen verbunden mit einer Lernplattform vorstellen. Das selbstgesteuerte Lernen der Studierenden auf diese Weise zu fördern, ist klar ein Vorteil. Insofern könnte man sagen, dass die Erfahrungen des letzten Jahres dazu beigetragen haben, dass wir uns Spektrum an Formaten erweitert und den Bedürfnissen unserer Teilnehmenden noch stärker angepasst haben.

Und ganz klar: wir freuen uns auf den Tag, an dem wir wieder frei sind zu wählen, auf welche Art und Weise wir uns begegnen möchten. Und gleichzeitig schätzen wir den Gewinn durch das Lernen im digitalen Raum und freuen uns, auch in dieser für uns zunächst ungewohnten Welt mit hoher Qualität arbeiten zu können.

# „Dialog Chancen“ – Mentoring-Programm für Schüler*innen des Aelius Förderwerks

**9**

Sagithjan Surendra

Das Aelius Förderwerk e. V. ist eine 2017 von Studierenden gegründete gemeinnützige Initiative, die benachteiligte Kinder und Jugendliche mit einem vielfältigen Förderangebot unterstützt. Das Förderangebot gliedert sich in drei Säulen.

## 9.1 Die drei Säulen des Förderwerks

Die erste Fördersäule ist das ideelle Förderprogramm – ein umfassendes Workshop-Angebot, welches Jugendlichen einerseits gesellschaftliche Teilhabe ermöglicht und anderseits Themen und Perspektiven näherbringt, zu denen das Elternhaus womöglich kaum Zugang hat. Die zweite Fördersäule ist ein Beratungsangebot für Schüler*innen, Studierende und Auszubildende. Im Rahmen dieses Programms können junge Menschen mit Fragen rund um das Thema Schule, Praktika, Berufs- und Studienorientierung, Studien- oder Ausbildungsfinanzierung u. v. m. an das Förderwerk herantreten. Den Ratsuchenden werden individuelle Beratende zur Seite gestellt, die ihnen idealerweise durch persönliche Erfahrungen mit dem jeweiligen Anliegen weiterhelfen und Unterstützung bieten können. Die dritte Säule des Angebots ist das Mentoring-Programm „Dialog Chancen“, in dessen Rahmen Schüler*innen von einer*einem individuellen Mentor*in

**Elektronisches Zusatzmaterial** Die elektronische Version dieses Kapitels enthält Zusatzmaterial, das berechtigten Benutzern zur Verfügung steht https://doi.org/10.1007/978-3-658-33442-0_9

S. Surendra (✉)
Nürnberg, Deutschland
E-Mail: kontakt@sagithjansurendra.de



S. Pflaum und M. Schwalb (Hrsg.), *Der Kompass zum digitalen Mentoring & Coaching*, https://doi.org/10.1007/978-3-658-33442-0_9

bis zum erfolgreichen Schulabschluss begleitet werden. Diese Mentor*innen sind nicht nur Ansprechperson und Wegbegleitung, sondern sollen mithilfe ihres Netzwerks und ihrer Erfahrung jungen Menschen auch Türen und Perspektiven eröffnen, die ihnen sonst womöglich verschlossen bleiben.

Seit der Gründung des Förderwerks wurde die Organisation und das Förderangebot bis Dezember 2020 ausschließlich durch ehrenamtliches Engagement getragen. Inzwischen engagieren sich bundesweit 140 Ehrenamtliche für das Förderwerk, von denen nahezu alle Studierende, Auszubildende und Young Professionals sind. Ein Großteil dieser Ehrenamtlichen ist aufgrund ihres sozialen Umfelds, ihrer Migrationsgeschichte oder anderweitigen Gründen selbst mit Hürden auf dem Bildungsweg konfrontiert gewesen und möchte durch sein Engagement bei Aelius seine Erfahrungen an andere weitergeben. Für dieses Engagement wurde das Förderwerk und dessen Gründer Sagithjan Surendra bereits mehrfach ausgezeichnet. Zu diesen Auszeichnungen gehören unter anderem der Bayerische Bürgerpreis, der Jugendfriedenspreis und eine Platzierung unter den Top 10 für den Deutschen Engagementpreis 2020. Gründer und Vorstandsvorsitzender Sagithjan Surendra wurde für sein Engagement mit dem Förderwerk bereits vom Deutschen Hochschulverband als „Student des Jahres" und im Jahr 2020 weltweit als „Top Talent Under 25" ausgezeichnet.

## 9.2 Interne Strukturen

Die Gründungsgeschichte und das bundesweite Förderangebot, das fast ausschließlich von Ehrenamtlichen lebt, ist in dieser Weise einzigartig und bringt gleichermaßen Chancen und Herausforderungen mit sich. Das Team besteht aus 140 Ehrenamtlichen, die hauptsächlich bundesweit, mittlerweile auch international, verstreut leben und sich teilweise persönlich nie begegnet sind, aber zusammen an der Umsetzung einer gemeinsamen Vision arbeiten.

Das Team ist entlang zweier Dimensionen gegliedert: Bereiche und Regionalgruppen. Alle drei Förderangebote sowie Organisationseinheiten wie z. B. Öffentlichkeitsarbeit, Recht, Finanzen oder Fundraising stellen einen Bereich dar. Für jeden Bereich gibt es zwei Bereichsleitungen, die hauptverantwortlich für diesen Bereich sind und ein Team von Ehrenamtlichen koordinieren. Innerhalb der Bereiche können sich Ehrenamtliche aus jeder Regionalgruppe engagieren. Inzwischen gibt es 8 Regionalgruppen, d. h. Aelius ist bundesweit an 8 Standorten, z. B. in Hamburg, Berlin und München vertreten. Dort werden Projekte innerhalb des Förderangebots lokal umgesetzt, Schulbesuche gemacht, und Workshops angeboten. Das gesamte Team wird von einem zweiköpfigen Vorstand koordiniert, der für die strategische Ausrichtung des Förderwerks verantwortlich ist. Seit 2021 ist auch die Geschäftsstelle in Nürnberg zweiköpfig hauptamtlich besetzt worden, um den Ehrenamtlichen Entlastung und Unterstützung zu bieten.

Die gesamte Kommunikation und Zusammenarbeit innerhalb des Förderwerks sind auf Remote-Arbeit ausgelegt und erfolgen über digitale Tools. Für die Kommunikation setzt das Förderwerk auf Slack. Das gesamte Projektmanagement läuft cloudbasiert über Google ab, sodass alle Teammitglieder jederzeit und von überall Zugriff auf alle notwendigen Unterlagen haben, um sich im Team einzubringen.

Slack Workspace bietet den immensen Vorteil, dass Konversationen in sogenannte Channels gegliedert werden können, die themen- oder projektspezifisch angelegt sind. So sind alle Teammitglieder und Unterlagen für ein Projekt in einem Channel auffindbar, während verschiedene Projekte und Konversationen aufgrund der Gliederung in Channels nicht miteinander kollidieren. Diese intuitive Benutzeroberfläche ermöglicht den Ehrenamtlichen eine einfache und strukturierte Kommunikation, obwohl sie innerhalb eines Teams von 140 Ehrenamtlichen interagieren.

Die Einarbeitung von Ehrenamtlichen ist eine wichtige Grundvoraussetzung für erfolgreiches digitales Engagement, denn die persönlichen Begegnungen, Ansprechpersonen vor Ort und vieles mehr müssen kompensiert werden. Hierfür hat das Förderwerk einen ausführlichen Onboarding-Prozess definiert. Ein Team, das ausschließlich für die Betreuung von Ehrenamtlichen zuständig ist, gestaltet diesen Prozess und führt ihn durch. Der erste Schritt ist ein Erstgespräch bei dem neue Ehrenamtliche über das Förderwerk informiert werden und sich über Erwartungen, Aufgaben und Wünsche austauschen können. In einem zweiten Schritt erhalten alle Ehrenamtlichen ihren eigenen Buddy. Beim Buddy handelt es sich um eine*n interne*n Mentor*in, der oder die schon länger ehrenamtlich beim Förderwerk tätig ist und als persönliche Ansprechperson fungiert, um neuen Ehrenamtlichen zur Seite zu stehen.

Um während des Remote-Ehrenamts den gemeinschaftlichen Austausch zu fördern, sind verschiedene Angebote vorgesehen. Das wichtigste ist dabei der digitale Stammtisch, welcher regelmäßig als Videokonferenz stattfindet und zu dem sich alle Ehrenamtlichen zuschalten können. Dort erhalten sie ein Update über die aktuellen Projekte, die neusten Entwicklungen an verschiedenen Standorten und haben so die Möglichkeit, sich neue Projekte auszusuchen, in die sie sich einbringen möchten.

Besonders während der Pandemie, als Präsenzveranstaltungen wie z. B. Workshops wegfielen, wo sich viele Ehrenamtliche auch persönlich begegnen konnten, war der Aspekt des persönlichen Austausches und des Miteinanders besonders wichtig. Schnell wurde zusätzlich ein Videokonferenz-Raum aufgesetzt, der 24 h aktiv ist und in dem man sich jederzeit als Ehrenamtliche*r dazuschalten kann – sei es, wenn man gerade Gesellschaft sucht, sich gemeinsam zum Lernen verabreden möchte oder jemandem schnell eine Frage stellen möchte.

Daraus haben sich auch zahlreiche Aktivitäten wie z. B. Online-Spieleabende ergeben, die das Team-Gefühl fördern. Das Besondere dabei ist, dass sich im Online-Format viele Ehrenamtliche aus ganz unterschiedlichen Regionen begegnen, die normalerweise vermutlich kaum Kontakt zueinander gehabt hätten. Auch haben sich aus dieser neuen Art der Begegnung viele neue Projekte und Kooperationen ergeben, die andernfalls wahrscheinlich nicht zustande gekommen wären. Viele dieser internen Entwicklungen im digitalen Raum konnten auf die Förderangebote für Schüler*innen übertragen werden.

Diese Strukturen übernehmen zu können hat es uns möglich gemacht, dass die Förderangebote auch während der Corona-Pandemie im digitalen Raum ihre Wirkung entfalten konnten.

## 9.3 Dialog Chancen

„Dialog Chancen" ist das Mentoring-Programm des Aelius Förderwerks. Konzipiert wurde das Programm, um Schüler*innen ab 14 Jahren bis zum erfolgreichen Schulabschluss zu begleiten. Die Mentorinnen und Mentoren kommen dabei aus verschiedenen Dimensionen unserer Gesellschaft. Aus Politik, Kunst, Wissenschaft, Kultur und vielem mehr – engagieren sich von Bundestagsabgeordneten und Minister, über Schauspieler und Aktivisten bis hin zu Studierenden und Professoren als Mentorinnen und Mentoren. Ziel des Programms ist dabei primär, dass den Schülerinnen und Schülern eine Person zur Seite gestellt wird, die nicht nur Ansprechperson und Wegbegleiter sein kann, sondern auch die Erfahrungen und das eigene Netzwerk zur Verfügung stellt, um die Berufs- und Studienorientierung der Mentees zu begleiten.

Das Förderwerk wurde von Studierenden gegründet, denen selbst Hürden auf dem Bildungsweg widerfahren sind. Sei es aufgrund der finanziellen Situation ihres Elternhaushalts, ihrer Migrationsgeschichte, dem Bildungshintergrund der Eltern oder vielen weiteren Faktoren, die den Bildungserfolg junger Menschen in Deutschland erschweren. Kennzeichnend dabei war die Erfahrung, auf eine gläserne Decke zu stoßen. Zu wissen, dass Bildungswege wie z. B. ein Studium oder Karrieren wie z. B. in der Politik oder in der Kunst möglich sind, aber scheinbar keine Wege zum Ziel führen, weil die finanziellen Mittel oder das Netzwerk fehlt, um Menschen zu haben, die einem den Weg zeigen könnten.

Ziel des Förderwerks und des Mentoring-Programms war somit, jungen Menschen ein Netzwerk an Mentorinnen und Mentoren zur Verfügung zu stellen, die einen Weg durch die gläserne Decke aufgrund ihrer eigenen Erfahrungen aufzeigen können. Das Förderwerk wird heute von über 140 Ehrenamtlichen unterstützt, die mehrheitlich selbst kontroverse Erfahrungen im deutschen Bildungssystem gemacht haben und ihre Erfahrungen und Wünsche in die Gestaltung des Förderprogramms mit einfließen lassen, um das Angebot zielgruppengerecht und bedarfsorientiert zu gestalten.

Dieser Peer-to-Peer Gedanke wird auf zwei Ebenen verwirklicht. Der Kern des Programms „Dialog Chancen" ist selbstverständlich der Mentor oder die Mentorin, der/die langfristig und individuell Unterstützung bietet. Die Zeit des Mentoring wird jedoch parallel durch das Förderwerk begleitet, das individuelle Fortbildungsangebot und Workshops seinen Mentees anbietet. Dieses Angebot wird von Ehrenamtlichen konzipiert, organisiert und durchgeführt, die einst selbst sich in ähnlichen Situationen befunden haben wie es heute die Mentees tun, die sie unterstützen. Dadurch entsteht ein Grad an Identifikation, der ein Alleinstellungsmerkmal des Programms „Dialog Chancen" ist.

Darüber hinaus sollen auch die Mentees untereinander ein Netzwerk aufbauen, sich gegenseitig zu aktuellen Problemen und Anliegen beraten und das Workshop-Angebot mit eigenen Impulsen und Angeboten bereichern. Dieser Austausch soll in einem informellen Kontext ermöglichen, dass die Schülerinnen und Schüler sich gegenseitig Wegbegleiter, Ansprechperson und sogar Mentorinnen und Mentoren sein können.

## 9.4 Herausforderungen während Corona

Der Beginn der Corona-Pandemie 2020 hat sich in seinen Auswirkungen sowohl als Krise als auch als Chance für das Mentoring-Programm „Dialog Chancen" erwiesen. Besonders eine solche Partnerschaft zwischen Mentorin oder Mentor und Schülerin oder Schüler lebt von dem Austausch beim persönlichen, dem Schnuppertag beim Arbeitsplatz des Mentors oder der Mentorin oder dem gemeinsamen Grillabend.

Nicht nur diese Aktivitäten waren nun nicht mehr möglich, sondern auch die Zielgruppe zu erreichen, stellte das Förderwerk vor enorme Herausforderungen. Bislang waren Schulen, Lehrkräfte und Infoabende die wichtigsten Anlaufstellen gewesen, um Schülerinnen und Schüler, aber auch Eltern und Lehrkräfte auf das Mentoring-Programm aufmerksam zu machen. Insbesondere deshalb, weil der Begriff „Mentoring" für viele Schülerinnen und Schüler nicht greifbar ist und der persönliche Kontakt erst ermöglicht, diese Barriere zu brechen.

Diese Herausforderung hat uns vor die Situation gestellt, neue Wege finden zu müssen, um unsere Zielgruppe auf das Angebot aufmerksam zu machen. Eine effektive Lösung gibt es hierfür bis heute nicht, jedoch wurden von Social Media Aktionen bis hin zur Schaltung von Werbeanzeigen auf YouTube in vielen Fällen neue Wege angegangen.

Da das Förderwerk 2020 noch ausschließlich von ehrenamtlichen Studierenden und Auszubildenden getragen wurde, hatten wir das Glück, dass eine Generation von „digital natives" die Umsetzung begleitete. Die Kommunikation mit den Mentees und das interne Team-Geschehen ortsunabhängig von heute auf morgen ortsunabhängig zu gestalten, war eine Herausforderung, die sehr leicht zu bewältigen war.

Auf der anderen Seite fällt die Digitalisierung nicht allen Schüler*innen gleichermaßen leicht. Im Frühling 2020 erreichten uns Anfragen von Schüler*innen, die wir so bisher nicht erhalten haben. Das mit dem Wegfall der Schule und Bibliotheken der sichere und ruhige Raum zum Lernen wegfällt, dass sie aufgrund des Mangels an EDV-Ausstattung nicht länger am Schulunterricht, geschweige denn an digitalen Mentoring-Sessions, teilnehmen können. Diese bisher nie dagewesene Situation hat uns dazu verleitet, eine Spendenaktion für Laptops ins Leben zu rufen, um Schüler*innen auch mit Hardware unterstützen und Teilhabe ermöglichen zu können.

## 9.5 Maßnahmen während der Pandemie

Die Pandemie hat uns gezwungen, das Mentoring-Programm von Grund auf neu zu denken. Einer unserer Kuratoriumsmitglieder, der derzeit bei Facebook arbeitet, hat uns den Ratschlag mit auf den Weg gegeben, dass wir dahingehen müssen, wo Schüler*innen unterwegs sind. So simpel dieser Ratschlag war, hatte er langfristige Auswirkungen auf unser Mentoring-Programm.

Der erste Gedanke war selbstverständlich, dass wir die Infrastruktur bereitstellen, um Video-Calls durchzuführen oder eine interne digitale Plattform schaffen, sodass sich unsere Mentees auch in Zeiten einer Pandemie gemeinsam austauschen und verabreden können. Doch wieso nicht die Plattformen nutzen, auf denen unsere Mentees ohnehin schon unterwegs sind?

So haben wir während der Pandemie eine WhatsApp-Gruppe für unsere Mentees erstellt und seither läuft jegliche Kommunikation über diese Gruppe – zwischen den Mentees sowie den Mentees und Ehrenamtlichen. Die Erfahrung hat uns gezeigt, dass diese Kommunikation deutlich hürdenloser und interaktiver ist, als es unsere bisherige Erfahrung mit Mails und Telefonaten war. Denn so waren Teil der Lebensrealität der Menschen, die wir unterstützen möchten. Eine Ansprechperson, die ganz einfach über einen WhatsApp-Chat erreichbar ist.

Innerhalb kürzester Zeit haben wir digitale Angebote für unsere Mentees konzipiert und dabei ein Potenzial entfaltet, das bisher völlig ungenutzt geblieben ist. Denn bisher war es aufgrund von Veranstaltungen vor Ort nie möglich, dass ein*e Mentee aus Hamburg ein*e Mentee aus München kennenlernt, weil es allein die Anreise meist nicht erlaubte. Bei unseren digitalen Angeboten – von Workshops, über Berufs- und Studienorientierungsseminare bis hin zu Spieleabenden -, kamen Mentees aus ganz unterschiedlichen Regionen Deutschland zusammen. Die überregionale Vernetzung hat den Austausch innerhalb der Schüler*innen sowie das dadurch resultierende Peer-to-Peer Netzwerk immens erweitert.

Darüber hinaus hat der digitale Raum viele Initiativen möglich gemacht, die bisher unrealistisch erschienen. So haben viele Mentees selbst Initiative ergriffen, um selbstorganisierte Angebote für ihre Mitschüler*innen zu organisieren, denn der digitale Raum mit den Methoden, die ihnen aus ihrer Freizeit ohnehin bekannt waren, schaffte viele Hürden ab, die vorher oftmals vorherrschten. Ein besonderes Beispiel sind die digitalen Spieleabende, die die Mentees füreinander organisieren. Von der Terminfindung bis zur Abendgestaltung liegt die Verantwortung bei den Mentees selbst und so hat uns dieses Format nicht nur ermöglicht dadurch das Selbstbewusstsein und Organisationsfähigkeiten unserer Mentees auszubauen, sondern zeitgleich bot der Spieleabend stets eine außergewöhnlich offene Atmosphäre, um sich trotz der physischen Distanz näherzukommen und sich über Herzensanliegen und Herausforderungen auszutauschen, die wir so regelmäßig und unkompliziert im nicht-digitalen Raum nie hätten möglich machen können.

| Learnings aus dem Projekt | |
|---|---|
| Indem man mit seinem Angebot dort hingeht, wo sich die Zielgruppe bereits etabliert hat (z.B. WhatsApp, Instagram o.Ä.), anstatt neue Strukturen oder Plattformen aufzubauen, baut man Hürden im digitalen Raum ab. | ☐ |
| Für digitale, bundesweite Zusammenarbeit ist cloudbasiertes Arbeiten essentiell. | ☐ |
| Man sollte früh Zeit in die Recherche geeigneter Tools investieren, weil Plattformen wie Slack, Calendly oder GSuite Arbeitsprozesse verschlanken können. | ☐ |
| Man sollte den Freiraum schaffen, dass Schüler*innen mithilfe ihrer präferierten Tools und Plattformen das Angebot selbst mitgestalten können. | ☐ |
| Für remote arbeitende Ehrenamtliche ist es besonders wichtig, einen strukturierten Onboarding-Prozess und Räume der Begegnung zu schaffen (z.B. digitale Stammtische oder Spieleabende) | ☐ |
| Angebote wie eine Hilfs-Gruppe auf WhatsApp für private Anliegen oder einem virtuellen Raum zum gemeinsamen Lernen schaffen sowohl für Ehrenamtliche als auch für Mentees einen Raum der Begegnung außerhalb des Förderprogramms und unterstützen die Peer-To-Peer-Beratung | ☐ |

Printed in Germany
by Amazon Distribution
GmbH, Leipzig

23364523R00109